Ursula Becker/Christian Hawellek/
Renate Zwicker-Pelzer

Eindeutig uneindeutig – Demenz systemisch betrachtet

Mit 39 Abbildungen und 4 Tabellen

Vandenhoeck & Ruprecht

Bibliografische Information der Deutschen Nationalbibliothek:
Die Deutsche Nationalbibliothek verzeichnet diese Publikation in der
Deutschen Nationalbibliografie; detaillierte bibliografische Daten sind
im Internet über http://dnb.de abrufbar.

© 2018, Vandenhoeck & Ruprecht GmbH & Co. KG,
Theaterstraße 13, D-37073 Göttingen
Alle Rechte vorbehalten. Das Werk und seine Teile sind urheberrechtlich
geschützt. Jede Verwertung in anderen als den gesetzlich zugelassenen Fällen
bedarf der vorherigen schriftlichen Einwilligung des Verlages.

Umschlagabbildung: jock+scott/photocase.com

Satz: SchwabScantechnik, Göttingen
Druck und Bindung: ⊕ Hubert & Co. BuchPartner, Göttingen
Printed in the EU

Vandenhoeck & Ruprecht Verlage | www.vandenhoeck-ruprecht-verlage.com

ISBN 978-3-525-40638-0

INHALT

VORWORT von Henning Scherf 9

VORWORT der Autoren 10

1 DEN BLICKWINKEL WECHSELN – DEMENZ AUS UNTERSCHIEDLICHEN PERSPEKTIVEN 13

1.1 »Harte Fakten«? Demenz aus medizinischer Sicht 13
    1.1.1 Risikofaktoren und Möglichkeiten der Vorbeugung 16
    1.1.2 Das Krankheitsbild 17
    1.1.3 Ein allgemeiner Blick auf Demenz 19
    1.1.4 Die Alzheimer-Krankheit 22
    1.1.5 Symptome 22
    1.1.6 Die Stadien einer Demenz 24
    1.1.7 Behandlungsmöglichkeiten 25
    1.1.8 Vaskuläre Demenz 26
    1.1.9 Frontotemporale Demenz 26
    1.1.10 Lewy-Körperchen-Demenz 32
    1.1.11 Therapie- und Behandlungsmöglichkeiten 34
    1.1.12 Diagnose 39
    1.1.13 Exkurs zu »Diagnose«, »Frühdiagnostik«, »Screening« 40

1.2 Alles nur Körper, oder? Psychologische Aspekte der Demenzerkrankung 42
    1.2.1 Desorientierung und Demenz 45
    1.2.2 Altersbedingte Veränderungsprozesse 51
    1.2.3 Altwerden mit Demenz 52

1.3 Niemand ist allein krank – Demenz aus pflegewissenschaftlicher und Beratungsperspektive 54
    1.3.1   Exkurs zu »sorgen«, »versorgen«, »umsorgt sein« 58
    1.3.2   Die sorgende Haltung 62
    1.3.3   Das fürsorgende Handeln 63
    1.3.4   Das emotionale Erleben – Sorge um die kranke, pflegebedürftige Person 64
    1.3.5   Emotionalität – Generativität: Sorge als systemische Kompetenz 65
    1.3.6   Familie als Stärke erfahren und den passenden Umgang mit Schwächen finden 67
    1.3.7   Die Bedeutsamkeit, Hilfe annehmen zu können 68
    1.3.8   Konzept der subjektorientierten Pflege 69

1.4 Gesellschaftliche Aspekte 75
    1.4.1   Demenz – Herausforderung für die Politik 77
    1.4.2   Demenz – Herausforderung für das Gesundheitswesen 78
    1.4.3   Demenz – Herausforderung für die Kommunen 80
    1.4.4   Demenz – Herausforderung für die Kirchen 80
    1.4.5   Selbsthilfe 81
    1.4.6   Demenz – Reaktion auf unsere Gesellschaft 82

1.5 Zusammenfassung 84

2   DIE INNENSICHT 87

2.1 Demenz im Familiensystem 87
    2.1.1   Vor der Diagnose – ahnen und nicht wissen 88
    2.1.2   Diagnosestellung – Diagnosevermittlung 89
    2.1.3   Mit der Krankheit leben lernen 97
    2.1.4   Demenz – der uneindeutige Verlust 98
    2.1.5   Filiale Reife – parentale Reife 103
    2.1.6   Filiale Reife – konstruktiver Umgang mit Scham 104
    2.1.7   Pflegende Angehörige – mehr als eine Zweierbeziehung 109

	2.1.8	Krisensituationen in der Pflege	110
	2.1.9	Der endgültige Abschied	115
2.2	**Paare und Demenz**		116
	2.2.1	Pendeln zwischen Paar- und Pflegebeziehung	120
	2.2.2	Chancen und Entwicklungsherausforderungen	122
	2.2.3	Bewältigungsmuster	125
	2.2.4	Pflegende (Ehe-)Männer	128
2.3	**Sich selbst verlieren – die Innenperspektive**		130
	2.3.1	Erste Anzeichen, die Diagnose und die Reaktionen	131
	2.3.2	Was helfen kann	134
2.4	**Besondere Situationen**		137
	2.4.1	Demenz im frühen Lebensalter	137
	2.4.2	Gewalt und Demenz	143
	2.4.3	Narben der Zeitgeschichte: Herausforderungen einer traumatisierten Generation	155

3 SYSTEMISCHE KONZEPTE 175

3.1	**Systemische Beratung**		175
	3.1.1	Beratungsformate	175
	3.1.2	Pflege und Betreuung verlangen vom Familiensystem eine Systemänderung	178
3.2	**Systemische Beratung bei Demenz**		179
3.3	**Systemisches Arbeiten mit Marte Meo**		186
	3.3.1	Marte Meo – ein systemisches Werkzeug	186
	3.3.2	Merkmale beobachtungsgeleiteter Marte-Meo-Beratung	189
	3.3.3	Marte-Meo-Modellvorstellungen	191
	3.3.4	Entwicklungsthemen und die Grundlagen unterstützender Kommunikation	192
	3.3.5	Zum »Wann« unterstützender Kommunikationsmomente	193

3.3.6	Zum »Was« und »Wozu« unterstützender Kommunikationsmomente	195
3.3.7	Zum »Wie« unterstützender Kommunikationsmomente	198
3.3.8	Lernen am eigenen Vorbild	200

3.4 Gewaltfreie Kommunikation nach Marshall Rosenberg 201

3.5 Soziale Netzwerkarbeit: ein systemisches Instrument der Diagnose und Intervention 206

3.5.1	Die Netzwerk-/VIP-Karte für wertvolle diagnostische Erkenntnisse	208
3.5.2	Das »Neun-Felder-Modell« als hilfreiches Instrument des Neu-Verstehens	213

4 BERATUNG IN DER PRAXIS 215

4.1 Forschungsprojekte und -ergebnisse 215

4.1.1	Aufsuchende/zugehende Beratung im Projekt EDe	215
4.1.2	AMEO-FTD – ein neues Bild ermöglichen	217

4.2 Praxisbeispiele 220

4.2.1	Familie Tauber – eine gute Lösung für alle	220
4.2.2	Ehepaar Sander – Zukunft besprechbar machen	231
4.2.3	Ehepaar Weiler – »Ganz fern und doch so nah«	239
4.2.4	Frau Gerten – das eigene Potenzial nutzen	248
4.2.5	Frau Anhalt – sich neu sehen dürfen	250
4.2.6	Frau Tusk – Nahrung für die Seele	252

5 ANSTELLE EINES SCHLUSSWORTES 255

DANK 265

LITERATUR 266

VORWORT

Es stimmt: Mit der älter werdenden Gesellschaft werden immer mehr Menschen Demenzerfahrungen erleben. Es kann jeden von uns treffen. Es kann in der Familie erlebt werden. Wer die Augen aufmacht, dem kann Demenz auch im Alltag begegnen, beim Einkaufen, beim Sich-im-Verkehr-Bewegen.

Da wird es immer wichtiger, dass möglichst viele Menschen sich für den Umgang mit Demenz einüben. Es kann helfen, sich gegenseitig auszutauschen. Die Erfahrungen anderer können dazu beitragen, sich nicht allein und überfordert zu fühlen.

Mir gefällt, wie vielseitig das vorliegende Buch »Demenz systemisch betrachtet« angelegt ist. Es ist mehr als ein medizinisches Buch. Es ist der Versuch, uns alle »demenzaffin« einzustimmen. Wenn das gelingt, dann wächst hier eine veränderte Zivilgesellschaft heran, die Verlangsamung als Gewinn für alle sichtbar und erfahrbar macht.

Ich danke für diese hilfreiche Arbeit und wünsche ihr viele Leser und Nachfolger.

Henning Scherf

VORWORT

Was will dieses Buch? Was wollen wir mit diesem Buch erreichen, ermöglichen und/oder anregen?

Wir haben das Phänomen »Demenz« unter die Lupe genommen – die medizinische Betrachtung der Erkrankung ausgeweitet und den psychosozialen Kontext und die Dynamik im Umgang mit Demenz in den Blick genommen. Dazu war es erforderlich zu verstehen, was die Diagnose im sozialen und kommunikativen Miteinander der Familie, des Freundeskreises und der gemeindlichen und gesellschaftlichen Kontexte auslöst. Kurz: Wir haben uns – über die Erkrankung hinaus – für das Leben mit Demenz interessiert.

Im öffentlichen Diskurs hat das Thema »Demenz« den Charakter einer Epidemie angenommen. Die Angst unserer alternden Bevölkerung, von ihr ergriffen zu werden, ist allerorten vorhanden. Gegen diese Angst versucht sich die Pharmazie mit ihren wirkmächtigen Kampagnen in Stellung zu bringen. Demenz umgeht jedoch den Glauben an Machbares und Steuerbares. Die Auseinandersetzung mit der eigenen Endlichkeit wird ins individuelle und gesellschaftliche Bewusstsein gehoben.

Wir möchten auch jenen Stimmen von kritischen Fachleuten Gehör verschaffen, die Demenz in einen gesellschaftlichen Kontext einordnen und als ein Phänomen begreifen, das eine mögliche Reaktion auf die schneller und unruhiger werdenden Motoren gesellschaftlicher Prozesse ist, die keinem Lebensalter guttun. Demenz steht für Verlangsamung, für Kontrollverlust, für ein Sich-Anvertrauen an liebevoll versorgende Menschen ebenso wie an Versorgungsinstanzen, die den Eindruck erwecken, mehr am Profit als am Menschen mit Demenz interessiert zu sein.

In diesem Buch haben erfahrene Fachleute aus Medizin, systemischer Beratung und Therapie sowie der Marte-Meo-Arbeit die Erfahrungen ihrer jahrelangen Arbeit mit Patienten, Klienten und ihren Angehörigen eingebracht. In ihren Berichten wird erkennbar, welch herausragende Bedeutung die Kommunikation und Interaktion für die Qualität des Zusammenlebens mit den Menschen mit Demenz hat. Neben theoretischen Überlegungen lebt dieses Buch von den Schilderungen aus der Praxis. Viele Fallbeispiele lassen deutlich werden, was wirklich zählt, wenn die Krankheit »zugegriffen« hat.

Als Autor und Autorinnen, die in Fort- und Weiterbildung im Bereich Medizin, Pflege und Altenhilfe tätig sind, ist es auch unser Anliegen, Systemiker und Systemikerinnen und Leser, die dem systemischen Gedanken verbunden sind, zu einem multiperspektivischen Umgang mit dem Thema Demenz anzuregen.

Dazu wird Fachwissen medizinischer Art benötigt, dazu braucht es beraterisches Wissen und den systemischen Kontextblick, der immer auch die Selbstreflexion der Beobachter einschließt. Die Fragen danach, welche Bedingungen angesichts der konkreten Probleme förderlicher, welche hinderlicher sind und wie das förderliche Potenzial vermehrt werden kann, bilden die Leitgedanken.

Angesichts der theoretischen und methodischen Breite, die das systemische Arbeiten inzwischen kennzeichnet, besteht die Kunst systemischer Beratung in einer kreativen Nutzung des »Methodenkoffers« angesichts der jeweils konkreten Herausforderung. Das »Systemische« verstehen wir dabei eher als eine angewandte Erkenntnistheorie, d. h. eine besondere Sicht auf Beratung und Therapie. Dabei geht es um den Verzicht auf »letzte Erklärungen« und damit um eine Skepsis gegenüber Beschreibungen und Festschreibungen. Im Rahmen systemischen Denkens gilt der Respekt den Menschen in ihrer Lebenswelt und nicht deren Ideen – insbesondere deren Festschreibungen.

Eine solche fachliche Rahmung findet sich in der theoriegestützten Literatur zur Demenz bislang noch nicht, eher war den in der

Praxis handelnden Menschen überlassen, wie sie diese Lücke für sich füllen.

Der Aufbau unseres Buchs folgt mehreren Blickrichtungen – von außen nach innen, von der Theorie zur Praxis, vom Allgemeinen zum Einzelfall. Manches wiederholt sich, wenn unterschiedliche Perspektiven eingenommen werden. Diese Redundanz ist gewollt und ermöglicht es, einzelne Textteile auch unabhängig voneinander zu lesen. Manche Texte sind anspruchsvoller als andere Textteile, etwa wenn es um den theoretischen Unterbau einer Darstellung geht. Die unterschiedlichen Perspektiven führen auch dazu, dass wir je nach Kontext von Patienten, Klienten, Demenzkranken und Menschen mit Demenz sprechen und dabei immer beide Geschlechter im Blick haben.

Ein bedeutsamer Impuls für die Beschäftigung mit dem Thema kam von Henning Scherf (2006 und 2013). Sein Vortrag bei der Wissenschaftlichen Jahrestagung der Deutschen Gesellschaft für Systemische Therapie, Beratung und Familientherapie (DGSF) 2010 und seine Veröffentlichungen haben uns angeregt, uns nachhaltiger mit den unterschiedlichen Facetten von Alter zu beschäftigen und uns dem Erscheinungsbild von Demenz nicht nur als einer Erkrankungs-, sondern auch einer Lebensmöglichkeit im Zuge des Alterns anzunähern.

Wir freuen uns auf die Resonanz aus der Leserschaft, wir danken Henning Scherf für sein unterstützendes Vorwort und wir bedanken uns bei den Experten für ihre »Nachworte«, die das Buch abrunden.

Ursula Becker, Christian Hawellek, Renate Zwicker-Pelzer

1 DEN BLICKWINKEL WECHSELN – DEMENZ AUS UNTERSCHIEDLICHEN PERSPEKTIVEN

1.1 »HARTE FAKTEN«? DEMENZ AUS MEDIZINISCHER SICHT

»Demenz – die Geißel des 21. Jahrhunderts!« – »Demenz – Verlust der Persönlichkeit«. Wir laden Sie ein, diese effektheischenden Schlagzeilen zunächst außer Acht zu lassen und einen Blick auf das Krankheitsbild aus medizinischer Sicht zu werfen. Der Begriff »Demenz« beschreibt streng genommen kein isoliertes Krankheitsbild, sondern ein komplexes Bündel an Symptomen, als Demenzsyndrom bezeichnet. In der International Classification of Diseases (ICD) der WHO (2018) wird es folgendermaßen definiert:

>»Demenz (F00-F03) ist ein Syndrom[1] als Folge einer meist chronischen oder fortschreitenden Krankheit des Gehirns mit Störung vieler höherer kortikaler Funktionen, einschließlich Gedächtnis, Denken, Orientierung, Auffassung, Rechnen, Lernfähigkeit, Sprache und Urteilsvermögen. Das Bewusstsein ist nicht getrübt. Die kognitiven Beeinträchtigungen werden gewöhnlich von Veränderungen der emotionalen Kontrolle, des Sozialverhaltens oder der Motivation begleitet, gelegentlich treten diese auch eher auf. Dieses Syndrom

---

1 *Syndrom:* Gruppe von Krankheitszeichen, die für ein bestimmtes Krankheitsbild (Phänotyp) mit meist einheitlicher Ätiologie, aber unbekannter Pathogenese charakterisiert sind (Pschyrembel, 2014, S. 2068).

kommt bei Alzheimer-Krankheit, bei zerebrovaskulären Störungen und bei anderen Zustandsbildern vor, die primär oder sekundär das Gehirn betreffen.«

In diesen Sätzen werden bereits die Auswirkungen zugrundeliegender Störungen des Gehirns deutlich und geben eine erste Erklärung für die mit dieser Erkrankung so häufig verbundene Angst:
- Kognitive Beeinträchtigungen – Wer ist nicht stolz auf seine geistige Leistungsfähigkeit?
- Veränderungen der emotionalen Kontrolle – Wer will sich nicht »unter Kontrolle« haben?
- Störungen des Sozialverhaltens – bei aller Individualität: Wer will nicht »dazugehören«?
- Störungen der Motivation – Was macht uns denn aus, wenn Motivation und Begeisterung verloren gehen?

Nahestehende erleben all dies und damit aus ihrer Sicht eine gravierende Veränderung der Persönlichkeit eines Menschen. Das, was war, gilt nicht mehr – und manchmal doch. Auch wenn es sich – bis auf wenige Ausnahmen – bei Demenz um eine fortschreitende Erkrankung handelt, ist dies nicht gleichbedeutend mit einer stetig gleichbleibenden Verschlechterung. Die Symptomatik wechselt, wird in einem Moment der Verlust einer Fähigkeit deutlich, zeigen sich im nächsten Moment erhaltene Stärken und vielleicht kurzzeitig wieder vorhandene Fähigkeiten. Gerade dieser Wechsel der Symptomatik und die damit verbundene fehlende Vorhersehbarkeit stellen eine immense Herausforderung für Angehörige dar.

Dieses Buch möchte nicht nur unterschiedliche Facetten des Krankheitsbilds »Demenz« sichtbar machen, sondern lädt Sie ein, unterschiedliche Blickwinkel einzunehmen und Demenz auch als »Lebensform« zu verstehen, die uns als (vermeintlich) Gesunde zu Antworten herausfordert.

Eine weitere der Herausforderungen, die mit Demenz verbunden sind, ist die zunehmende Zahl von Betroffenen. Nimmt die Häufigkeit des Krankheitsbilds tatsächlich zu? Hierzu gibt es mehrere Antworten:

- Die medizinische Diagnostik ist differenzierter geworden. Wenn man früher davon sprach, dass jemand »verkalkt« war, dann wird heute wesentlich häufiger die Diagnose einer Demenz gestellt. Aus einer Beschreibung ist eine Diagnose geworden.
- Sowohl Alzheimer-Demenz als auch gefäßbedingte Demenz sind Erkrankungen, die in hohem Maße altersabhängig sind. Je länger wir leben, desto höher ist das Risiko, an einer Demenz zu erkranken. Anders ausgedrückt stellt die Demenz wohl den Preis für ein langes Leben dar. Gleichzeitig wird in Abbildung 1 deutlich, dass Hochaltrigkeit nicht zwangsläufig gleichzusetzen ist mit Demenz; auch in der Gruppe der über 90-Jährigen sind mehr als die Hälfte nicht von einer Demenz betroffen.

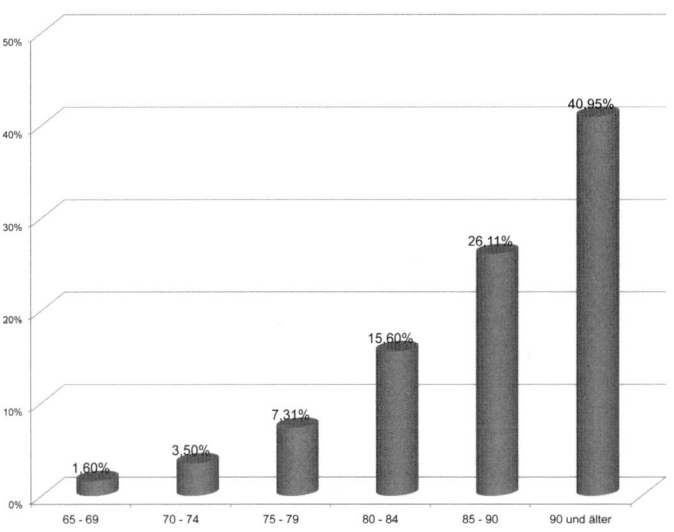

Abbildung 1: Die Häufigkeit von Demenzerkrankungen in Abhängigkeit vom Alter (© Deutsche Alzheimer Gesellschaft e. V. Selbsthilfe Demenz)

- Interessanterweise mehren sich in den letzten Jahren Hinweise darauf, dass das Risiko für eine Demenz ein wenig rückläufig ist – und dies trotz zunehmender Lebenserwartung. Grund hierfür scheint die bessere medizinische Versorgung zu sein, insbesondere die frühzeitige Behandlung potenziell gefäßschädigender Erkrankungen und Risikofaktoren (Langa et al., 2017).
- Die gesellschaftspolitische Bedeutung erhält das Krankheitsbild bei einem Blick auf die konkreten Zahlen und die daraus resultierende Pflegebedürftigkeit (siehe Kap. 1.4).

1.1.1 Risikofaktoren und Möglichkeiten der Vorbeugung

Die Angst vor der Erkrankung führt zur Frage, wie man sich vor einer Demenz schützen kann. Anders ausgedrückt: Welches sind die Risikofaktoren und sind sie beeinflussbar?

Der Hauptrisikofaktor Alter wurde bereits erwähnt. Daneben spielen alle Faktoren, die für Gefäßschädigungen als verantwortlich angesehen werden wie Bluthochdruck, Diabetes mellitus, Herzrhythmusstörungen, erhöhte Cholesterinwerte, Rauchen, übermäßiger Alkoholkonsum und Übergewicht ebenfalls eine Rolle. Schädel-Hirn-Verletzungen, Depressionen sowie eine geringe geistige, soziale und körperliche Aktivität werden ebenfalls zu den Risikofaktoren gezählt. Im Umkehrschluss können ein gesunder Lebensstil, körperliche und geistige Beweglichkeit und befriedigende soziale Kontakte dazu beitragen, das Risiko ein wenig zu vermindern (Deutsche Alzheimer Gesellschaft, 2017a). Die teilweise prominenten Ausnahmen von dieser »Regel« machen deutlich, dass Risikoverminderung nie einen absoluten Schutz vor einer Krankheit darstellt.

Genetische Ursachen haben nur eine sehr begrenzte Bedeutung. Darüber hinaus bedeutet genetische Belastung je nach Vererbungstyp nicht automatisch, dass die Krankheit auch zum Ausbruch kommen wird. Bei Menschen, die an einer Alzheimer-Demenz erkrankt sind, beträgt der Anteil Betroffener mit genetischer Belastung ca. 1 % und betrifft ganz überwiegend Menschen, die bereits vor dem 65. Lebensjahr erkranken. Bei den verursachenden Genen handelt es sich um Gene, die an der Steuerung des Stoffwechsels von β-Amyloid beteiligt sind. Bei den Frontotemporalen Demenzen wird von ca. 10 % genetisch bedingter Fälle ausgegangen. Mittlerweile lassen sich bestimmte Eiweißmutationen nachweisen, die als krankheitsauslösend gelten. In seltenen Fällen wird auch die Demenz vom Lewy-Körperchen-Typ durch Mutationen hervorgerufen (Deutsche Alzheimer Gesellschaft e. V., 2017d).

Auch wenn die zahlenmäßige Bedeutung genetisch bedingter Demenzen gering ist, soll an dieser Stelle auf die Möglichkeit und Problematik humangenetischer Untersuchungen hingewiesen werden. Dem Wissen gesunder Angehöriger um die eigene genetische Belastung kann derzeit mit keiner Therapieoption begegnet werden. Andererseits kann dieses Wissen hilfreich sein, die eigene Lebensplanung darauf abzustimmen. Es gilt abzuwägen:

- Bedeutet »genetische Belastung« im jeweiligen Fall, dass lediglich das Risiko für die Entwicklung einer Demenz deutlich erhöht ist, oder wird die Krankheit unweigerlich auftreten? Dies ist abhängig vom Krankheitsbild.
- Wird das Wissen um die genetische Belastung eher hilfreich sein im Sinne einer Möglichkeit, die eigene Lebensplanung darauf abzustimmen, oder wird sie sich wie ein Schatten über das Leben legen und alles beherrschen?

1.1.2 Das Krankheitsbild

Was versteckt sich nun genau hinter dem Begriff »Demenz«? Verbindendes Merkmal aller Formen von Demenz ist die »Neurodegenerativität«, d. h. der Untergang von Nervenzellgewebe. Hieraus resultieren je nach Lokalisation entsprechende Symptome. Weiterhin können primäre Demenzformen von sekundären unterschieden werden (siehe Abbildung 2). Während bei sekundären Demenzen die Symptome einer Demenz als Folgen bzw. Spätstadien anderer Erkrankungen bzw. Ursachen auftreten und diese in manchen Fällen heilbar sind, beruhen primäre Demenzformen auf originär neurodegenerativen Prozessen teilweise unbekannter Ursache und sind in ihrem Verlauf nur begrenzt beeinflussbar. Die Erkrankung verläuft üblicherweise progredient, d. h., die Symptome schreiten stetig fort. Die Lebenserwartung ist verkürzt – ein statistischer Befund, der allerdings keine Aussage für den Einzelfall zulässt.

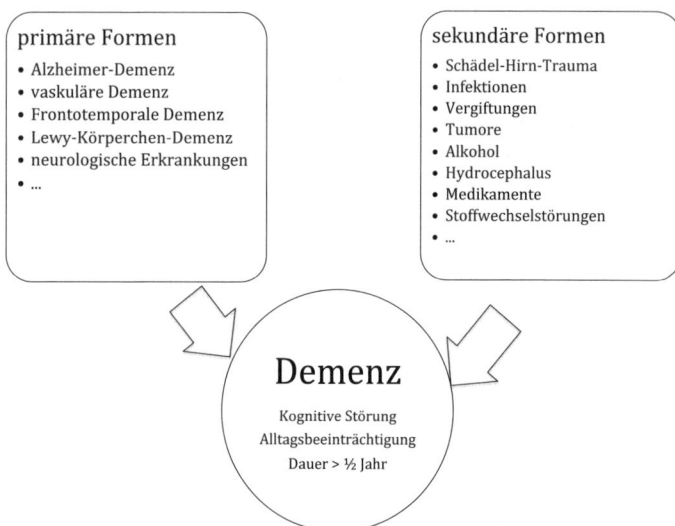

Abbildung 2: Primäre und sekundäre Demenzformen (nach Kastner u. Löbach, 2014, S. 9)

Von den primären und sekundären Demenzen sind Krankheitsbilder abzugrenzen, bei deren Vorliegen Betroffene Symptome zeigen können, die denen einer Demenz ähneln. Dies gilt beispielsweise für das Vorliegen einer Depression, aber auch eines akuten Verwirrtheitszustandes, Delir[2] genannt. Auch eine leichte kognitive Störung (mild cognitive impairment, MCI) ist nicht gleichbedeutend mit dem Vorliegen einer Demenz, sondern geht lediglich mit einem

---

2 *Delir:* Ein ätiologisch unspezifisches hirnorganisches Syndrom, das charakterisiert ist durch gleichzeitig bestehende Störungen des Bewusstseins und der Aufmerksamkeit, der Wahrnehmung, des Denkens, des Gedächtnisses, der Psychomotorik, der Emotionalität und des Schlaf-Wach-Rhythmus. Die Dauer ist sehr unterschiedlich und der Schweregrad reicht von leicht bis zu sehr schwer (WHO, 2018).

erhöhten Risiko einher, eine solche zu entwickeln. Soweit die medizinische Einordnung relevant ist, konzentriert sich dieses Buch auf primäre Demenzen.

1.1.3 Ein allgemeiner Blick auf Demenz

Vor der genaueren Beschreibung unterschiedlicher Demenzformen und deren Besonderheiten erfolgt an dieser Stelle zunächst ein Überblick. Abbildung 3 zeigt die zahlenmäßige Verteilung der häufigsten Formen von Demenz. Alzheimer-Demenz und vaskuläre, d. h. durchblutungsbedingte Demenz stehen zahlenmäßig allein bzw. in Kombination deutlich im Vordergrund. Unter dem Begriff »Sonstige« werden seltene Formen wie Lewy-Körper-Krankheit, Frontotemporale Demenz (FTD) und andere zusammengefasst.

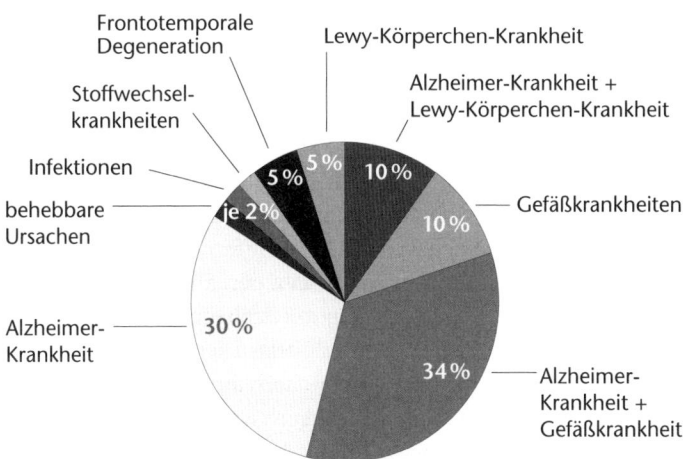

Abbildung 3: Häufigkeit unterschiedlicher Demenzformen (© Deutsche Alzheimer Gesellschaft e. V. Selbsthilfe Demenz, Quelle: Schneider, Arvanitakis, Bang u. Bennett, 2007)

Die allermeisten Demenzerkrankungen entwickeln sich schleichend über viele Jahre hinweg. Gewachsene Aufmerksamkeit und bessere Diagnostik haben dazu geführt, dass es mittlerweile zunehmend leichter möglich ist, in der Frühphase erste Veränderungen zu erfassen und eine (Verdachts-)Diagnose zu stellen. Zu diesem frühen Zeitpunkt ist der Alltag noch nicht beeinträchtigt. Viele Forschungsvorhaben sind in diesem Bereich angesiedelt aus der Überlegung heraus, dass Interventionsansätze umso wirksamer sein könnten, je früher sie eingesetzt werden.

Bei den primär neurodegenerativen Prozessen kommt es aus noch längst nicht umfänglich verstandenen Gründen zur Schädigung von Nervenzellen und Synapsen, den Verbindungsstellen zwischen den Nervenzellen. Dieser Vorgang stellt zunächst einen normalen Alterungsprozess dar und bedeutet nicht zwangsläufig, dass ein Mensch, bei dem solche Veränderungen gefunden werden, auch an Demenz leidet. Alter stellt somit einen wesentlichen, aber nicht ausreichenden Risikofaktor für die Entwicklung einer (Alzheimer-)Demenz dar. Es ist davon auszugehen, dass noch viele Forschungsfragen zu stellen und zu beantworten sind, bevor das Zusammenwirken zwischen organisch fassbaren Veränderungen, weiteren Einflussfaktoren und dem klinischen Bild einer demenziellen Erkrankung nachvollziehbar ist (Sperling et al., 2011).

Was bedeuten nun der Verlust von Nervenzellen und die Funktionseinschränkung von Synapsen? Es bedeutet, dass Sinneswahrnehmungen, die permanent von uns aufgenommen werden, nicht mehr zuverlässig mit den dazugehörigen Informationen verbunden werden können. So kann beispielsweise der Anblick eines modernen Wasserhahns einen Menschen mit Alzheimer-Demenz hilflos werden lassen, weil das Wissen der letzten Jahre und Jahrzehnte darüber, wie man einen solchen Wasserhahn bedient (und wozu er überhaupt dient), verloren gegangen ist. Ein Mensch mit Frontotemporaler Demenz dagegen wüsste einen solchen Wasserhahn vermutlich einzuordnen und wüsste auch noch, wie damit umzugehen ist, kann aber dieses Wissen möglicherweise nicht mehr in die entsprechende Handlung überführen. Und in einer anderen Situation wäre ein Mensch mit Demenz, der sich als Kind an heißem Wasser aus einem Wasserhahn verbrannt hat, erschrocken und verängstigt, weil die emotionale Information, dass ein Wasserhahn gefährlich sein kann, alles überdeckt und nicht mehr gegengeprüft werden kann, ob diese alte Erfahrung auch für die jetzige Situation gilt. An diesen Beispielen wird deutlich, wie die Lokalisation und Ausdehnung der beschriebenen Schädigungen in Verbindung mit der individuellen Biografie und dem jeweiligen Kontext die Symptomatik bestimmen. Mit fortschreitender Erkrankung führen die Einschränkungen kognitiver Fähigkeiten in Verbindung mit Veränderungen des Sozialverhaltens, der Persönlichkeit, von Antrieb und Stimmung dann auch zur Beeinträchtigung von Alltagsfähigkeiten und damit dem Angewiesensein auf Unterstützung (siehe Abbildung 4).

Abbildung 4: Merkmale der Demenz (nach Deutsche Alzheimer Gesellschaft e. V. Selbsthilfe Demenz, 2016a)

Der folgende Abschnitt gibt einen Überblick über die wichtigsten Formen von Demenzerkrankungen und deren jeweilige Symptomatik. Das Symptom, das am häufigsten mit dem Krankheitsbild in Verbindung gebracht wird, ist eine Störung des (Kurzzeit-)Gedächtnisses. Die Betroffenen vergessen kurz zurückliegende Ereignisse, während ältere Erinnerungen weiter abrufbar sind. Neben diesem in der Tat häufigsten Hinweis auf eine demenzielle Erkrankung gibt es allerdings je nach Demenzform noch eine Vielzahl weiterer Symptome.

1.1.4 Die Alzheimer-Krankheit

Die erste ausführliche Beschreibung der Symptome einer Alzheimer-Demenz erfolgte durch den Psychiater und Neuropsychologen Alois Alzheimer (1864–1915). Seine Patientin Auguste D. ging in die medizinische Literatur ein. Sie litt an einer frühen Form der Alzheimer-Demenz und starb bereits mit 55 Jahren. Zum damaligen Zeitpunkt und bis vor wenigen Jahren war es erst nach dem Tod eines Menschen möglich, die hirnorganischen Veränderungen mit ausreichender Sicherheit nachzuweisen.

Auguste D. litt an einer früh einsetzenden Gedächtnisschwäche, insbesondere für kürzlich zurückliegende Ereignisse (Störung des Kurzzeitgedächtnisses). Darüber hinaus war sie desorientiert und litt unter Halluzinationen. Bei der Obduktion ihres Gehirns nach ihrem Tod wurde festgestellt, dass die Hirnrinde dünner war als normal und man fand ungewöhnliche Stoffwechselprodukte, sogenannte Plaques. Das Dünnerwerden der Hirnrinde lässt sich mit dem Absterben und damit dem Verlust von Nervenzellen erklären. Ursache hierfür ist nach heutigem Wissensstand ein Defekt in der Eiweißsynthese, welcher zu einem fehlerhaften Umgang mit diesen Eiweißen in der Zelle führt. Dadurch wird die Funktionsfähigkeit der Zelle gestört und geht letztlich verloren. Als Abbauprodukt findet sich in den betroffenen Nervenzellen sogenanntes Amyloid. In der Folge der Zellschädigung kommt es auch zur Schädigung der Überträgerstellen der Information im Gehirn, den Synapsen, und der Nervenbahnen. Bis auf wenige genetische Ursachen liegt der Auslöser dieser Synthesestörung bis heute im Dunkeln.

1.1.5 Symptome

Das folgende Fallbeispiel gibt einen Einblick in die frühe Symptomatik:

Frau Döring ist 78 Jahre alt. Sie ist seit vielen Jahren verwitwet und lebt allein in ihrem kleinen Haus. Ihre einzige Tochter, Frau Heine, wohnt im selben Ort und schaut zwei- bis dreimal pro Woche bei ihr vorbei. Schon seit einiger Zeit fällt der Tochter auf, dass die Mutter häufig nach Dingen fragt, über die sie eigentlich erst vor Kurzem gesprochen haben. Auch der Haushalt der sonst so peniblen Mutter lässt öfter mal zu wünschen übrig. Schmutziges Geschirr steht am Nachmittag noch in der Spüle und auf dem Herd hat die Tochter beim letzten Besuch noch das Essen vom Vortag entdeckt – und das in der Sommerhitze. Und heute ist ihre Mutter ganz aufgelöst; am Vormittag kamen Mitglieder der Caritasgruppe vorbei und wollten Geld sammeln. Dafür hat die Mutter immer reichlich gespendet, aber heute war ihr Portemonnaie nicht aufzutreiben. Die Mutter ist fest davon überzeugt, dass sie bestohlen wurde.

Das kann sich Frau Heine kaum vorstellen. Sie schlägt deshalb vor, gemeinsam nach dem Portemonnaie zu suchen. Es findet sich in der Besteckschublade des Küchenschranks. Frau Döring schimpft wie ein Rohrspatz und wirft ihrer Tochter vor, das Portemonnaie absichtlich dort versteckt zu haben. Frau Heine hält den Besuch heute kurz, geht bald nach Hause und bespricht sich mit ihrem Mann. Gemeinsam überlegen sie, die Mutter in einem ruhigen Moment auf die Veränderungen anzusprechen. Am Wochenende gehen sie zusammen zur Mutter und suchen das Gespräch. Dieser Schritt fällt Frau Heine schwer, war ihre Mutter doch immer die Starke und Erfahrene. Was sie besonders erschreckt, ist die Reaktion der Mutter: Diese verwehrt sich gegen die »Vorwürfe« der Tochter, fühlt sich angegriffen und distanziert sich auch von ihrem Schwiegersohn, den sie immer sehr geschätzt hat. Frau Heine hält sich daraufhin erst einmal zurück.

An dieser kurzen Fallschilderung lassen sich wesentliche Symptome einer Alzheimer-Demenz festmachen.
- Frau Döring fragt nach Ereignissen, über die sie mit ihrer Tochter erst vor Kurzem gesprochen hat. Sie kann sich zunehmend schlechter an das erinnern, was vor wenigen Tagen, teilweise sogar vor wenigen Minuten, passiert ist. Länger zurückliegende Ereignisse dagegen bleiben sehr präsent im Gedächtnis und gewinnen gewissermaßen die Oberhand – eine klassische Störung des Kurzzeitgedächtnisses.
- Dies erklärt auch, weshalb sie das Portemonnaie nicht mehr findet. Sie weiß nicht mehr, wohin sie es gelegt hat. Wenn sie es bei

der gemeinsamen Suche mit ihrer Tochter in der Besteckschublade findet, so ist das für sie nicht irritierend, obwohl diese sicher nicht der übliche Platz für ein Portemonnaie ist. Frau Döring zeigt in diesem Moment ein weiteres Symptom, nämlich eine Einschränkung im Erfassen von Zusammenhängen und im logischen Denken. Vermutlich war die Besteckschublade gerade auf, als sie das Portemonnaie weglegen wollte.
- In dem Moment, in dem ihre Tochter das Portemonnaie findet und von dem Fundort irritiert ist, spürt Frau Döring allerdings, dass sie irgendetwas falsch gemacht hat, und ist beschämt. Die Fähigkeit, Gefühle zu regulieren und ganz besonders mit negativen Gefühlen umzugehen, ist eingeschränkt. Die Vermutung, dass das Portemonnaie offensichtlich gestohlen worden sei, schafft einen Sinnzusammenhang in einer nicht verständlichen Situation und ermöglicht ihr, ihr Selbstbild zu wahren.
- Wenn Frau Döring das Essen des Vortags auf dem Herd stehen lässt und damit Gefahr läuft, dass sich Keime darauf ansiedeln, dann spricht auch dies für eine Störung des logischen Denkens und des Verständnisses von Zusammenhängen. Das Kochen selbst wird ihr noch lange leicht von der Hand gehen, denn das hat sie ein Leben lang gemacht. Dass sich aber verderbliche Lebensmittel und Sommerhitze schlecht vertragen, kann sie in diesem Moment nicht mehr in Beziehung bringen.

1.1.6 Die Stadien einer Demenz

Medizinisch werden drei Stadien der (Alzheimer-)Demenz mit folgenden Symptomen unterschieden (Kastner u. Löbach, 2014, S. 26 ff.):

- Leichte Demenz
  - verminderte Merkfähigkeit für kürzlich zurückliegende Ereignisse
  - vertraute Dinge werden verlegt
  - Leistungsverschlechterung im Beruf und bei gesellschaftlichen Anlässen

- Beeinträchtigungen werden nur im intensiven Gespräch erkennbar
- Verabredungen werden vergessen
- fehlende Orientierung in unbekannter Umgebung
- Wortfindungsstörungen
- Mittelschwere Demenz
  - die Auswahl von Kleidungsstücken wird zunehmend schwer
  - Probleme beim Einkaufen
  - die Körperpflege wird vernachlässigt
  - bei alltäglichen Dingen ist Hilfe notwendig
  - psychische Symptome, z. B. Angst, Wahn
  - sprachliche Auffälligkeiten, falsche Wortwahl
- Schwere Demenz
  - Verhaltensstörungen
  - der Betroffene kann sich nicht mehr allein waschen bzw. ankleiden
  - Harninkontinenz
  - Stuhlinkontinenz
  - Gangstörung bis zur Bettlägerigkeit
  - Sprachverlust

1.1.7 Behandlungsmöglichkeiten

Die medizinische Behandlung einer Alzheimer-Demenz hat zum Ziel, den Verlauf zu verzögern und wesentliche Funktionen solange wie möglich zu erhalten. Eine Therapie im Sinne einer Heilung gibt es bisher nicht.

Medikamentös werden sogenannte Antidementiva eingesetzt, die im Wesentlichen an der Synapse, der Übertragerstelle von Informationen im Nervensystem, ansetzen und den Mangel an Übertragerstoffen ausgleichen. Die Effekte sind begrenzt und müssen im Einzelfall gegen mögliche Nebenwirkungen abgewogen werden.

Die aktuelle S3-Leitlinie Demenz der Arbeitsgemeinschaft der Wissenschaftlichen Medizinischen Fachgesellschaften e. V. (AWMF, 2016) spricht auch nichtmedikamentösen Maßnahmen wie Ergotherapie, Biografiearbeit, Tagesgestaltung u. a. eine hohe Bedeutung zu. Da Menschen mit Demenz sehr empfindlich auf Stimmungen in ihrer Umgebung reagieren und Anspannung nicht mehr adäquat verarbeiten können, stellen auch entlastende Maßnahmen für Angehörige und die Kenntnis der Prinzipien respektvoller und unterstützender Kommunikation wesentliche Elemente therapeutischer Begleitung dar.

1.1.8 Vaskuläre Demenz

Die zweithäufigste und oft mit einer Alzheimer-Demenz kombinierte Form von Demenz ist die vaskuläre, d. h. gefäßbedingte Demenz. Mit diesem Begriff wird ein Krankheitsbild beschrieben, dessen Ursache kleine und kleinste Durchblutungsstörungen sowohl im Bereich der Hirnrinde als auch darunterliegender Strukturen sind. Diese Durchblutungsstörungen können als minimale Hirninfarkte beschrieben werden, die computertomografisch oft nicht nachweisbar sind. Die daraus resultierende Symptomatik variiert und ist abhängig von Lokalisation und Häufigkeit dieser Infarkte. Als Ursachen können die bekannten Risikofaktoren für Gefäßschäden angesehen werden. Vergleichbar mit einem ausgeprägten Hirninfarkt, einem Apoplex (Schlaganfall), kann sich die Symptomatik zeitweilig bessern; im langfristigen Verlauf ist allerdings eine Zunahme der Einschränkungen zu verzeichnen.

Die Behandlung einer vaskulären Demenz umfasst neben der Therapie vorliegender Risiken wie Bluthochdruck, Diabetes mellitus etc. alle bei der Alzheimer-Demenz genannten nichtmedikamentösen Maßnahmen.

1.1.9 Frontotemporale Demenz

Vorder- (Frontal-) und Schläfen- (Temporal-)Lappen des Gehirns stellen die Orte dar, an denen sich degenerative Veränderungen bei Frontotemporaler Demenz festmachen lassen. Diese Formen der Demenz machen ca. 10 bis 20 % aller Demenzen aus. Eine genetische Ursache scheint für ca. 10 % aller Fälle von Frontotemporaler

Demenz verantwortlich zu sein. Teilweise handelt es sich um einen autosomal dominanten Erbgang, d. h., bei Vorhandensein des entsprechenden Gens kommt die Krankheit auch tatsächlich irgendwann zum Ausbruch. Die Lage des Frontal- und Temporallappens wird in Abbildung 5 deutlich.

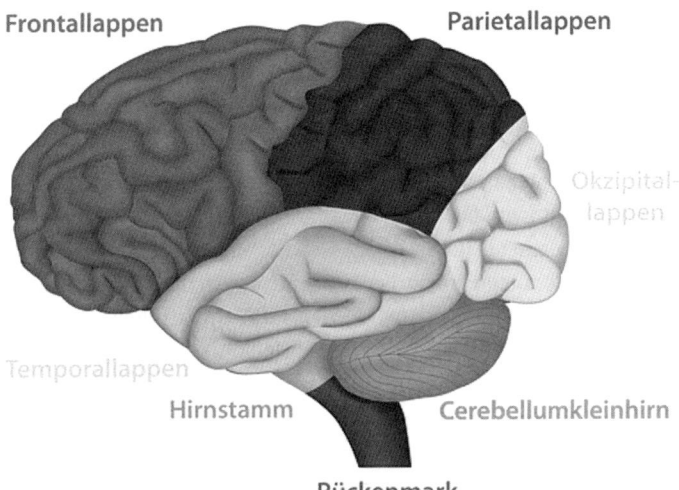

Abbildung 5: Bereiche des menschlichen Gehirns (© bilderzwerg/Fotolia)

Der korrekte Begriff dieser Sonderform einer Demenz lautet »Frontotemporale Lobärdegenerationen« (FTLD) und steht für mehrere Krankheitsbilder, die sich zumindest anfänglich anhand der Symptomatik und anatomischer Veränderungen unterscheiden lassen. Während das Gedächtnis bei dieser Form der Demenz oft über lange Zeit unbeeinträchtigt bleibt, treten früh Veränderungen der Persönlichkeit, des Sozialverhaltens, der Sprache und des Antriebs auf. Handelt es sich bei der Alzheimer-Demenz ganz wesentlich um eine Alterserkrankung, kann die Frontotemporale Demenz bereits in jungen Jahren, teilweise im dritten Lebensjahrzehnt auftreten. Dies stellt Betroffene und Familie vor ganz besondere Probleme (siehe Kap. 2.4.1). Die Krankheit tritt in einem Alter auf, in dem in keiner

Weise mit einer solchen Veränderung gerechnet wird; die Familie befindet sich oft noch in der Aufbauphase; finanzielle Probleme sind häufig. Aufgrund der zunächst eher untypischen und besonders die Interaktion betreffenden Symptome wird die Diagnose nicht selten erst nach einer längeren »Irrfahrt« gestellt, bleibt manchmal auch dauerhaft offen. Es ist davon auszugehen, dass ein nicht näher zu beziffernder Anteil von Betroffenen nie einer Diagnose zugeführt wird. Die ausgeprägten Verhaltensstörungen stellen eine enorme Belastung für die Beziehung dar. Nicht wenige Ehen zerbrechen darunter. Liegt eine erblich bedingte Form vor, stehen Kinder damit vor der doppelten Herausforderung – mit der drastischen Veränderung eines Elternteils leben und umgehen zu müssen und möglicherweise selbst von dieser Krankheit bedroht zu sein (Deutsche Alzheimer Gesellschaft e. V., 2016b).

FTD im engeren Sinne bezeichnet die vorrangig *verhaltensbetonte Variante*. Die Veränderungen sind im Frontalhirn angesiedelt. Aufgaben des Frontalhirns, das ca. 30 % der Gehirnmasse ausmacht, sind die sogenannten Exekutivfunktionen, d. h. Planen, Voraussicht, Urteilen, Handeln, Funktion des Arbeitsgedächtnisses; Funktionen, die wesentlich das »Selbst« beschreiben. Das Frontalhirn ist auch für die Mentalisierungsfähigkeit[3] verantwortlich. Der Verlust der Mentalisierungsfähigkeit bedeutet den Verlust des empathischen Einfühlens in die Bedürfnisse anderer sowie den Verlust der Fähigkeit zur Eigenreflexion.

Daraus resultieren folgende Symptome:
- Interesselosigkeit,
- sozialer Rückzug,
- Antriebsmangel,
- Störungen der Aufmerksamkeit,

---

3 *Mentalisierung* beschreibt die Fähigkeit, zum einen »sich selbst von außen, zum anderen sich andere von innen vorzustellen. Das ist nötig, um den eigenen Verhaltensweisen und denen des Gegenübers Gründe und Motive zuzuschreiben. Hierzu braucht es eine Art ›theory of mind‹, also eine Idee darüber, wie man sich Verhalten von anderen erklären kann und zu sehen, dass auch andere das Verhalten, das man selbst zeigt, erklären« (von Schlippe u. Schweitzer, 2012, S. 302).

- Stereotypien,
- Zwangshandlungen,
- Sorglosigkeit,
- Enthemmung,
- Überaktivität,
- depressive Verstimmung,
- Bild einer Manie,
- ...

Bei der verhaltensbetonten Variante der FTD kann vereinfachend gesagt eine antriebsgeminderte von einer antriebsgesteigerten Variante unterschieden werden. Die antriebsgeminderte Variante ähnelt in ihrer Symptomatik einer Depression und kann im Einzelfall nur schwer von dieser abgegrenzt werden. Die antriebsgesteigerte Variante ist von Hyperaktivität und teilweise Zwanghaftigkeit sowie dem Fehlen eines Schuldbewusstseins gekennzeichnet. Eigentumsdelikte und sinnlose Käufe mit der Gefahr der Überschuldung sind nicht selten, werden von den Betroffenen als solche registriert, aber in ihren Konsequenzen nicht wahrgenommen bzw. bedauert. Daneben können permanente Unruhe mit einem hohen Bewegungsbedürfnis, exzessives Essen und sexuelle Enthemmung zu den größten Herausforderungen für die Umgebung gezählt werden.

Beispiel für das Vorliegen einer antriebsgeminderten Variante der FTD:

Frau Bothe ist 80 Jahre alt; vor sechs Jahren wurde bei ihr eine verhaltensbedingte FTD diagnostiziert. Sie lebt zusammen mit ihrem Mann zu Hause und sitzt jeden Tag stundenlang im Wohnzimmer am Tisch. Dort schaut sie sich ein altes Modeheft an, bei dem sie meist auf Seite vier verharrt und mit dem Finger immer wieder über das Blatt streicht. Gelegentlich geht sie in den Garten; dort dreht sie eine Runde und kommt wieder zurück. Sie lächelt unterschiedslos jeden an, der ihr begegnet. Wenn ihr Mann sie zum Essen ruft, geht sie zum Tisch. Dabei muss er sie aber oft daran erinnern, dass sie das Modeheft im Wohnzimmer lassen sollte. Frau Bothe spricht fast nicht.

Beispiel für das Vorliegen einer antriebsgesteigerten Variante der FTD:

Herr Weiss ist 74 Jahre alt; bei ihm wurde vor ca. zehn Jahren eine FTD festgestellt. Auch er lebt zu Hause. Dort legt er größten Wert auf einen sich wiederholenden minutengenauen Ablauf eines jeden Tages. Kaum hat seine Frau die Zeitung gelesen, will er sie zum Altpapier werfen – ungeachtet des Wunsches seiner Frau, später noch einmal hineinzuschauen.

Nur mit größter Mühe konnte ihn seine Frau vor einigen Jahren davon abbringen, noch selbst Auto zu fahren. Als Beifahrer beschimpft er seine Frau häufig und Frau Weiss hat Angst, dass er ihr eines Tages während der Fahrt ins Steuer greift. Trotzdem unternehmen die beiden regelmäßig Autofahrten. Herr Weiss geht nämlich gern spazieren und verläuft sich auch nicht. Das Ehepaar fährt dann zu Herrn Weiss' Lieblingsstrecke im nahegelegenen Wald. Trifft er bei seinen Spaziergängen auf andere Frauen, macht er häufig anzügliche Bemerkungen. Das ist seiner Frau sehr unangenehm. Sie hat es sich deshalb schon seit längerem angewöhnt, ihn allein gehen zu lassen und nach einer verabredeten Zeit wieder abzuholen. Das funktioniert ganz gut.

Herr Weiss erzählt gern, am liebsten über seine früheren Leistungen – er war Architekt und begeisterter Bergsteiger, hat viele Berge in unterschiedlichen Erdteilen bestiegen. Während er mit großer Ausdauer über diese Themen sprechen kann, scheint er seinerseits kein Interesse an den Menschen seiner Umgebung zu haben.

Neben der beschriebenen verhaltensbetonten Variante gibt es auch sprachbetonte Varianten, bei denen die organischen Veränderungen primär in anderen Hirnregionen, nämlich dem Übergang zum Temporal(Schläfen-)lappen und damit dem Sprachzentrum, liegt. Die Lokalisation unterschiedlicher Sinneszentren zeigt Abbildung 6.

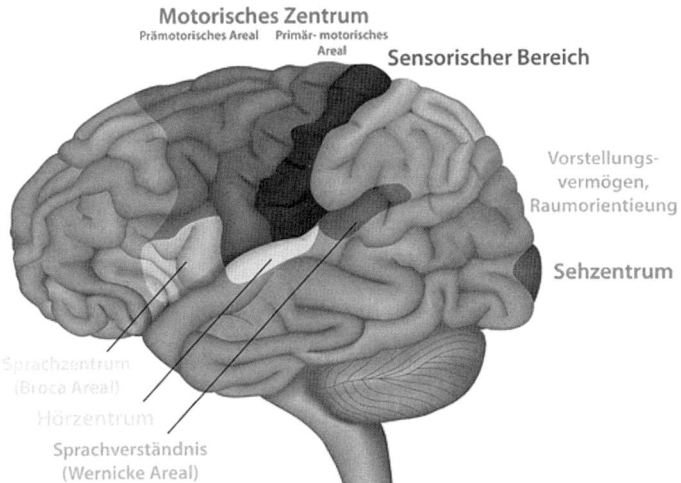

Abbildung 6: Funktionsbereiche des menschlichen Gehirns (© bilderzwerg/ Fotolia)

Abhängig davon, ob eher das Sprachzentrum (aktive Fähigkeit zu sprechen) oder das Sprachverständnis betroffen ist (Fähigkeit zu verstehen), wird zwischen der nichtflüssigen progredienten Aphasie und der semantischen Demenz unterschieden.

Bei der nichtflüssigen progredienten Aphasie bleibt das Wortverständnis weitgehend erhalten, die Sprachfähigkeit dagegen lässt deutlich nach. Die Betroffenen verlieren die Fähigkeit, sich variantenreich auszudrücken, die Sprache verarmt immer mehr – teilweise bis zum Mutismus, dem völligen Verstummen. Auch der paraverbale Ausdruck in Form von Mimik, Sprachmelodie und Tonfall wird reduziert. Die Kognition und das Verhalten bleiben hiervon lange unbeeinflusst.

Die semantische Demenz zeichnet sich dadurch aus, dass primär das Sprachverständnis verloren geht. Die Betroffenen sprechen viel in einer unzusammenhängenden Weise, die teilweise völlig sinnentleert wirkt. Im Verlauf der Erkrankung stellen auch diese Patienten das Sprechen ein. Die nichtsprachlichen Leistungen dagegen sind lange Zeit nur wenig beeinträchtigt (Deutsche Alzheimer Gesellschaft e. V., 2016a).

Im langfristigen Verlauf der Erkrankung überschneiden sich die Symptome, sodass im Spätstadium eine genaue Differenzierung dieser Varianten, aber auch eine Abgrenzung zur Alzheimer-Demenz nicht mehr möglich ist.

Medikamentöse Therapien sind nicht bekannt; die bei der Alzheimer-Erkrankung erwähnten Antidementiva zeigen bei einer Frontotemporalen Demenz keinen Effekt; Antipsychotika und sedierende Medikamente haben oft eine entgegengesetzte Wirkung als die beabsichtigte.

Die im Vordergrund stehenden Verhaltensauffälligkeiten werden von pflegenden Angehörigen häufig als sehr verletzend beschrieben und stellen von daher eine große Herausforderung für das Helfer- und Familiensystem dar.

1.1.10 Lewy-Körperchen-Demenz

Diese Form der Demenz zeichnet sich durch eine parkinsonartige Symptomatik aus, ist aber abzugrenzen von einer primären Parkinsonerkrankung[4]. In den betroffenen Gehirnzellen finden sich sogenannte Lewy-Körperchen, d. h. Zusammenballungen eines Proteins, welches offensichtlich verantwortlich ist für den Zelluntergang. Der degenerative Prozess beginnt in Nervenzellverbänden, die für die Steuerung von Bewegungsabläufen zuständig sind (Deutsche Alzheimer Gesellschaft e. V., 2016a). Gleichzeitig kommt es aber auch zu einer demenziellen Entwicklung und einer kognitiven Verlangsamung.

Die Betroffenen neigen zu Stürzen und weisen typischerweise sehr lebendige und bildreiche optische Halluzinationen auf. Teilweise zeigen sich auch Wahnsymptome. Die Ausprägung der Symptomatik variiert stark sowohl im Tagesverlauf als auch über längere

---

4 Die *Parkinson-Krankheit,* auch »Schüttellähmung« genannt, ist durch Störungen des Bewegungsablaufs und der Beweglichkeit gekennzeichnet. Diese äußern sich in Bewegungsstarre bis zur Bewegungslosigkeit und zusätzlich mindestens eines der drei Symptome Rigor (Steifheit und Starre), Tremor (Zittern besonders in Ruhe) und mangelnde Stabilität der aufrechten Körperhaltung (Techniker-Krankenkasse, o. J.).

Zeiträume hinweg. Werden aufgrund der Halluzinationen Antipsychotika gegeben, so treten bereits bei niedrigen Dosen übersteigerte Nebenwirkungen im Sinne parkinsonartiger Symptome und delirante Verwirrtheitszustände auf. Antipsychotika sind deshalb bei diesem Krankheitsbild kontraindiziert, während Acetylcholinesterasehemmer als Antidementiva gegeben werden können.

Herr Anger geht auf Veranlassung seiner Kinder zu einer Gedächtnisuntersuchung, da er sich in letzter Zeit immer schlechter zurechtfinden kann und in seinem kleinen Ort verläuft. Er stürzt auch häufiger. Glücklicherweise hat er sich bisher keine ernsthaften Verletzungen zugezogen. In seinem Geschäft »funkt« er als Senior immer öfter dazwischen. Mehrfach haben sich Kunden beschwert und auch die Angestellten sind nicht mehr lange bereit, dies zu tolerieren. In der Gedächtnisambulanz wird die Verdachtsdiagnose Lewy-Körper-Demenz gestellt und er wird gebeten, sich in drei Monaten erneut vorzustellen.

Noch vor dem nächsten Kontrolltermin stürzt er, kommt ins Krankenhaus. Dort ist er sehr verwirrt. Eine neurologische Untersuchung bestätigt die bisherige Verdachtsdiagnose.

Wieder zu Hause, ist er abends oft unruhig und ängstlich. Er will gar nicht schlafen gehen: Oft sieht er Menschen in seinem Bett liegen und möchte mit seiner Ehefrau im Wohnzimmer übernachten. Der Ehefrau schreibt er Zettel mit dem Text, dass »alle Betten belegt« seien.

Daneben ist er oft eifersüchtig und wirft seiner Ehefrau außereheliche Beziehungen vor. Zwischendurch gibt es wieder klare Tage, an denen er ganz orientiert wirkt und seiner Frau sogar im Haushalt hilft.

Im Verlauf der Erkrankung treten auch Parkinson-Symptome auf, sodass das Gehen schwerer wird. Die Versorgung zu Hause wird zusätzlich erschwert durch eine Inkontinenz.

Ohne die Diagnose einer Lewy-Körper-Demenz wäre Herr Anger gefährdet, aufgrund seiner Wahnvorstellungen Antipsychotika zu erhalten.

1.1.11 Therapie- und Behandlungsmöglichkeiten

Zusammenfassend lässt sich sagen, dass es trotz vielfältiger Anstrengungen bisher keine Therapiemöglichkeit gibt, die in der Lage ist, eine Heilung der Erkrankung zu bewirken. Medikamentöse Therapien, wie sie in erster Linie bei Menschen, die unter der Alzheimer-Demenz leiden, eingesetzt werden, können den Krankheitsverlauf verlangsamen, möglicherweise auch vorübergehend stoppen. Dem stehen ggf. Nebenwirkungen und Kontraindikationen gegenüber, die im Einzelfall abgewogen werden müssen. Nichtmedikamentöse Ansätze wie Ergotherapie, Milieugestaltung, unterstützender Umgang haben einen erheblichen Stellenwert. Werden sie in einer ressourcenorientierten Weise genutzt, können sie dazu beitragen, der mit der Diagnose oft verbundenen Defizitorientierung entgegenzuwirken, erhaltene Fähigkeiten zu stärken und den Alltag lebenswerter zu gestalten (AWMF, 2016).

Wenn eine Heilung nicht möglich ist, gilt es mit der Krankheit zu leben – und das über viele Jahre hinweg. Entsprechend liegt ein wesentlicher Fokus auf Möglichkeiten, die Lebensqualität von Menschen mit Demenz und dem sie begleitenden System zu verbessern. Angesichts der Unheilbarkeit und der eingeschränkten Lebenserwartung wird Demenz auch als palliatives[5] Krankheitsbild gesehen. Die palliative Sichtweise rückt nicht das jeweilige Krankheitsbild, sondern die subjektiv von den Betroffenen als belastend erlebten Symptome sowie ihre Wünsche und Bedürfnisse in den Vordergrund. Cicely Saunders, die Begründerin der Palliativbewegung, hat dies mit dem Satz »Nicht dem Leben mehr Tage, sondern den Tagen mehr Leben geben« beschrieben. Mit diesem Blick sind Angebote und Therapiemöglichkeiten, die dazu geeignet sind, den fortschrei-

---

5 *Palliativmedizin/Palliative Care* ist entsprechend der Definition der WHO ein Ansatz zur Verbesserung der Lebensqualität von Patienten und ihren Familien, die mit Problemen konfrontiert sind, welche mit einer lebensbedrohlichen Erkrankung einhergehen. Dies geschieht durch Vorbeugen und Lindern von Leiden, durch frühzeitige Erkennung, sorgfältige Einschätzung und Behandlung von Schmerzen sowie anderen Problemen körperlicher, psychosozialer und spiritueller Art (WHO, 2002).

tenden Verlauf der Erkrankung zu verzögern und möglichst viele Fähigkeiten möglichst lange zu erhalten, immer daraufhin zu prüfen, ob sie auch dazu geeignet sind, die Lebensqualität des Betroffenen zu verbessern und ob sie im Einklang mit dessen – auch früher geäußerten – Wünschen und Bedürfnissen stehen.

In der Praxis gehen kurativer und palliativer Handlungsansatz oft Hand in Hand. Es lohnt sich zu vergegenwärtigen, weshalb bestimmte Maßnahmen empfohlen und durchgeführt werden. Hierzu ein paar Gedanken:

- Wird Ergotherapie verordnet und durchgeführt, um eine Verbesserung der Kognition zu erreichen oder weil dieser Mensch erkennbar davon profitiert und sich darüber freut?
- Werden antidementiv wirksame Medikamente gegeben, weil das Standard ist oder weil dieser Mensch von einer Verlangsamung des Krankheitsverlaufs auch aus seiner Sicht profitieren würde?
- Werden Begleiterkrankungen so intensiv wie möglich behandelt, weil sie behandelbar sind oder weil dieser Mensch dadurch mehr Lebensqualität hat?

Wie schwierig die Entscheidung im Einzelfall sein kann, wird an folgendem Beispiel illustriert:

Herr Pistor ist ein noch recht rüstiger 80-jähriger Herr mit Demenz im Frühstadium. Vor Kurzem musste er wegen eines schweren Infektes mit Atemnot notfallmäßig im Krankenhaus behandelt werden. Die medizinische Behandlung war erfolgreich, allerdings entwickelte Herr Pistor ein Delir (siehe Fußnote 2, S. 18). Als Nebenbefund ergab sich eine ausgeprägte Herzklappenverengung, die aus medizinischer Sicht unbedingt operiert werden sollte. Während die behandelnden Ärzte diesen Eingriff befürworten, sind insbesondere die Angehörigen verunsichert und skeptisch.

Mit den Ärzten besteht Einigkeit, dass nur ein kleiner Eingriff an der Herzklappe über einen Herzkatheter in Frage kommt. Trotzdem ist die Sorge der Familie groß, dass ein erneuter Krankenhausaufenthalt wieder zu einem Delir und möglicherweise einer bleibenden Verschlechterung der demenziellen Symptomatik führen könne. Herr Pistor hat keine Erinnerung an die Tage, an denen er so verwirrt war. Deshalb ist für ihn das Risiko eines Delirs zunächst nicht greifbar. Erst im Gespräch mit seinen Angehörigen versteht er deren Bedenken.

Nach mehreren Gesprächen entscheidet er sich im Einklang mit seiner Familie für den Eingriff. Entscheidungsleitend war hierbei die Frage, was für ihn im Moment Lebensqualität bedeutet. Das war für Herrn Pistor leicht zu beantworten: Er ist seit seiner Jugend ein begeisterter Schwimmer und wird immer noch einmal in der Woche von seinen alten Schwimmkameraden zum »Seniorentraining« abgeholt. Medizinisch war abzusehen, dass er aufgrund der veränderten Herzklappe nicht mehr lange in der Lage sein würde zu schwimmen. Damit war sozusagen eine »palliative Indikation«, d. h. Begründung für den Eingriff gegeben.

Erleichtert wurde die Entscheidung dadurch, dass es sich im Gegensatz zur notfallmäßigen Krankenhausaufnahme beim letzten Mal nun um einen geplanten Eingriff handeln würde. Alle können sich darauf vorbereiten und die Familie überlegt, wie Herr Pistor in dieser Zeit gut begleitet werden kann, um das Risiko eines erneuten Delirs möglichst gering zu halten. Unter Einbeziehung des sozialen Netzes (der Schwimmfreunde) wird ein Plan aufgestellt, wie gewährleistet sein könnte, dass während des Krankenhausaufenthaltes tagsüber immer jemand da sein würde. Vertraute Personen senken das Risiko für eine delirante Entwicklung. Ein Sohn von Herrn Pistor setzt sich vorab mit dem Krankenhaus in Verbindung und fragt, ob es möglich sei, nachts eine Sitzwache bereitzustellen. Diesem Vorschlag wird zugestimmt.

Ein paar Wochen später: Der Eingriff hat stattgefunden, Herr Pistor war nur kurze Zeit delirant. Tagsüber war immer ein vertrauter Mensch bei ihm und nachts wie abgesprochen eine Sitzwache. Auf die nach einem solchen Eingriff übliche Anschlussrehabilitation wurde in allseitigem Einvernehmen verzichtet, da die Rückkehr ins häusliche Setting in diesem Fall Vorrang hatte. In einigen Wochen kann Herr Pistor wieder zum Schwimmen. Er freut sich schon darauf.

An diesem Fallbeispiel wird deutlich, wie schwierig es im Einzelfall sein kann, treffende Entscheidungen zu fällen. Nicht nur die Frage, welches Vorgehen am ehesten der Situation gerecht wird, steht im

Raum. Es fällt auch auf, dass die Beteiligten eine unterschiedliche Risikowahrnehmung haben. Herr Pistor kann sich an das erste Delir nicht mehr erinnern. Die Gefahr einer Wiederholung ist für ihn nicht real. Die Angehörigen haben es dagegen hautnah miterlebt und erinnern sich noch lebhaft an den Schrecken. Der Familie ist es im beschriebenen Fall gelungen, diese unterschiedliche Sichtweise einfach stehen zu lassen und gemeinsam zu überlegen, welches die beste, d. h. angemessenste Lösung sein könnte. Und wenn sich im Nachhinein herausstellt, dass dies vielleicht doch nicht »die beste« Entscheidung war? Dann ist davon auszugehen, dass Entscheidungen, die unter Einbeziehung aller relevanten Personen alle bedeutsamen Aspekte – nicht nur die medizinischen – berücksichtigt haben, von allen auch rückblickend leichter mitgetragen werden können.

Die beschriebene Entwicklung eines Delirs ist eine häufige Komplikation alter Menschen im Krankenhaus; Menschen mit Demenz sind hierfür besonders gefährdet (Hackenbroch, 2017). Angesichts der demografischen Entwicklung sind Krankenhäuser mehr denn je gefordert, geeignete Strategien zu ergreifen, um das Risiko eines Delirs zu begrenzen.

Während Herr Pistor noch in der Lage war, sich zu äußern, verlieren Menschen mit Demenz in fortgeschrittenen Krankheitsstadien zunehmend die Fähigkeit, eigene Bedürfnisse zu artikulieren und die Folgen von Maßnahmen abzuschätzen (Stevenson, Savage u. Taylor, 2017). Angehörige und Betreuende stehen vor der Herausforderung, in unklaren Situationen im Sinne des Betroffenen zu entscheiden. Manchmal gibt es frühere schriftliche oder mündliche Aussagen, oft muss in gemeinsamem Abwägen der mutmaßliche Wille des Menschen, der im Zentrum steht, erfasst werden. Dies bedeutet auch, mit den dem Krankheitsbild innewohnenden Unklarheiten im Sinne des Betroffenen umzugehen und eine Kultur der ethischen Reflexion auch im Alltag zu entwickeln (Kojer u. Schmidl, 2016).

> Die palliative Begleitung von Menschen mit Demenz stellt die Begleitenden vor drei große Bereiche von Unklarheit. Diese sind:
> - Die *Unklarheit des Verlaufs:* Auch wenn das Vorliegen einer Demenz die Lebenszeit statistisch gesehen verkürzt, ist eine Einschätzung darüber, wann die letzte Lebensphase beginnt, deutlich schwieriger als beispielsweise bei Menschen, die an einer Krebserkrankung leiden.
> - Die *Unklarheit der Symptome:* Menschen mit Demenz leiden unter vielfältigen Symptomen/Beschwerden wie Schmerz, Angst, Einsamkeit u. a. Durch den Verlust der Sprachfähigkeit und der kognitiven Einordnung können sie diese Symptome mit fortschreitender Erkrankung immer weniger verbalisieren. Sie sind dann angewiesen auf Menschen, die gut und einfühlsam beobachten und ihnen bis zum Lebensende das Recht und die Fähigkeit zusprechen, durch ihr Verhalten und über nonverbale Signale Auskunft über sich zu geben.
> - Die *Unklarheit des persönlichen Willens:* In der letzten Lebensphase tauchen häufig Fragen auf, die ethische Aspekte berühren. Soll/will dieser Mensch noch essen? In welchen Fällen ist eine Krankenhauseinweisung bei akuter Verschlechterung wirklich sinnvoll und hilfreich?

Wie in obigem Fallbeispiel verdeutlicht, sind diese und ähnliche Fragen nur selten mit einem klaren Ja oder Nein zu beantworten. Es gilt abzuwägen und – ganz wesentlich – die Wünsche des Betroffenen als oberste Maxime anzusehen. Wenn sich dieser aber nicht mehr – für uns verständlich – dazu äußern kann, was dann? Frühzeitige Gespräche in frühen Phasen der Erkrankung sind hilfreich, werden aber nur selten durchgeführt. Es ist zu hoffen, dass sich dies durch die im aktuellen Hospiz- und Palliativgesetz vom 8. Dezember 2015 (Bundesgesetzblatt, 2015) vorgesehenen Gespräche zur Versorgungsplanung, auch als Advance Care Planning bezeichnet, verändert. Das Instrument ist bisher allerdings nur im stationären Kontext verbindlich vorgesehen und erreicht viele Menschen mit Demenz dadurch erst in einem fortgeschrittenen Stadium der Erkrankung. Gespräche mit Angehörigen können helfen, einen Menschen mit Demenz sowie dessen Werte und Beweggründe besser kennenzulernen. Ein Blick auf die Biografie dieses Menschen, auf das, was ihn bewegt, motiviert, angetrieben hat, kann ebenfalls Hinweise liefern. Was bleibt, ist immer eine Restunsicherheit. Diese kann reduziert werden, indem in Form ethischer Fallbesprechungen alle Beteiligten an einen Tisch geholt und deren Sichtweise auf die Situation und auf den Menschen in seiner Persönlichkeit erfragt wird (Becker u. Bollig, 2011; Riedel, Lehmayer u. Elsbernd, 2011; Risto, 2014). Leitfrage ist immer: Was würde dieser Mensch wollen, wenn er sich noch dazu äußern könnte?

1.1.12 Diagnose

Um das Vorliegen einer demenziellen Erkrankung zu diagnostizieren, ist im Allgemeinen ein Bündel von Untersuchungen erforderlich. Diese Untersuchungen geben Aufschluss, ob möglicherweise eine andere Erkrankung ursächlich ist (sekundäre Demenzform) bzw. ob genügend Hinweise/Belege vorliegen, die es ermöglichen, die Diagnose mit hinreichender Sicherheit zu stellen. Nicht immer ist dies im ersten Anlauf möglich, manchmal stellt die Diagnosestellung einen Prozess dar, der die Beobachtung und wiederkehrende Untersuchungen über einen Zeitverlauf hin erfordert. Und manchmal ist es dauerhaft nicht möglich, eine eindeutige Diagnose zu stellen. Letzteres gilt besonders für die eher seltenen Demenzformen und Mischformen.

Eine umfassende Diagnostik besteht aus folgenden Bestandteilen (AWMF, 2016):
- Gespräch zur Erfassung der Krankheitsgeschichte aus Sicht des Betroffenen sowie der Angehörigen mit Fragen nach Beeinträchtigungen des Alltags, erhaltenen Fähigkeiten sowie bemerkten Defiziten und Beobachtung;
- körperliche internistische und neurologische Untersuchung;

- kognitive Tests und neuropsychologische Diagnostik;
- Labortests und Liquordiagnostik;
- bildgebende Verfahren wie MRT.

Damit wird eine größtmögliche Diagnosesicherheit angestrebt. Je nach Lebenssituation ist im Einzelfall abzuwägen, ob dieses Maß an Diagnosesicherheit erforderlich ist, um einen guten Umgang mit der Krankheit zu finden

1.1.13 Exkurs zu »Diagnose«, »Frühdiagnostik«, »Screening«

An dieser Stelle lohnt ein kleiner Exkurs zu den Begriffen »Diagnose«, »Frühdiagnostik« und »Screening«. Eine Diagnose wird üblicherweise in die Wege geleitet, wenn ein Betroffener bzw. Menschen aus dessen Umgebung deutliche Hinweise auf das Vorliegen einer Erkrankung haben und dies klären möchten.

Frühdiagnostik bedeutet, den Blick auf die – kaum wahrnehmbaren – allerersten Veränderungen zu richten, um eine möglichst frühe Diagnosestellung zu ermöglichen. Zunehmende Aufklärung über das Krankheitsbild in der Bevölkerung kann dazu beitragen, dass neben den Betroffenen selbst auch das persönliche Umfeld viel früher aufmerksam wird. Eine ganz besondere Rolle kommt in diesem Zusammenhang Ärzten zu, die aufgrund ihrer Professionalität gelernt haben, solche frühen Hinweise wahrzunehmen und darauf zu reagieren.

Der Stellenwert der Frühdiagnostik ist in den letzten Jahren stetig gestiegen. Darüber wurde es möglich, die Vorstufe einer Alzheimer-Erkrankung, das Mild Cognitive Impairment (MCI), von der eigentlichen Erkrankung abzugrenzen. Menschen mit einem MCI sind im Alltag kaum bis gar nicht eingeschränkt. Aus Langzeituntersuchungen ist allerdings bekannt, dass sie zwar ein erhöhtes Risiko für die Entwicklung einer Alzheimer-Erkrankung haben, ein MCI aber nicht zwangsläufig in einer Alzheimer-Erkrankung mündet (Sperling et al., 2011; Damian et al., 2013).

Von der Frühdiagnostik abzugrenzen ist das Demenz-Screening. Nach Morrison (1992, zit. nach Spix u. Blettner, 2012) beschreibt

»Screening für eine Erkrankung […] die Untersuchung asymptomatischer Personen mit dem Ziel, sie in Bezug auf die Zielkrankheit in solche mit hoher und solche mit niedriger Wahrscheinlichkeit, die Krankheit zu haben, einzuteilen. Personen mit hoher Wahrscheinlichkeit werden weiter untersucht, um zu einer endgültigen Diagnose zu gelangen. Als krank diagnostizierte Personen werden anschließend therapiert« (Übersetzung Spix u. Blettner, 2012).

Ein Screening ist dann erwägenswert, wenn es dadurch möglich ist, eine relevante Anzahl von Personen zu entdecken, die noch keine Symptome zeigen, aber mit hoher Wahrscheinlichkeit in der Zukunft an der betreffenden Erkrankung leiden werden. Jedes Screening hat ein grundsätzliches Problem: Je treffsicherer es ist, desto wahrscheinlicher werden zunächst auch Menschen mit einer Verdachtsdiagnose konfrontiert, die sich später als falsch herausstellt (falsch positiv); je weniger falsch positive Verdachtsdiagnosen gestellt werden, desto größer ist das Risiko, dass potenziell Betroffene übersehen werden und diese sich in falscher Sicherheit wiegen (falsch negativ) (Spix u. Blettner, 2012). Ohne ausreichende Therapieoptionen ist Screening nicht hilfreich, denn in diesen Fällen würden Menschen mit einer Diagnose zu einem Zeitpunkt konfrontiert, zu dem sie ansonsten noch unbeschwert leben würden, und hätten keinen Vorteil von diesem frühen Wissen. Deshalb wird angesichts fehlender Therapieoptionen im Sinne einer Heilung oder Verhinderung des Ausbruchs der Erkrankung ein allgemeines Demenzscreening derzeit nicht empfohlen.

Dagegen herrscht weitgehend Einigkeit darüber, dass vieles dafürspricht, die Diagnose einer Demenz bei bestehenden Symptomen möglichst früh zu stellen – ohne aus dem Recht auf Wissen eine unbedingte Pflicht auf Wissen zu machen. Was das Stadium des Nicht-Wissens für Betroffene und Angehörige bedeutet, welche guten Gründe es auch für das Nicht-wissen-Wollen geben kann und wie eine systemische Sicht auf die Diagnosestellung aussehen kann, wird in Kapitel 2.1 näher erläutert.

1.2 ALLES NUR KÖRPER, ODER? PSYCHOLOGISCHE ASPEKTE DER DEMENZERKRANKUNG

Gibt es so etwas wie eine »Demenzpersönlichkeit«? Vergleichbar mit der Diskussion um die »Tumorpersönlichkeit« wird auch diese Frage immer wieder gestellt und kann bis heute nicht eindeutig beantwortet werden. Was wissen wir derzeit?

Bauer, Stadtmüller, Qualmann und Bauer (1995) untersuchten in einer Pilotstudie 21 Menschen mit Alzheimer-Demenz und verglichen diese mit einer Vergleichsgruppe von 11 Personen mit vaskulärer Demenz. Sie gingen hierbei der Fragestellung nach, ob sich im Vergleich der beiden Gruppen prämorbide, d. h. bereits vor Ausbruch der Erkrankung nachweisbare psychologische Prozesse, finden lassen, die die Entwicklung einer Alzheimer-Demenz möglicherweise begünstigen. Bei aller gebotenen Zurückhaltung hinsichtlich der Ergebnisse aus einer so kleinen Stichprobe fanden sie in den Biografien von Alzheimer-Patienten »im zeitlichen Vorfeld des Einsetzens [...] das Muster einer ›fürsorglichen Bevormundung‹, welches charakterisiert ist durch das Überlassen von wichtigen Alltagsentscheidungen an andere sowie durch Behütung und Einengung seitens dominierender Bezugspersonen. Weitere, gehäuft angetroffene Elemente der prämorbiden Entwicklung bei Alzheimer-Patienten waren vermehrte physische oder psychische Belastungen, Verlust von sozialen Kontakten sowie ein Wegfall motivationaler Bereiche« (Bauer et al., 1995, S. 179). Die Vergleichsgruppe der Menschen mit vaskulärer Demenz wird wie folgt beschrieben: »Die Entwicklung im unmittelbaren zeitlichen Vorfeld der Erkrankung bei vaskulär-dementen Patienten war charakterisiert durch einen Verlust an Kontrolle, den die (späteren) Patienten bis dahin über ihre persönliche Umgebung, insbesondere auch über Bezugspersonen ausgeübt hatten« (Bauer et al., 1995, S. 179). In beiden Gruppen war eine Häufung traumatischer Erlebnisse festzustellen. Methodisch führten die Autoren teilstandardisierte biografische Interviews mit offener, nichtdirektiver Befragungstechnik durch. Ergänzt wurden diese durch Fremdinterviews signifikanter Bezugspersonen.

Aufgrund der hierbei erhobenen Befunde favorisieren sie die Hypothese, dass »die beschriebenen psychologischen Phänomene im Vorfeld der Alzheimer-Erkrankung Teil eines präklinischen Prozesses sind, bei dem biologische, psychologische und soziale Faktoren wechselseitig zusammenwirken, um schließlich in das klinische Stadium der Krankheit einzumünden. Möglicherweise bieten sich hier Ansatzpunkte für psychotherapeutische Interventionen« (Bauer et al., 1995, S. 179). Funktionell-anatomisch beschreiben sie den Zusammenhang dergestalt, dass die früh im Verlauf der Alzheimer-Demenz auftretende synaptische Funktionsstörung sowie die Abnahme der Zahl der Synapsen möglicherweise durch negative Effekte psychosozialer Faktoren mit beeinflusst werden. Nach dem Motto »use it or lose it« (Swaab, 1991) werden Synapsen in der Hirnrinde entsprechend ihrer Nutzung aufgebaut, stabilisiert oder abgebaut. Danach haben psychosoziale Faktoren signifikante Effekte auf die Struktur der Hirnrinde. Swaab zufolge leisten sowohl Reizverarmung als auch mentaler Stress einen signifikanten Beitrag zu neurodegenerativen Veränderungen. Hierbei scheinen weniger isolierte äußere Ereignisse (sog. »life events«) von Bedeutung zu sein, sondern die jeweilige individuelle Bedeutung, die diesen Ereignissen zugeschrieben wird (Lazarus u. Fokman, 1984). Um möglicherweise vorhandene Belastungselemente zu identifizieren, eignen sich qualitative Methoden, wie die »grounded theory«, Bauer et al. (1995) zufolge besser als quantitative Erfassungsmethoden.

Bernhardt, Seidler und Frölich (2002) fanden in einer systematischen Übersicht einen positiven Zusammenhang zwischen dem Risiko, an einer Demenz zu erkranken, und psychosozialen Faktoren wie körperlicher und psychosozialer Inaktivität. Inwieweit hierbei die Inaktivität als solche als Risikofaktor einzuschätzen ist, ob Inaktivität die sehr frühen Effekte der Erkrankung charakterisiert (noch lange vor der eigentlichen Diagnosestellung) oder ob es ein Zusammenspiel beider Faktoren ist, lassen sie dabei bewusst offen.

Zum Zusammenhang zwischen Bildung und psychosozialer Aktivität verweisen sie auf die Hypothese, nach der ein enger Zusammenhang vermutet wird (Mortimer u. Graves, 1993). Diamond (1998) erklärt dies, indem er eine Beziehung zwischen einer stimulusangereicherten Umwelt und dem Dichtewachstum und der Anzahl der Synapsen annimmt. Hierdurch würde sozusagen eine »Reservekapazität« geschaffen und damit ein Anheben der Schwelle, ab der sich ein anatomisch feststellbarer Hirnabbauprozess auch klinisch im Sinne einer Demenz zeigt.

Andere von Bernhardt et al. (2002) aufgeführte Hypothesen sind, dass höhere Bildung es erleichtert, die psychometrischen Tests zur Diagnose einer Demenz zu absolvieren. Eine weitere Hypothese besteht in der Vermutung, dass psychosoziale Aktivitäten die Fähigkeit, Initiative zu zeigen und zu planen, unterstützen. Damit gehen gesteigerte Aufmerksamkeit und Kontrolle einher – Faktoren, die entscheidend sind für die Kontrolle von Umweltfaktoren. Der Verlust dieser Aktivitäten gilt als eines der ersten Anzeichen einer Demenz. Dieser Hypothese zufolge wäre Bildung kein eigenständiger Risikofaktor, sondern fungierte als Spiegelung anderer Einflussfaktoren psychosozialer Art.

Mögliche Erklärungen gehen also in unterschiedliche Richtungen, deren genaue Zusammenhänge noch zu erforschen sind. Gleiches gilt für den Zusammenhang von Familienstand und dem Demenzerkrankungsrisiko. Möglicherweise haben nicht verheiratete Personen eine prämorbide, d. h. der Krankheit vorausgehende Persönlichkeit und zeigen prämorbide Verhaltensweisen, die sowohl den Familienstand als auch das erhöhte Erkrankungsrisiko erklären können. Es ist denkbar, dass Ehepartner sich gegenseitig darin unterstützen, aktiv zu bleiben, geistige Kapazität zu erhalten, aber auch Risikofaktoren wie Mangel- und Unterernährung zu reduzieren.

Bernhardt et al. (2002) merken in ihrer Übersicht kritisch an, dass die bisherigen Studien meist methodische Mängel aufweisen, sei es in ihrer Anlage als Fall-Kontroll-Studie (die erst dann ansetzt, wenn die Krankheit bereits vorliegt) oder aufgrund der kurzen Beobachtungsphase (die möglicherweise schon präklinische Symptome mit einbezieht). Andererseits verweisen sie auf die vergleichbaren Ergebnisse in den bisher vorliegenden Studien, die für tatsächlich vorhandene psychosoziale Risiko- bzw. Schutzfaktoren sprechen. Für die Zukunft wäre es wünschenswert, prospektive Kohortenstudien mit langen Beobachtungszeiten und standardisierten Messinstrumenten durchzuführen.

1.2.1 Desorientierung und Demenz

Um die psychologischen Auswirkungen einer bereits vorliegenden Demenzerkrankung auf den Betroffenen besser zu verstehen, lohnt sich ein Blick auf den Begriff der Desorientierung. Dieser Begriff kann fast als Synonym für (Alzheimer-)Demenz gesehen werden. Abbildung 7 zeigt die vier Ebenen der Orientierung entsprechend ihrer medizinischen Definition.

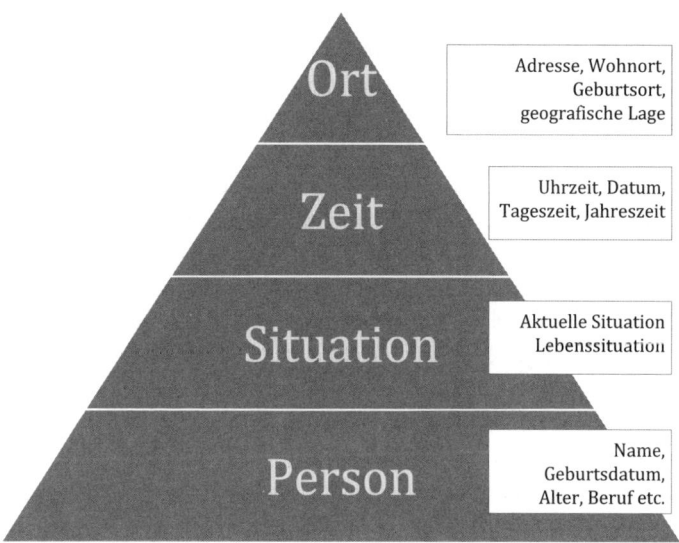

Abbildung 7: Grundebenen der Orientierung (© U. Becker)

Diese beispielhaften Fakten gehen bei einer Alzheimer-Demenz zunehmend verloren. Aber – Hand aufs Herz – wer fühlt sich bei einem Blick auf diese Punkte nicht ertappt und manchmal sozusagen dement?

- Den eigenen Namen vergessen wir im Allgemeinen nicht, aber wer musste noch nie überlegen, wie alt er gerade ist?
- Wer war noch nie im Keller und hat sich gefragt, was er dort eigentlich wollte?
- Und wer hat im Urlaub noch nie vergessen, welcher Wochentag oder gar welches Datum gerade ist?
- Und wer weiß bei einem Einkauf im Supermarkt schon die genaue Adresse dieses Geschäfts?

Sind wir deshalb alle schon ein wenig dement? In der Tat ist die Entwicklung einer Demenz vom Alzheimer-Typ ein Prozess über viele Jahre. Dabei gibt es auch eine Grauzone, in der es schwerfällt, die Symptome einer frühen Demenz von der einer normalen Altersvergesslichkeit abzugrenzen. Bei den oben aufgeworfenen Fragen zeigt sich aber ein deutlicher Unterschied zwischen Menschen mit und Menschen ohne Demenz. Was zeichnet in diesen Fällen Menschen ohne Demenz aus?

- Sie setzen ihr Geburtsjahr in Beziehung zum aktuellen Jahr und überlegen, ob sie bereits Geburtstag hatten oder nicht, und wissen ihr genaues Alter.
- Sie gehen vom Keller zurück an den Ort, an dem sie vorher waren und in den meisten Fällen fällt ihnen ein, weshalb sie in den Keller wollten. Falls ausnahmsweise nicht, beschließen sie, dass es wohl nicht so wichtig war, und wenden sich etwas anderem zu (meistens fällt es ihnen kurz danach doch ein).
- Sie wissen, dass es im Urlaub ziemlich egal ist, welcher Wochentag und welches Datum gerade ist. Sie werden aber nicht vergessen, rechtzeitig abzureisen, und im Beruf sind sie diesbezüglich immer gut orientiert.
- Sie wissen, dass es keinen zusätzlichen Informationswert hat, wenn sie die genaue Adresse des Supermarkts kennen; Hauptsache, sie kennen den Weg dorthin.

Zusammengefasst sehen wir, dass Menschen *ohne* Demenz im Allgemeinen in der Lage sind,
- vorhandene Orientierungslücken durch Nachdenken zu schließen,

- Strategien zu nutzen, fehlende Erinnerungen wieder zu aktivieren,
- zu wissen, wann welche Informationen relevant sind und wann nicht und
- notfalls um Hilfe zu bitten und sich ihr Defizit einzugestehen.

Diese Strategien helfen uns üblicherweise, relativ souverän mit Defiziten umzugehen. Wenn unsere Strategien aber verloren gehen? Dann ist die Gefahr groß, dass nicht nur die faktische Orientierung lückenhaft ist, sondern die eingeschränkte Nutzungsmöglichkeit von Hilfsstrategien auch erhebliche Auswirkungen auf die emotionale Orientierung hat, die Antwort auf untenstehende Fragen gibt (siehe Abbildung 8, linke Seite).

Abbildung 8: Grundebenen der Orientierung – äußere und innere Welt
(© U. Becker)

Bei den auf der linken Seite stehenden Aspekten der Orientierung geht es nicht mehr um die äußere Welt, sondern um die innere Welt eines Menschen, um dessen subjektive Wahrnehmung. Es sind Empfindungen, die nach allem, was wir wissen, bis ans Lebensende erhalten bleiben. Was Menschen mit Demenz im Verlauf der Erkrankung verloren geht, ist lediglich die Fähigkeit, über diese Empfindungen Auskunft zu geben. Gleichzeitig erleben sie eine starke Verunsicherung in Bezug auf die äußere Welt, die sie nicht mehr sicher wahrnehmen und einordnen können. Hieran wird deutlich, weshalb besonders die frühe Phase der Demenz von den Betroffenen oft als die schwierigste erlebt wird. Gedächtnisverluste, Kompetenzeinschränkungen usw. werden noch bewusst erlebt und verunsichern tiefgreifend. In fortgeschrittenen Stadien kommt es häufig wieder zu einer stärkeren Kongruenz zwischen Realität und innerer Wahrnehmung insofern, als die innere Wahrnehmung immer mehr als äußere Realität angesehen wird. Die Fähigkeit, sich »historisch« wahrzunehmen – als ein Mensch mit Vergangenheit und Zukunft –, geht verloren. Ein Mensch mit Demenz erlebt sich dann beispielsweise als jungen Mann und fragt vorwurfsvoll, wer denn dieser alte Mann im Spiegel sei und was dieser in seinem Zimmer zu suchen habe.

Über Fakten kann gestritten werden, die innere Welt ist nicht »verhandlungsfähig«. Nur und erst wenn die innere Welt ausreichend beruhigt ist, d. h., die Fragen auf der linken Seite des Orientierungsdreiecks ausreichend positiv beantwortet werden können, ist Aufmerksamkeit für die äußere Welt möglich.

Für den Umgang mit Menschen mit Demenz bedeutet dies, dass immer zunächst in positiver Weise Anschluss an die innere Welt des Betroffenen hergestellt werden muss. Hierzu ein paar Beispiele:

Bin ich gern hier? Fühle ich mich an diesem Ort vertraut/zu Hause?
- klare Farben und klare Abgrenzungen, eindeutige Hinweise auf die Bedeutung von Orten wie den eigenen Raum (Foto aus früheren Zeiten), Toilette, Küche etc.;
- persönliche, liebgewordene Gegenstände im Raum, Bezugnahme auf bedeutsame Verbindungen dieses Menschen mit diesem Ort;
- Benennen des Ortes in angenehmer Sprache – der Tonfall gibt wesentliche emotionale Informationen über die Qualität dessen, worüber gesprochen wird

Fühle ich mich gehetzt oder habe ich die Möglichkeit, in meinem Tempo zu sein?
- Schritt-für-Schritt-Vorgehen; zwei Informationen auf einmal sind für Menschen mit Demenz rasch eine zu viel;
- warten mit Blick auf den Betroffenen – hat er/sie die bisherige Information verstanden, ist er/sie bereit für eine neue Information?
- dem Menschen mit Demenz Zeit geben, Handlungen in seinem Tempo durchzuführen.

Fühle ich mich in dieser Situation wohl? Erlebe ich das, was gerade hier passiert, als sinnvoll?
- Information über das, was passiert, in angenehmem Tonfall (s. o.);
- Körperkontakt, Lächeln, gemeinsame Freude – Beziehung *macht*, d. h., konstruiert Sinn!
- Anschluss an Initiativen des Menschen mit Demenz, um damit sein Eigeninteresse wahrzunehmen, zu verstärken und ihn in Kontakt zu sich zu bringen.

Was macht mich aus? Bin ich bedeutsam? Bin ich liebenswert?
- Begegnung mit einem »guten Gesicht«;
- Interesse für das, womit dieser Mensch gerade beschäftigt ist;
- Respektieren des Tempos dieses Menschen.

Die Berücksichtigung dieser Aspekte hat ihren Niederschlag in personenzentrierten Ansätzen (Kitwood, 2013) zum Umgang mit Menschen mit Demenz wie Marte Meo, (integrativer) Validation, Biografieorientierung u. a. gefunden. Werden sie umgesetzt, kann auch in schwierigen Situationen Kooperation ermöglicht werden, wie das folgende auf dem Marte-Meo-Konzept von Maria Aarts basierende Beispiel zeigt (Aarts 2013; Becker, 2013; Becker, 2014; Berther u. Loosli, 2015).

Herr Baier muss zum Zahnarzt. Das war früher kein Problem für ihn; seit er an einer Demenz leidet, versteht er den Sinn dieser Sache immer weniger. Frau Baier hat den Eindruck, dass ihr Mann an Zahnschmerzen leidet, und möchte dem nachgehen. Gestern hat sie beim Einkaufen auch eine der Mitarbeiterinnen aus der Zahnarztpraxis, Frau Münch, getroffen. Frau Münch erinnert sich noch gut an Herrn Baier und ist gern bereit, sich auf dessen besondere Bedürfnisse einzustellen.

Frau Baier erzählt ihrem Mann von diesem Treffen und dessen Gesicht hellt sich auf – auch er erinnert sich an Frau Münch; diese emotional bedeutsame Information ist noch abrufbar. Daraufhin schlägt ihm seine Frau vor, zu dieser Mitarbeiterin zu gehen. Damit macht sie den Ort und die Situation interessant und einladend. Es geht nicht mehr um die abstrakte Handlung »Zahnkontrolle«, sondern um einen Besuch bei einem Menschen, den ihr Mann mag.

Frau Münch begrüßt das Ehepaar mit einem freundlichen Gesicht; Herr Baier erwidert das Lächeln und begrüßt sie ebenfalls, aber dann schaut er sich irritiert um. Dies registriert Frau Münch und ist zunächst an dem interessiert, was Herrn Baier beschäftigt. Sie greift seine Irritation auf und sagt: »Ja, das ist alles so ungewohnt hier für Sie.« Dabei fasst sie ihn behutsam an der Schulter an. Nach einem kleinen Moment schaut Herr Baier zu Frau Münch. Diese fährt fort: »Ich bin heute da und kümmere mich um Sie. Und Ihre Frau bleibt auch bei Ihnen.« Sie wartet, bis Herr Baier zu seiner Frau geschaut und genickt hat. Jetzt schlägt sie ihm vor: »Ziehen Sie erst einmal Ihren Mantel aus. ... Ja, genau ... Und jetzt kommen Sie mit mir mit, ich zeige Ihnen den Weg.«

Was ist passiert?
- Die Mitarbeiterin hat den Ort für Herrn Baier durch ihr Lächeln, den freundlichen Empfang attraktiv und vertraut gemacht; vertraut weniger im Hinblick auf die Funktion des Ortes als Zahnarztpraxis, sondern im Hinblick darauf, dass er hier schon immer freundlich empfangen wurde.
- Sie hat seine Irritation bemerkt, als er sich umschaute und in Worte gefasst. Dadurch erlebt Herr Baier, dass seine Wahrnehmungen »richtig« sind und gesehen werden. Eine solche Situation stellt Sinn her, weil er sich als bedeutsam erlebt.
- Sie nimmt vorsichtig Körperkontakt auf. Auf diese Weise kann Herr Baier spüren, dass er in einer für ihn schwer verständlichen Situation nicht allein gelassen wird. Der respektvolle Kör-

perkontakt erleichtert es ihm auch, sich der Mitarbeiterin zuzuwenden.
- Durch das Warten lässt ihn Frau Münch immer wieder in seinem Tempo weitermachen. Er fühlt sich respektiert.
- Wenn sie mit einem guten Gesicht und in freundlichem Ton »Ich bin heute da und kümmere mich um Sie. Und Ihre Frau bleibt auch bei Ihnen« sagt, dann macht sie Herrn Baier sehr deutlich, dass er liebenswert und bedeutsam ist.
- Erst danach gibt sie ihm klare Hinweise darauf, wie er sich an diesem Ort adäquat verhalten kann (»Ziehen Sie erst einmal Ihren Mantel aus … Und jetzt kommen Sie mit mir mit, ich zeige Ihnen den Weg«), und macht ihn handlungsfähig.

Ein solches Vorgehen berücksichtigt die seelischen Grundbedürfnisse eines Menschen nach Bindung, Autonomie, Sozial- und Handlungskompetenz. Die tiefe Irritation, die Menschen mit Demenz im Verlauf der Erkrankung erleben, machen sie im Allgemeinen besonders bedürftig für Bindungsangebote (Stuhlmann, 2004). Dies steht nicht selten im Widerspruch zu früheren Verhaltensweisen. Lange nicht in Erscheinung getretene frühkindliche Bindungsstile können wieder prägnanter hervortreten. Das kann besonders für Angehörige sehr irritierend sein.

1.2.2 Altersbedingte Veränderungsprozesse

Alter stellt eine psychologisch und physiologisch sensible Phase dar. Diese ist nach Barwinski und Fischer (2010) durch eine verstärkte Hinwendung zur Innenwelt (ohne zwangsläufige Vernachlässigung der Außenwelt) gekennzeichnet. Die gewohnte Ablenkung durch berufliche Tätigkeiten fällt weg; zwischenmenschliche Prozesse werden bedeutsamer. Frühere Erlebnisse kommen stärker ins Bewusstsein; dies kann bedeuten, dass auch unerledigte Dinge aktueller werden. Chancen dieser Veränderungen liegen nach Maercker und Forstmeier (2013) darin, eine Steigerung des Lebenssinnes jenseits abrufbarer Leistungen, Stärkung der Ich-Integrität und erhöhte Selbstwirksamkeit zu entwickeln und zu erleben. Den Chancen stehen Risiken gegenüber: Der körperliche Abbau ist von einem Abbau physischer Kontroll- und Abwehrmechanismen gekennzeichnet (Maercker, Schützwohl u. Solomon, 1999). Erfahrungen von Abhängigkeit und Hilflosigkeit nehmen zu. Häufig liegt Multimorbidität[6] vor.

Die Interaktion zwischen unterschiedlichen Krankheiten und deren Auswirkungen auf die physische und psychische Leistungsfähigkeit sowie das psychosoziale Befinden hat eine Bedeutung, die über die Bedeutung des jeweils einzelnen Krankheitsbildes hinausgeht. Damit eng verbunden ist das »Frailty-Syndrom«. Dieses bezeichnet die »chronische, altersbedingt herabgesetzte Belastbarkeit bei vermindertem Kraftzustand und zunehmender Gebrechlichkeit. Aufgrund des sehr hohen biologischen Alters ist die Leistungsfähigkeit der Organsysteme stark herabgesetzt« (Borchelt, Wrobel u. Trilhof, 2010). Die Erfahrung eines deutlich eingeschränkten Aktionsradius, eines hohen Maßes an Angewiesensein auf andere kann einerseits zu einer Konzentration auf das Wesentliche – mitmenschliche Beziehungen, Rückblick auf das Geleistete etc. – führen, kann andererseits aber auch genau dies erschweren.

1.2.3 Altwerden mit Demenz

Dies gilt umso mehr, wenn Altwerden von einer Demenz begleitet ist. Brüche im Zeitgefühl und Schwierigkeiten in der adäquaten Einschätzung alltäglicher Eindrücke verstärken gerade in der frühen Phase der Demenz meist das Gefühl von Unsicherheit. Baer und Schotte-Lange (2017) erklären die Brüche im Zeitgefühl dadurch, dass das Kurzzeitgedächtnis nicht mehr mit der Abspeicherung neuer Erfahrungen gefüllt wird. Sie beschreiben das Zeitgefühl als ein »Produkt der Aneinanderreihung von Erfahrungen« (Baer u. Schotte-Lange,

---

6 *Multimorbidität* bezeichnet der Definition der Deutschen Gesellschaft für Allgemeinmedizin zufolge das gleichzeitige Vorliegen mindestens drei chronischer Erkrankungen, von denen keine eine zentrale Bedeutung haben muss. Die Erkrankungen können über gemeinsame Risikofaktoren oder Folgekrankheiten in Zusammenhang stehen (Deutsche Gesellschaft für Allgemeinmedizin, 2017).

2017, S. 67). Nichtdemente Menschen erleben dies als Kontinuum. Der Verlust des Kurzzeitgedächtnisses unterbricht dieses Kontinuum, das Gefühl für die Zeit geht verloren. Damit ist auch Lernen im Sinne des Erwerbs neuer Erfahrungen und der Integration dieser Erfahrungen in das vorhandene Wissen nicht mehr uneingeschränkt möglich. Werden die dadurch entstehenden Leerstellen von den Betroffenen registriert, stellen sie eine erschütternde Erfahrung dar. Den Autoren zufolge scheint es so zu sein, dass nicht die Fähigkeit, sich zu erinnern, verloren geht, sondern primär die Fähigkeit, Verbindungen zwischen inneren und äußeren Wahrnehmungen und deren Bedeutung und zeitlicher Einordnung herzustellen. Starke emotionale Beteiligung kann solche Verbindungen partikulär wieder aktivieren (Kitwood, 2013), wie sich beispielhaft beim Singen, Tanzen und anderen kreativen Ausdrucksmöglichkeiten sowie im Kontakt zu Tieren und in einer liebevollen Umgebung zeigt. Wenn Menschen mit Demenz die Möglichkeit gegeben wird, Freude und Gemeinschaft ohne Leistungsanspruch zu erleben, werden viele damit verbundene Erinnerungen wieder abrufbar. Lebensqualität von Menschen mit Demenz wird in solchen Momenten nicht abstrakt als Wiedergewinnung oder Erhalt von Gedächtnis beschrieben, sondern es geht darum, sie über

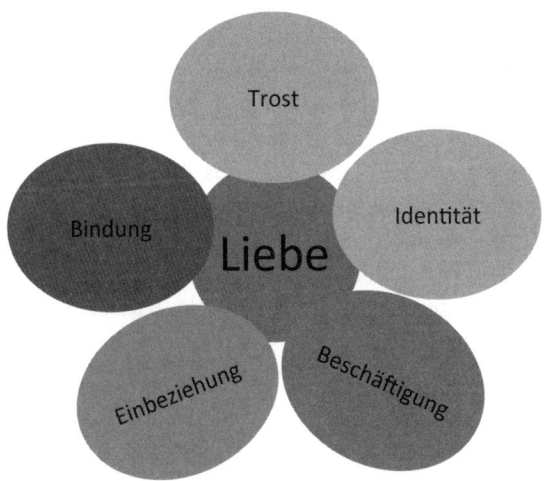

Abbildung 9: »Kitwood-Blume« (nach Kitwood, 2013, S. 145)

das Wecken positiver Erinnerungen in einen guten Kontakt mit sich selbst zu bringen. Mit dieser Blickrichtung verschiebt sich der Fokus von einer abstrakten therapeutischen Zielsetzung zu der Möglichkeit, subjektiv bedeutsame Erfahrungen zu machen. Visualisiert wurde dies von Kitwood (2013) in Form einer Blume (siehe Abbildung 9).

In vergleichbarer Weise nutzt das Marte-Meo-Konzept (Aarts, 2013) diesen Zugang, indem Aspekten wie einem guten, zugewandten Gesicht, einer guten Atmosphäre, der Wahrnehmung von Initiativen des Menschen mit Demenz sowie dem Teilen freudiger Momente eine hohe Bedeutung zugesprochen wird. Diese stellen einen Türöffner zu Menschen mit Demenz dar und werden von Maria Aarts unter dem Begriff des »Anschließens« zusammengefasst.

1.3 NIEMAND IST ALLEIN KRANK – DEMENZ AUS PFLEGEWISSENSCHAFTLICHER UND BERATUNGSPERSPEKTIVE

Die demenzielle Erkrankung eines Familienmitglieds löst bei den ihm nah oder ferner stehenden Menschen etwas aus, was wiederum Rückwirkung auf den erkrankten Menschen hat. Hinzu kommt, dass die Demenz, bis sie diagnostiziert ist, einen langen Vorlauf und damit eine Vorgeschichte hat. Oft haben Partner und Familie schon Vorahnungen bzw. Vorerfahrungen mit dem beginnenden Abbau eines Familienmitglieds. Die Veränderungen der Persönlichkeit geschehen langsam, in Schüben, und sie lösen bei den Angehörigen viel Irritation aus. Je nach konkretem Verhalten können aufkommender Ärger, Wut und Enttäuschung Platz ergreifen und (extreme) Spannungen beim Paar bzw. in der Familie erzeugen. Themen wie die der Pflegebedürftigkeit veranlassen und erfordern häufig einen Rollenwechsel, die Aufgaben der Lebensbewältigung sind auf dem Prüfstand. Bis alle ihre Rollen im notwendigen Prozess des Helfens und des Sich-helfen-Lassens gefunden haben, braucht es Zeit. Die Versorgungsdimension ohne und später mit fremder Hilfe und Unterstützung wird zum Mittelpunkt der Bewältigung.

Unter diesem Blickwinkel wird Demenz als ein Alterungsprozess verstanden, dem beide Partner und die ganze Familie als System »nachkommen« müssen. Der bzw. die Erkrankte selbst hat – wie in Kapitel 2.3 ausgeführt – alle Mühe, ein Arrangement mit der Erkrankung hinzubekommen; der Partner bzw. die Partnerin macht zeitlich versetzt einen ähnlichen Abschiedsprozess durch. Beide aber sind mit den Folgeerscheinungen ihres Alterns beschäftigt. Altern ist zwar absolut menschlich und normal, dennoch mögen Menschen die damit verbundenen Gedanken und Prozesse nicht gern veröffentlichen oder ansprechen. Wie tabuisiert scheint es, in eine einschränkende Zukunft zu schauen. Das gesellschaftlich scheinbar erwünschte Jungsein und dessen mediale Aufbereitung lassen kaum Raum, sich vermehrt mit den Phänomenen des Alterns zu befassen. Alter als Ressource und als Potenzial zu sehen, dazu fehlen Vorbilder und Leitorientierungen diesseits von lähmenden Gebrechen.

Andererseits aber wissen wir seit Jahren um die demografische Entwicklung und das proportionale Überwiegen von Menschen in der späteren Lebensphase. Die Zahl der Geburten geht zurück, noch drastischer steigt die Zahl der alternden Menschen an.

Auch die Phasen des Alterns sind von Bedeutung und keineswegs alle gleich. So unterscheiden sich die »alten Alten« von den »neuen Alten« hinsichtlich ihrer unterschiedlichen Bedürfnisse und Anliegen an ihr Leben und das Gelingen dessen. Unterschiede zeichnen sich dahingehend ab, wie sie trotz und mit Einschränkungen leben wollen und können; die neuen Alten sind meist sozial gut vernetzt und haben durchaus handlungsleitende Ideen, wie sie »richtig« alt werden mögen.

Die professionellen Dienste rund um Versorgung und Pflege sind mit dieser neuen Herausforderung konfrontiert: Die neuen Alten bitten eher um Hilfe, sie wollen präzise danach befragt werden, was genau an Hilfe zur eigenständigen Lebensbewältigung benötigt wird. Sie wollen nicht »behandelt« werden. Diese Gruppierung alternder Menschen will ausdrücklich ein gewisses Wohlbefinden im Alter; sie wollen mit den im langen Leben gewonnenen Ressourcen einen eigenen und neuen Umgang mit den anstehenden Veränderungen suchen und finden (Otten, 2009).

Die zunehmende Pflegebedürftigkeit von betroffenen Menschen und ihren Angehörigen verlangt die Kontaktaufnahme zu den Servicediensten von Pflege und Gesundheitsberatung. Die Zusammenarbeit von Diensten und Dienstleistungen mit den hilfesuchenden Menschen wird in der neueren Entwicklung der Pflegewissenschaft heute als selbstverständlich angesehen. In der Praxis (ambulant wie stationär) der Pflege zeigt sich dennoch, dass diese engmaschige Kooperation selten in den jeweiligen fachlichen Berufsausbildungen gelernt und trainiert wurde. Sie wird eher abrechnungstechnisch und randständig behandelt.

Eine verstärkte psychosoziale Orientierung des pflegerischen Begleitangebotes erreicht die Grenzen dann, wenn sie auf komplexere Rahmungen wie Versorgung, Erkrankung und Angehörige stößt.

Die Mikrosysteme »Familien« bewältigen enorme Aufgaben zu ihrem eigenen Erhalt. Auf die Art und Relevanz der Beziehungen und der Beziehungsdynamiken schauen die sozialen Profis gern, auch auf die meist dazugehörenden Erziehungsaufgaben. Was aber passiert, wenn sich die Erziehungsaufgabe quasi verdreht, erwachsene Kinder ihre älter werdenden Eltern selber be-eltern und für sie einstehen? Auch der Versorgungsaspekt blieb lange Zeit in der Theorieentwicklung von Beratung ausgeblendet. Psychosozial orientierte Hilfen wie Beratung und Pflegekonzepte fokussierten vordergründig auf die einzelne Person und deren Interaktion und Kommunikation; Bindungsaspekte schienen lange Zeit eher der Kindheitsforschung zugeordnet. Der Einbezug von Angehörigen als Bezugssystem ist eher der systemisch-orientierten Beratung eigen und (selbst) dort fand der *Versorgungs*aspekt lange Zeit wenig Beachtung. Was aber geschieht genau, wenn sich plötzlich die über ein langes Leben hinweg gepflegten Rollen des Versorgens drehen? Gewohnheiten, Verhaltensweisen sind meist sehr fest und unbeweglich. In der Verbindung mit den altersbedingten Einschränkungen werden sie dann plötzlich eine Herausforderung zur Veränderung und gewinnen eine intergenerationelle Bedeutsamkeit. Auch dann, wenn die Kommunikation ihre Grenzen erreicht, z. B. bei einer demenziellen Erkrankung, wenn einer der Partner in seiner Entwicklung Rückschritte macht, geht es immer um Bindung und Zugehörigkeit oder um deren Gegenteil, die Exklusion des neu entstandenen Problems.

Das heißt, die sozial Professionellen müssen sich mit Bindungsmustern, mit den Veränderungen in der Alltagsbewältigung des Lebens, mit den Rollenveränderungen und der neuen Aufgabenverteilung auseinandersetzen. Sie müssen eine erhöhte Sensibilität für den Umgang mit den neuen Lebensumständen entwickeln und an der Neufindung von Beziehung, Bindung und Zielen begleitend mitarbeiten. Betrachten wir das Sorgen umeinander in der Partnerschaft und der Familie hinsichtlich der Sinnsuche und Sinnfindung bei Einzelnen und Paaren, dann stellen sich etliche neue Herausforderungen für die Professionalität der sozialen und pflegerischen Berufe. Das alltägliche Bewältigen von Lebensaufgaben bedarf in den professionellen Diskursen der Sozialen Arbeit einer deutlicheren Beachtung.

Alltagsbewältigung in Familien, besonders dann, wenn sie nicht mehr selbstverständlich gelingen mag, ist Kerngegenstand von systemischer Beratung und systemischer Pflege. In vielen pflegerischen Dienstleistungen finden wir wenig die Alltagsdimensionen der familialen Sorge, sie scheint »kaum der Rede wert«. In der systemischen Fachwelt nahm Hantel-Quitmann (1997) in einer Veröffentlichung den Sorgegedanken deutlicher auf, er ging auf den ethischen Bezug und die beziehungsdynamischen Aspekte ein. In den Arbeitsfeldern von Pflege, Beratung und Betreuung gewinnen sie zunehmend an Bedeutung. Bindung findet in Zirkularität statt (Liechti u. Liechti-Darbellay, 2011).

Die Familiensoziologie beschreibt als gesellschaftliche Funktion der Familie die Beziehungsaufgabe, die Erziehungsaufgabe und die Versorgungsaufgabe. Beratende und therapeutische Berufe lenken ihre familienbezogene Aufmerksamkeit eher auf die Beziehungsherausforderung, auf die Defizite und die Hilfebedürftigkeit. Mit dem Altwerden und den damit oftmals einhergehenden körperlichen, seelischen und geistigen Einschränkungen aber wird die Versorgung zu einer ernsten, verändernden und stabilisierenden Herausforderung. Die jahrelang praktizierten Rollenverteilungen werden auf den Kopf gestellt und gleichzeitig ist Liebe, Achtung, Wertschätzung und Verbundenheit in dieser Lebensphase durch die Art der Versorgung spürbar für alle Beteiligten. So ist Sorgen und Sich-umeinander-Sorgen immer auch Sinngebung für die Familienmitglieder in ihrem Miteinander. Auf diesem Hintergrund mag hier an dieser Stelle ein kleiner philosophischer Exkurs bedeutsam sein, in dem die Sorgedimension aus ihrem Schattendasein in der Beratung wie in der Versorgung und der Pflege herausgeführt wird.

1.3.1 Exkurs zu »sorgen«, »versorgen«, »umsorgt sein«

Beim Verständnis des deutschen Wortes »Sorge« kann grundsätzlich zwischen zwei Bedeutungen unterschieden werden: »zum einen ›sorgen für‹ etwas oder jemanden im Sinne der Fürsorge, zum anderen ›sich sorgen um‹ im Sinne des ängstlichen Besorgtseins« (Kranz, 1995, S. 1086).

Der Sorge im Sinne von »Pflege und Sorge für etwas oder jemanden« entsprechen die Wörter »cura« im Lateinischen und »care« im Englischen (Kranz, 1995, S. 1086). Wenn bei der »Fürsorge« als Sorge um das Wohlergehen eines anderen Menschen oft die Verpflichtung der Eltern für ihre Kinder im Vordergrund steht, z. B. im »Sorgerecht«, so wird im Kontext von Alter der Blick auch auf eine Umkehrung gelenkt: die Sorge der erwachsenen Kinder für ihre alternden Eltern.

Sich-Sorgen und Für-jemanden-Sorgen ist eine mit der Seins- und Sinnfrage verbundene Haltung. »Die Frage nach dem Sinn von Sein« hat besonders Heidegger beschäftigt, dieser ist es, der die »Sorge« als »Existenzial« bestimmt (vgl. Heidegger, 1979, S. 1). Für ihn ist die Beschäftigung mit dem »Phänomen der Sorge« eine Vorbereitung der »Frage nach dem Sinn des Seins überhaupt« (Heidegger, 1979, S. 183). In seiner Analyse des konkreten Alltags entfaltet er »Sorge« als »Existenzial«, als grundlegend für die Existenz, für das Dasein des Menschen. Die »existenziale« Ebene ist die Metaebene der Rede über die »existenzielle« Ebene der konkreten Lebenserfahrung und -praxis. Ausdrücklich nicht gemeint ist damit ein ängstliches Besorgtsein, sondern die Zukunftsorientierung in der Struktur menschlicher Handlungsmöglichkeiten, also die positive »Bestimmung der Sorge als Sich-vorweg-sein« (S. 196).

Jedes menschliche Dasein ist »In-der-Welt-sein« (S. 53), »dem es in seinem Sein bei der ›Welt‹ und im Mitsein mit Anderen um das eigene Seinkönnen selbst geht« (S. 181). Es wird von Heidegger auch als »Geworfenheit« bezeichnet (S. 135), als »Sein zum Tode« (S. 254) und ist verbunden mit nicht zu beantwortenden Fragen wie denen nach Herkunft und Zukunft, nach Vergangenheit und nach Zukunft.

Das »In-der-Welt-sein« ist »wesenhaft Sorge« (S. 193). Das heißt, die Gestaltung des Alltags geschieht hauptsächlich durch die Sorge, und »Sorge ist immer […] Besorgen und Fürsorge« (S. 194): Der Umgang mit dem »Zuhandenen« oder »Zeug«, also dem Dinglichen, das nicht einfach nur vorhanden, sondern stets für etwas gut ist, wird als *Besorgen* bezeichnet, der Umgang bzw. »das Sein mit dem innerweltlich begegnenden Mitdasein Anderer als *Fürsorge*« (S. 193).

»Sorgend umgetrieben von der Zeit begegnen wir handelnd der Welt, die aus der Perspektive des Umgangs mit ihr vorhanden oder zuhanden sein kann. Dasein selbst aber ist weder etwas Vorhandenes noch etwas Zuhandenes, sondern *Existenz*. *Existieren* bedeutet, ein Selbstverhältnis zu haben; sich zu sich selbst und damit zu seinem Sein verhalten müssen« (Safranski, 2009, S. 182).

»Das Seiende, zu dem sich das Dasein als Mitsein verhält, hat […] nicht die Seinsart des zuhandenen Zeugs, es ist selbst Dasein. Dieses Seiende wird nicht besorgt, sondern steht in der *Fürsorge*« (Heidegger 1979, S. 121). Heidegger unterscheidet zwei Extreme der Fürsorge, eine »einspringend-beherrschende« und eine »vorspringend-befreiende« (Heidegger 1979, S. 122). Fürsorge kann »dem Anderen die Sorge gleichsam abnehmen […], für ihn *einspringen*«, dabei »kann der Andere zum Abhängigen und Beherrschten werden, mag diese Herrschaft auch eine stillschweigende sein« (Heidegger 1979, S. 122), und diese Art der Fürsorge überwiege. Dem gegenüber steht eine Fürsorge, die dem Anderen »in seinem existenziellen Seinkönnen *vorausspringt,* nicht um ihm die ›Sorge‹ abzunehmen, sondern erst eigentlich als solche zurückzugeben. Diese Fürsorge, die wesentlich die eigene Sorge – das heißt die Existenz des Anderen betrifft und nicht ein *Was*, das er besorgt, verhilft dem Anderen dazu, *in* seiner Sorge sich durchsichtig und *für* sie *frei* zu werden« (Heidegger, 1979, S. 122).

Dieses so verstandene Sorgen kann für die Beteiligten höchster Ausdruck von Liebe und Zuneigung sein und geschieht nicht einfach nur so von selbst. Sich sorgen, Für-Sorgen umeinander ist gegenwärtig und lange nach der Zeit von Heidegger und Buber eine täglich neu zu konstruierende Herausforderung für alle Beteiligten. Sich im Alter und Krankheit bzw. bei zunehmender Gebrechlichkeit umeinander zu sorgen, ist Ausdruck einer tiefen Seinsqualität von Leben und Zusammenleben; dabei kann die Sorge auf den Leib, die Seele oder den Geist gleichermaßen oder in unterschiedlicher Gewichtung bezogen sein.

Im Konzept der »engagierten Sorge« von Marliese Biederbeck (2006) werden diese beiden Bedeutungen – das unbestimmte, bedrückende Gefühl, hervorgerufen durch ein Sich-Sorgen, und die Fürsorge für einen anderen Menschen – miteinander verbunden.

Die Sorge der pflegenden Person um den Anderen »als Motor des Handelns« (S. 203) kann zur »Gefährdung der Pflegeperson« beitragen oder aber – bei entsprechender professioneller Begleitung und Unterstützung – eine »integrierende Wirkung« entfalten (S. 204). Entsprechend stellt Biederbeck »der belastenden Dynamik engagierter Sorge eine förderliche Dynamik gegenüber« (S. 293).

Wie kann nun das pflegerische Handeln und Beratung in pflegerisch relevanten Kontexten in der Logik dieser förderlichen Dynamik stattfinden? Die sorgende Haltung wird reflektiert auf der Grundlage von Deutungsmustern, die weitere Handlungsspielräume eröffnen: im Sinne einer »reflektierten Haltung«, die dazu beiträgt, »dass die Pflege einer engen Bezugsperson auf der Grundlage der Einschätzung der eigenen Fähigkeiten und Gestaltungsmöglichkeiten geschieht und Defizite durch die Nutzung von Lernangeboten und Unterstützungsleistungen kompensiert werden« (Heidegger, 1979, S. 235).

Das fürsorgende Handeln der Angehörigen ist auf die Entwicklung von Kompetenzen ausgerichtet und bezieht flexibel »Ressourcen der Information, Beratung, Unterstützung und Hilfe« ein, um »die Steuerung des Pflegeprozesses sicherzustellen und langfristig die Hauptpflegeperson für das Management der Sorgearbeit zu befähigen« (S. 237).

Pflegende Angehörige sind sich dann meist »der eigenen emotionalen Bedürfnisse bewusst und treffen Entscheidungen auf der Grundlage der eigenen Befindlichkeit« (S. 236). Die Bezugspersonen verfügen über umfängliches Wissen im Umgang mit dem erkrankten Menschen, sie »konzentrieren sich weniger auf die Heilung der Erkrankung als vielmehr auf die Erhaltung der Lebensqualität und berücksichtigen dabei die Beeinträchtigung durch die Krankheit« (S. 236), sie nutzen die »Förderung von Ressourcen, die dazu beitragen, die Einschränkungen zu kompensieren« (S. 236).

Biederbeck (2006) plädiert an dieser Stelle für ein Konzept der Ressourcenarbeit im Prozess des Empowerments, um die brachliegenden und blockierenden Energien freizusetzen. Empowerment meint das selbstermächtigende Handeln und ist eine Leitmaxime der Sozialen Arbeit, aber genauso auch eine Leitorientierung der systemischen Beratung. Beratung von Klienten (auch deren Angehörige) geht immer von der Subjektkompetenz, der Selbstermächtigung aus und will diese unterstützen und fördern.

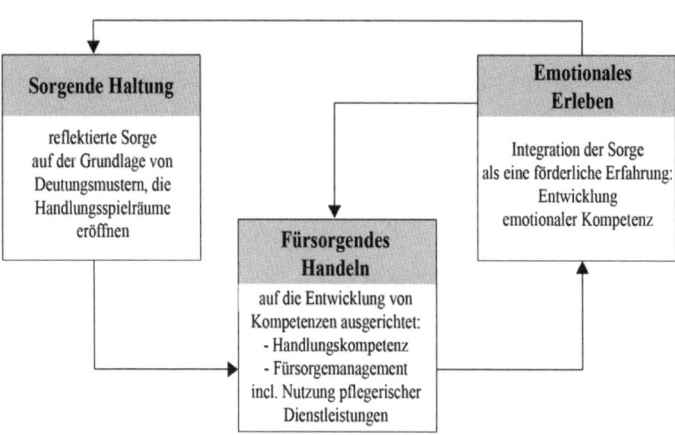

Abbildung 10: Die fördernde Logik engagierter Sorgearbeit (Biederbeck, 2006, S. 249)

Abbildung 10 zeigt die drei Elemente in ihrer Beziehung zueinander. Sie bedingen sich gegenseitig und konstituieren ihre je spezifische Eigendynamik. In dem Konzept der engagierten Sorgearbeit verbindet sich also das unbestimmte, bedrückende Gefühl, welches durch Sorgen hervorgerufen wird, mit der liebevollen Fürsorge für einen anderen Menschen.

1.3.2 Die sorgende Haltung

In der Haltung eines Menschen drücken sich die eigenen Erwartungen wie auch Erwartungen bezogen auf die Mitmenschen gleichermaßen aus. So entsteht eine neue Identität, die in ein Verhalten mündet, sich für oder gegen die Pflege eines bedürftigen Familienmitglieds zu entscheiden.

Ausschlaggebend für eine sorgende Haltung einem hilfebedürftigen Menschen gegenüber ist das Sich-ihm-Zuwenden. Angehörige haben bis zur Erkrankung meist viel Zeit miteinander verbracht und wünschen dies auch in Zukunft tun zu können. Zugewandtsein ist ein Konzept, das sich durch gegenwärtiges Erleben auszeichnet und gleichzeitig in die Zukunft gerichtet ist.

Die sorgende Haltung basiert auf unterschiedlichen Voraussetzungen:
- *Reziprozität:* die in der Vergangenheit erlebte wechselseitige Unterstützung, die jetzt fortgeführt wird;
- *Emotionale Verbundenheit:* durch Liebe und Freude, aber auch Schmerz und Enttäuschung entstandene enge Beziehung;
- *Rollenerwartungen:* Trotz fortschreitender Modernisierung und sich auflösender Rollen- und Familienbilder hat Biederbeck (2006) im Hinblick auf die familiäre Sorge klare Rollenerwartungen besonders bei den Frauen einer Familie festgestellt; von partnerschaftlicher Bewältigung der Pflegeaufgaben ist auch heute noch nicht selbstverständlich auszugehen;
- *Verpflichtungscharakter:* Die Übernahme der fürsorgenden Haltung findet weitgehend durch die Identifikation mit dem traditionellen Frauenbild statt;

- *Interdependenz:* Die Pflege oder Betreuung eines kranken Menschen wird von den Angehörigen nicht als einseitiges Abhängigkeitsverhältnis erlebt, sondern als wechselseitiges Angewiesensein, bedingt durch eine langjährige vorangegangene Beziehung auf der Grundlage von Vertrauen und Verlässlichkeit.

1.3.3 Das fürsorgende Handeln

Die sorgende Haltung drückt sich durch das fürsorgende Handeln aus. »Angehörige reagieren auf den Bedarf und versuchen durch ihr Handeln das Leiden zu verringern« (Biederbeck, 2006, S. 127). Angehörige handeln so, dass ihr Tun ihnen angemessen erscheint, sie sehen meist keine andere Alternative. Wo einerseits die Gefahr lauert, liegen andererseits die neuen Chancen: Angehörige scheinen den Hilfsangeboten von außen nicht so verschlossen wie ursprünglich angenommen.

Deswegen unterscheidet Biederbeck verschiedene Arbeitsaufgaben des fürsorgenden Handelns von Angehörigen:
- *Informationsbeschaffung:* über die Erkrankung selbst, den erwarteten Verlauf, andere Behandlungsmöglichkeiten. Informationen sind unerlässlich, um anstehende Entscheidungen entweder mit dem Kranken gemeinsam zu treffen oder seine Entscheidung zu verstehen und mitzutragen.
- *Hauswirtschaftliche Versorgung:* Angehörige sind das Bindeglied zur Außenwelt, ihnen fällt somit die Aufgabe zu, die anfallenden praktischen, finanziellen oder versicherungsbedingten Anforderungen für den Kranken zu erledigen.
- *Vertrauen und Verlässlichkeit herstellen:* Besonders in Situationen, die unbekannt, neu oder angstauslösend sind, stellt das »Einfach-da-Sein« der Bezugsperson eine wichtige Aufgabe dar.

Das fürsorgende Handeln drückt sich auch in belastenden Situationen im zugewandten Handeln aus, sodass für den Kranken eine vertraute und sichere Atmosphäre entsteht, die es in der Beratung zu wertschätzen gilt.

1.3.4 Das emotionale Erleben – Sorge um die kranke, pflegebedürftige Person

Emotionen als Gefühle in der Sorge um einen geliebten Menschen sind für professionelle Menschen durchaus spürbar, sie entfalten sich in einem Zwischenraum von Belastungserleben und Zuversicht. Manchmal kann die Sorge nur indirekt erschlossen werden, wenn sich z. B. Angehörige sehr angespannt, still oder aggressiv verhalten.

Biederbeck (2006) hat einige – auch für Beratung relevante – Faktoren beobachtet, die das emotionale Erleben der pflegenden Angehörigen bestimmen:
- Ein wichtiger Faktor sind die Reaktionen des kranken Menschen bezüglich seiner Krankheit und die Reaktion der Angehörigen, die Fürsorge zuteilwerden lassen. Ob ein Kranker oder alter Mensch sich passiv, ablehnend, unruhig, dankbar, geduldig oder ungeduldig verhält, hat einen direkten Einfluss auf die emotionale Lage der Angehörigen.
- Ebenso ist bedeutsam, wie die Unterstützung durch informelle Helfer, z. B. das soziale Netzwerk, und durch formelle Helfer, z. B. professionell Pflegende, Ärzte, Therapeuten und Berater, von den Angehörigen als Hilfe wahrgenommen wird.
- Auch das Bewusstwerden der Grenzen eigener Fürsorge ist von Bedeutung, denn das Nichts-tun-Können in einer Situation, die man der vertrauten Person gern ersparen würde, ist für die meisten Menschen nur schwer auszuhalten.

Die Gefühle der Angehörigen (egal, ob sie persönlich pflegen oder »nur« zu Besuch kommen) schwanken einerseits zwischen Hoffnung auf Besserung und andererseits Trauer über das Leid oder den Verlust. Selten zeigt sich ein emotional stabiler Zustand auch bei den Angehörigen. Biederbeck (2006) interpretiert diese Schwankungen auf dem Hintergrund der Polarität zwischen der *belastenden* Dynamik engagierter Sorgearbeit und der *förderlichen* Sorgearbeit. Zwischen dem »Sorge erleben«, der »sorgenden Haltung« und dem »fürsorglichen Handeln« besteht eine Wechselwirkung, diese kann zu einer spezifischen Eigendynamik im Prozess des Versorgens führen. Das jeweilige Sorgeerleben von Angehörigen wirkt sich meist sehr direkt auf die Haltung und das Handeln in ihrer eigenen Pflegetätigkeit aus.

So kann die Beratung in der Pflege einen hilfreichen Beitrag dazu leisten, das eigene Sorgeempfinden im Engagement für den pflegebedürftigen Menschen permanent zu reflektieren. Wenn der Sorgeprozess Beratung benötigt, dann ist für die professionelle Pflegeberatung die »Fähigkeit im Umgang mit Einstellungen und Emotionen der Angehörigen sowie das Wissen über das Zusammenwirken der drei konstitutiven Elemente« bedeutsam (Biederbeck, 2006, S. 294).

Das »Sich-Sorgen« ist die zentrale Kategorie für den Zusammenhalt in Familien. Sich-Sorgen endet erst – wenn man das so sagen kann – mit dem Tod. Es endet nicht alleine schon mit dem Wechsel des Kontextes, z. B. der stationären Unterbringung in einem Altenheim. Dort teilen Angehörige und professionell Pflegende die Sorge um den Menschen miteinander. Professionell Pflegende benötigen diesen neuen Blick von Wertschätzung und Respekt auf Angehörige, wobei die gegenseitige Anerkennung eine wichtige Basis darstellt.

1.3.5 Emotionalität – Generativität: Sorge als systemische Kompetenz

Als systemischer Familientherapeut benennt Hantel-Quitmann (1997) zwanzig strukturale und beziehungsdynamische Faktoren, die Verbundenheit, Autonomie, Gerechtigkeit, Loyalitäten etc. im familialen Gefüge zur Wirkung bringen. Die Forschungen des MRI (Mental Research Institute) in Palo Alto sind darin konstitutiv.

Die Faktoren, die gesunde Familienbeziehungen ausmachen und bei Gesundheit, Krankheit, Alterung unterstützend und fördernd wirken, sind folgende:
- »die Fähigkeit, flexibel und kreativ mit den jeweiligen Entwicklungsanforderungen in den familiären Zyklen umzugehen
- die Anpassungsfähigkeit an sich verändernde soziale und kulturelle Bedingungen
- die Fähigkeit zur Problembewältigung und Konfliktlösung
- die Fähigkeit zur offenen und direkten Kommunikation
- das Ernstnehmen der Kinder und ihrer Bedürfnisse und Wünsche durch die Eltern, ohne diesen jeweils nachgeben zu müssen [Anmerkung der Verfasserin: auch bezogen auf die alternden Eltern]
- die Akzeptanz von Unterschieden zwischen den Menschen einer Familie in Bezug auf Charakter, Neigungen, Interessen, Fähigkeiten usw.
- die Fähigkeit, allen Mitgliedern einen möglichst großen Raum an Entwicklungsmöglichkeiten einzuräumen (Co-Evolution, bezogene Individuation, Verhältnis von Autonomie und Abhängigkeit), ohne dass die wechselseitige Bezogenheit verlorengeht
- die Anerkennung der Tatsache, dass die ungleiche Behandlung von großen und kleinen Kindern durchaus gerecht und gut sein kann
- ein Bewusstsein über die Geschichte der Familie im weitesten Sinne
- eine flexible Aufteilung von Raum, Zeit, Geld und Liebe in der Familie
- die Fähigkeit, Nähe und Distanz bzw. Gemeinschaft und Individualität flexibel zu handhaben
- das Wahren und Respektieren von Grenzen zwischen den Generationen, den Geschlechtern und den einzelnen Menschen
- das Respektieren von gemeinsam geschaffenen Regeln für den Umgang im Alltag, bei Konflikten, in der Erziehung usw.

- ein gemeinsames Wertesystem bezüglich moralischer und ethischer Werte, das auch übergeordnete Sinn- und Seinsfragen zulässt oder thematisiert
- die Fähigkeit zu einem guten Streit, der sich dadurch auszeichnet, dass die Beteiligten sich nicht niedermachen oder entwerten, sondern im Kontakt bleiben
- die Fähigkeit, eigene Gefühle zeigen zu können und diese respektiert zu wissen
- die relative Balance von Geben und Nehmen oder Soll und Haben, die zu verschiedenen Zeiten unterschiedlich sein kann
- klare und eindeutige Strukturen der Familie; dazu gehört eine interne Hierarchie, eine Rollen- und Funktionsverteilung, die keine Macht ausspielt
- eine eigene Sprache (Metaphorik, Symbolik) der Familie, die nicht nur aus Worten, sondern auch aus Handlungen bestehen sollte
- Respekt und Wertschätzung für die anderen Menschen, damit das Staunen auch dort Platz finden kann, wo alle sich gänzlich bekannt zu sein scheinen« (Hantel-Quitmann, 1997, S. 8 ff.).

Der systemische Blick zeigt, dass nicht nur die Eltern oder einzelne Partner, sondern die ganze Familie altert. Wenn dem Altern Wachstumsdimensionen zugeschrieben werden, dann ist es bedeutsam, *wie* die Familie als Ganzes ihr eigenes Wachstum reflektiert und sich den Neuentwicklungen stellt oder verweigert.

1.3.6 Familie als Stärke erfahren und den passenden Umgang mit Schwächen finden

Eine Herausforderung für Familien ist es, sich der eigenen Ressourcen immer wieder neu zu vergewissern: Was haben sie bislang gemeinsam gut gemeistert, was fiel ihnen schwer und wie haben sie über die Jahre hinweg konfliktreiche Situationen trotz widriger Umstände bewältigt? Wie löste die Familie das jeweilige Schwach-sein-Dürfen? Ist Schwäche in der Familie überhaupt erlaubt, oder ist die Familie ebenfalls von der Jung-sein-Vitalitätsregel geblendet und meidet Gespräche über Schwächen, Gebrechen und Hilfebedürftigkeit?

Gut und gesund ist es, die Schwächen wie die Stärken im Blick zu halten und mit Freude und Demut, mit Dankbarkeit und den offenbleibenden Forderungen immer wieder neu ein ausbalancierendes Verhältnis zu finden.

1.3.7 Die Bedeutsamkeit, Hilfe annehmen zu können

Sowohl die alten Alten als auch die jungen Alten suchen nach neuen Formen des Umgangs mit den zur Verfügung stehenden professionellen Hilfen, die zudem noch gesetzlich hinterlegt sind. Wer bislang sein Leben autonom und selbständig meistern konnte, braucht etwas mehr Zeit, sich mit der Inanspruchnahme von Hilfen anzufreunden. Gerade rund um Alter und Pflege sind über die Jahre hinweg gesellschaftlich zunehmend mehr Hilfen verschiedenster Art entstanden. Es hapert allein an der Inanspruchnahme; manchmal fehlen die Informationen über mögliche Hilfen, gewichtiger aber erscheinen die Schwierigkeiten im Annehmen-Können.

Hilfen annehmen zu können scheint mit einem Schwäche-Makel verbunden zu sein, dem Zugestehen der eigenen Unzulänglichkeit. Die Umdeutung dieser Kompetenz hat bislang nur begrenzt stattgefunden.

Sowohl die Kontextverbundenheit wie auch die Kontextabhängigkeit nehmen mit dem Älterwerden einer Familie zu. Die sinkende Kinderzahl spielt künftig hinsichtlich der Versorgungsleistungen und des Ausgleichs innerhalb von Familien eine nicht unerhebliche Rolle. Welches Einzelkind würde denn die Aufgabe der Versorgung der mittlerweile betagten Eltern nicht gern mit jemandem geschwisterlich teilen? Was ist, wenn die arbeitsweltlich erwünschte Mobilität die Generationen weit auseinandertreibt?

Das soziale Netz – auch über die Familie hinaus – gewinnt im Alter eine neue Dimension. Miteinander als Freunde oder Nachbarn alt zu werden, sich selbstverständlich kontextabhängig zu verstehen, gelingt derzeit nur brüchig oder in Ansätzen. Experten besonders aus der Gerontowissenschaft gehen davon aus, dass dies den künftigen alten Menschen (z. B. mit Ressourcen aus früheren Wohngemeinschaftserfahrungen) möglicherweise besser gelingen mag.

Allein die Begrifflichkeit der Abhängigkeit – auch die der Kontextabhängigkeit – scheint mit zunehmendem Lebensalter stärker negativ besetzt zu sein: Vielleicht ist hier eine positivere Konnotation notwendig und hilfreich, die Menschen selbstverständlich als gleichermaßen kontext*verbunden* und kontext*gebunden* versteht.

1.3.8 Konzept der subjektorientierten Pflege

Die subjektorientierte Pflege ist auf dem Hintergrund des Internationalen Pflegekodex zu verstehen. Die erste Fassung wurde 1953 vom International Council of Nurses verabschiedet und in der Folge permanent modifiziert. Die aktuelle Fassung stammt aus dem Jahr 2005 (Deutscher Pflegerat, 2010) und findet in den neuen Entwicklungen der Pflegewissenschaft ihren Niederschlag. Im Vorwort heißt es: »Pflegende haben vier grundlegende Aufgaben: Gesundheit zu fördern, Krankheit zu verhüten, Gesundheit wiederherzustellen, Leiden zu lindern. Es besteht ein universeller Bedarf an Pflege.

Untrennbar von Pflege ist die Achtung der Menschenrechte, einschließlich des Rechts auf Leben, auf Würde und auf respektvolle Behandlung. Pflege wird mit Respekt und ohne Wertung des Alters, der Hautfarbe, des Glaubens, der Kultur, einer Behinderung oder Krankheit, des Geschlechts, der sexuellen Orientierung, der Nationalität, der politischen Einstellung, der ethnischen Zugehörigkeit oder des sozialen Status ausgeübt.

Die Pflegende übt ihre berufliche Tätigkeit zum Wohle des Einzelnen, der Familie und der sozialen Gemeinschaft aus; sie koordiniert ihre Dienstleistungen mit denen anderer beteiligter Gruppen.«

Die Konzeptentwicklung in der Pflege hat mit der Etablierung der Pflegewissenschaft deutlich Aufwind genommen. Besonders bedeutsam in diesem Zusammenhang ist die Arbeit von Karin Wittneben (1998), die sich in ihrer Dissertation mit der patientenorientierten Krankenpflege beschäftigte und in der Folge diesen Ansatz für die Ausbildung in den Pflegeberufen verstetigen konnte. Zwischen Patientenignorierung und Patientenorientierung liegen aus ihrer Sicht fünf Dimensionen, die als »heuristisches Modell multidimensionaler Patientenorientierung« von ihr weiterentwickelt wurden und die in der Ausbildung in allen Gesundheitsberufen Berücksichtigung finden. War die Pflege z. B. lange Zeit verrichtungsorientiert in dem Sinne, dass es medizinisch angeordnete pflegerische Maßnahmen umzusetzen galt, so hat sie heute ein eigenes Format, welches sich nah am Patienten versteht und sich mit höchstem Respekt und Achtung des Gegenübers an dessen Wohlbefinden orientiert.

Wittneben hebt somit vermeintlich alte Pflegehandlungen in ein neues Licht: das der Patientenorientierung. Die Spanne von der Verrichtungsorientierung (satt, sauber) zur Handlungsorientierung verlangt ein neues Krankheits- und Pflegeverständnis. Dieses wird in Zeiten von Pflegekräftebedarf und dem an Fallzahlen orientierten Abrechnungssystem der pflegerischen Dienstleistungen unterlaufen und endet oftmals trotz der Überzeugtheit der Patientenorientierung bei der Verrichtung pflegerischer Handlungen. Die Subjektstellung des Patienten findet sich in der Patientenorientierung wieder und beinhaltet ebenso einen Wertewandel wie auch eine selbstreflexiv kritische Sicht auf das eigene professionelle Handeln als Pflegefachkraft. Gerade Menschen mit Demenz sind empfindsam, besonders

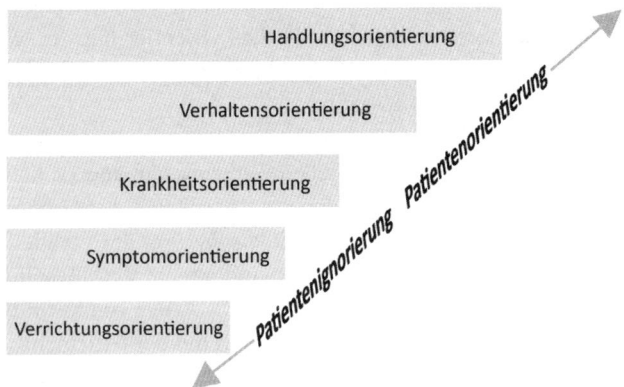

Abbildung 11: Patientenignorierung – Patientenorientierung (Wittneben, 1998, S. 111)

dann, wenn sie bevormundet werden oder ihnen gar despektierlich begegnet wird. Die Spiegelneuronen funktionieren meist noch sehr gut in ziemlich allen Phasen der Erkrankung. Die generell geforderte Patientenorientierung in der Pflege (siehe Abbildung 11) wird umso wichtiger.

Die Verrichtungsorientierung verliert an Wert. Sie taucht allerdings immer dann wieder auf, wenn die fallbezogene Behandlungszeit ihre Grenzen erreicht und vermeintlich vorgegebene Versorgungsleistungen zeitlich überschritten werden. Demenziell erkrankte Menschen passen nicht in das Schema der Verrichtungsorientierung. Bei ihnen müssen Zugeständnisse an den Umfang der zeitlichen Einsätze gemacht werden. Hier bleibt viel Entwicklungsbedarf in der Zukunft der pflegerischen Versorgung.

Einen weiteren spannenden Ansatz entwickelten Marie-Luise Friedemann und Christina Köhlen (2010) mit ihrer Veröffentlichung »Familien- und umweltbezogene Pflege. Die Theorie des systemischen Gleichgewichts«.

Sie zeigen in einem Diagramm (Abbildung 12) die vielen Faktoren der Gesundheit auf und haben das Systemgleichgewicht besonders im Blick.

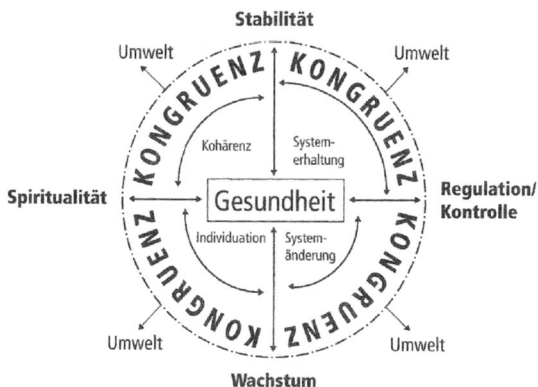

Abbildung 12: Systemgleichgewicht Gesundheit (Friedemann u. Köhlen, 2010)

Zwischen Stabilität und Wachstum, zwischen statisch und verändernd spannt sich der Rahmen dieses Achsenmodells. Systemisch interessant ist die Sicht auf all diese Zusammenhänge; Friedemann und Köhlen haben ihren Ansatz nicht ausdrücklich »systemisch« benannt, gleichzeitig fallen systemisch fundierte Zugänge deutlich ins Auge. Es geht um die Homöostase, d. h. den Umgang mit scheinbar von außen erwirkten Veränderungen. Das oftmals unbewusst erreichte Gleichgewicht zwischen Statik und Veränderung wird durch die neuen Lebensumstände und deren Wechselwirkungen auf den Prüfstand gebracht und muss neu gefunden werden.

Im Bereich der professionellen Pflege hat Hundenborn (2007) ein von ihr mit Kreienbaum und Knigge-Demal bereits 1996 entwickeltes Konzept des systemischen Pflegeansatzes vorgelegt. In diesem ausdrücklich systemisch benannten Modell taucht die Kategorie des Erlebens und Verarbeitens auf.

Für die Professionellen wie für die zu pflegenden Menschen geht es immer um eigenes Erleben als emotionale und spürbar fühlende Qualität und um die Art der Verarbeitung von Erlebtem. Die Rahmung der Beziehungshandlung gewinnt darin eine neue Beachtung (siehe Abbildung 13).

In der systemischen Bezugnahme konzentrieren wir uns vorwiegend auf die Mikro- und die Mesoebene, behalten dabei aber die makrosystemischen Bewegungen und Entwicklungen im Blick.

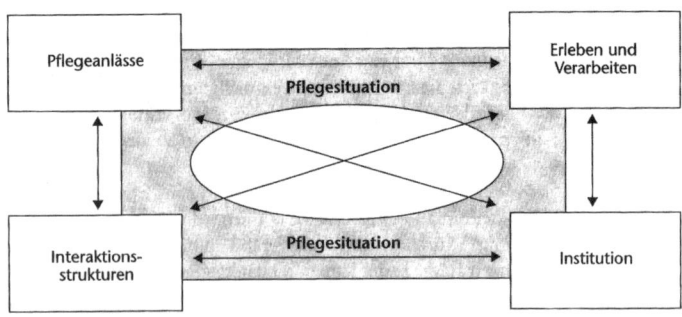

Abbildung 13: Konstitutive Merkmale einer Pflegesituation (Hundenborn, 2007, S. 46)

Systemisch bedeutsam werden – ausgehend von obiger Abbildung – entsprechend weitere Marker:

- *Gesundheits- und das Krankheitsverständnis*
  Krankheit wird von der Ausnahme- zur Regelsituation. Gesundheit wird neu definiert.

- *Homöostase und Veränderung*
  Es geht darum, ein Wachstumsmodell trotz und bei Einschränkungen zu entwickeln.

- *Rollen verändern sich*
  Eingespielte Rollen, die festlegten, wer wem half und beistand, wann Pausen der gegenseitigen Rücksichtnahme waren, müssen nun flexibel neu definiert werden.

- *Regelwerke der Alltagsbewältigung*
  Regeln sind gewohnheitlich verankerte Handlungen, sie geben Schutz und Sicherheit. Bei Krankheit und Pflegebedürftigkeit werden Regeln benötigt, die Schutz und Sicherheit ermöglichen.

- *Grenzen und Räume*
  Die Kraft, sich zu wehren, sich zu schützen, ja sein eigenes Revier zu sichern, lässt nach und manch ein Mensch (sowohl mit als auch ohne Demenz) gerät in eine tief empfundene Enge bis hin zur Depression. Autonomiebestrebungen zu stärken und zuzulassen ist in den unterschiedlichen Phasen von Demenz eine echte Herausforderung für alle sorgenden Menschen im Umfeld.

- *Das Wertesystem, die gemeinsamen Ziele geraten (oftmals plötzlich) arg ins Wanken*
  Fremde Menschen um Hilfe zu bitten, unbezahlte und bezahlte Hilfe anzunehmen, vor der Nachbarschaft und Freunden zunehmende Schwächen zuzulassen, ja, sie zu zeigen – manch einem Menschen verlangt dies viel ab. Die gemeinsamen Außenaktivitäten verlagern sich ins Innere der Familie, Reisen und Besuche

werden weniger. Die ethische Frage nach dem Warum (»Warum trifft es uns als Paar? Als Familie?«) taucht immer wieder auf.

- *Der Umgang mit Zeit verändert sich*
  Die oft plötzlich daherkommenden Einschränkungen verlangsamen den alltäglichen Lebensablauf. Für schlichte einfache Dinge der Körperhygiene, der Nahrungsaufnahme etc. wird mehr Zeit benötigt: Das ist nichts für Menschen mit einem gewohnt getakteten Alltag!
  Die Verläufe bei den betroffenen Menschen mit Demenz und den Partnern als unweigerlich Mitbetroffene sind zudem oft ungleich. Die von Demenz Betroffenen selbst verlangsamen sich oft in einem eher wohltuenden Tonus, die Partner, die Familie hat noch länger das »alte« Bild von Abläufen und muss »mehr« an Handlungen der Hilfe aktivieren, d. h., die antizyklischen Verläufe werden in der von Beschleunigung geprägten Lebenswelt vorübergehend als anstrengend erlebt.

- *Das soziale Netz verkleinert sich fast automatisch*
  Der eher nach innen gewandte Part gewinnt an Bedeutung und die Aktivitäten nach außen gehen aufgrund unterschiedlicher Beschwernisse zurück. Die von Demenz betroffenen Menschen aber mögen Begegnungsflächen mit anderen Menschen. Beispiele aus den Demenz-WGs und Modelle aus den Niederlanden und der Schweiz belegen, wie glücklich demenzielle Menschen in Gruppen sein können.

- *Ressourcen sehen und nutzen trotz Einschränkungen*
  Die Suche und Aufmerksamkeit für all das, was noch alles möglich ist, braucht Lenkung und Unterstützung, damit das Addieren der Verluste und deren Zelebration nicht an Fahrtwind gewinnen. Sicher gibt es noch viele weitere systemisch relevante Aspekte, besonders aber möchten wir die Teilnehmer der systemischen Weiterbildungen anregen, sich deutlicher auf das Thema Krankheit im Familiensystem einzulassen. Auch die Selbstreflexivität ist bei den DGSF-Weiterbildungsformaten ein Kernstück lernender

Entwicklung. Genau diese möchten wir anregen und verstehen und definieren sie so:
»Als Selbstreflexion bezeichnet man die Fähigkeit des Menschen, über die eigene Situation nachzudenken. Reflexionen von äußeren oder inneren Beobachtungen können als Chancen zum Erkennen von Problemen und Ansatzpunkten für Veränderungen angesehen werden. Selbstreflexion setzt das Vermögen zur differenzierten Selbstbeobachtung und eine gewisse Distanz zu sich selbst voraus« (Stangl, 2018).

1.4 GESELLSCHAFTLICHE ASPEKTE

Angesichts des weiter steigenden Anteils alter Menschen wird auch die Zahl von Menschen mit Demenz zunehmen. Bis zum Jahr 2050 wird mit einer Verdopplung dieser Zahl gerechnet (Deutsche Alzheimer Gesellschaft e. V., 2016a); dies fordert die Gesellschaft auf verschiedenen Ebenen heraus. In Bezug auf die damit verbundene Pflegebedürftigkeit zeigt Abbildung 14 die für die Zukunft prognostizierten Zahlen. Eine Differenzierung anhand der Pflegebedürftigkeit ursächlich zugrunde liegender Diagnosen erlaubt diese Abbildung nicht. Angesichts der Multimorbidität vieler Menschen mit Demenz dürfte dies auch nicht zielführend sein; unabhängig davon, ob Menschen mit Demenz aus genau diesem Grund pflegebedürftig werden oder ob dies vorrangig aus anderen medizinischen Gründen erfolgt – in beiden Fällen stellt die Demenz einen zu berücksichtigenden Faktor dar.

Die Zahlen machen auch nochmals eindrucksvoll deutlich, dass der Anstieg Pflegebedürftiger im Wesentlichen auf den Anstieg der Lebenserwartung zurückzuführen ist.

Schon früh im Verlauf einer Demenzerkrankung sind die Betroffenen auf Unterstützung angewiesen; weniger auf konkrete Pflege an sich, sondern darauf, dass sie Menschen finden, die sie im Alltag begleiten und die ihnen helfen, den Kontakt zur Umwelt und zu sich zu behalten. Ein hoher Anteil dieser Sorge wird vom Familiensystem geleistet – nicht selten bis an und über die Grenzen der Belastbarkeit hinaus (siehe Abbildung 15).

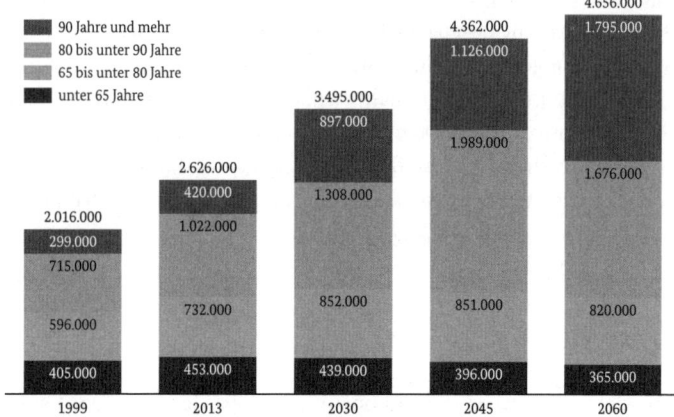

Abbildung 14: Pflegebedürftige nach Altersgruppen (Quelle: Statistisches Bundesamt; Berechnungen BiB, 2015)

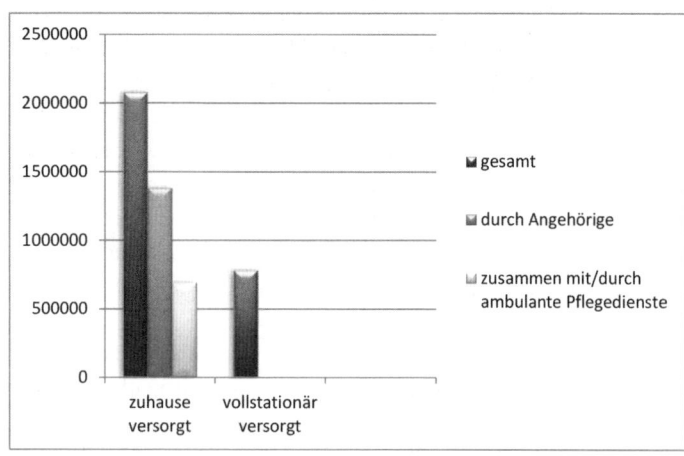

Abbildung 15: Pflegebedürftige nach Versorgungsart (Quelle: Statistisches Bundesamt, Destatis, 2017; modifiziert von U. Becker)

1.4.1 Demenz – Herausforderung für die Politik

Was dies für betroffene Familien bedeutet, welche Belastung und welche Entwicklungsherausforderungen und -chancen dies beinhaltet, wird in Kapitel 2.1 näher ausgeführt. Die drängendste Herausforderung der Politik ist die steigende Pflegebedürftigkeit – sowohl von Menschen mit als auch ohne Demenz. Je nach gewähltem Szenario ist bis 2050 mit einem Anstieg der Zahl der Pflegebedürftigen auf ca. 3,7 bis 4,5 Millionen zu rechnen (siehe Abbildung 16). Ursächlich hierfür sind in erster Linie neben steigender Lebenserwartung geburtenstarke Jahrgänge, die »Babyboomer«, die »in die Jahre kommen«.

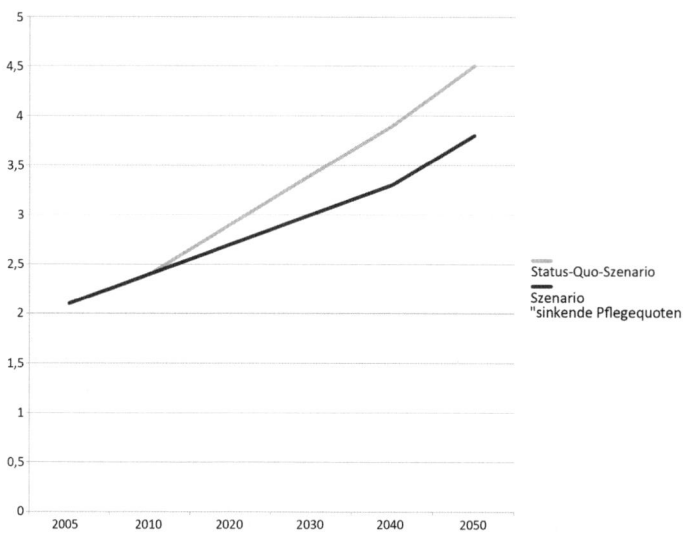

Abbildung 16: Pflegebedürftige bis 2050 (Quelle: Statistisches Bundesamt, Destatis, 2014; modifiziert von U. Becker)

Damit ist zwangsläufig eine weitere Erhöhung der Pflegekosten verbunden, die bereits in den Jahren 1995 bis 2016 erheblich gestiegen sind (siehe Abbildung 17):

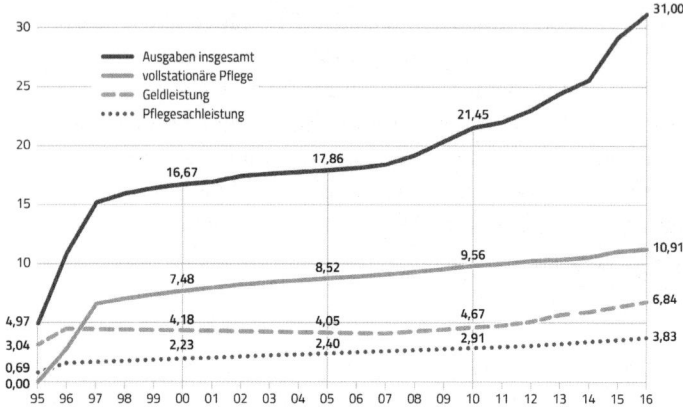

Abbildung 17: Ausgaben für Pflege steigen kontinuierlich
(Quelle: BARMER-Pflegereport, 2017)

Pflege findet nicht nur in Strukturen des Gesundheitswesens statt. Ein erheblicher Teil erfolgt in der Familie durch pflegende Angehörige.

Die Politik ist herausgefordert, finanzielle (z. B. Pflegegeld), strukturelle (z. B. Pflegezeit, Entlastungsangebote für pflegende Angehörige) und gesellschaftliche (Wertschätzung familialer Pflege) Rahmenbedingungen zu schaffen und weiterzuentwickeln, die dies unterstützen und ermöglichen. Auf diesem Hintergrund ist es u. a. bedeutsam, wie sich die Pflegeberufe entwickeln werden, welchen Platz systemisches Gedankengut und systemische Praxis in der Pflege erhalten und wie diese tauglich werden für die Begleitung von Menschen mit Demenz und deren Angehörigen.

1.4.2 Demenz – Herausforderung für das Gesundheitswesen

Im Verlauf einer Demenzerkrankung kommen Familien in den meisten Fällen irgendwann an ihre Grenzen. Neben Entlastungsangeboten ist ein Netz von Lebensmöglichkeiten für Menschen mit Demenz erforderlich – sowohl ambulante Pflege, teilstationäre Pflege, neue Wohnformen für Menschen mit Demenz als auch vollstationäre Pflege. Der Strauß der Möglichkeiten wächst und ermöglicht es immer besser, individuell passende Lösungen zu finden.

Neben den strukturellen Rahmenbedingungen für eine gute Pflege braucht es in Pflegeeinrichtungen organisationale Prozesse, die es Mitarbeitenden ermöglichen, qualitativ gute Arbeit zu leisten.

In Kapitel 1.1.11 wurde am Beispiel von Herrn Pistor bereits darauf hingewiesen, dass Menschen mit Demenz unter einem erhöhten Risiko leiden, anlässlich eines Krankenhausaufenthaltes ein Delir zu entwickeln (Hackenbroch, 2017). Gleichzeitig steigt die Anzahl von Menschen mit kognitiven Einschränkungen, bei denen aus unterschiedlichsten Gründen ein Krankenhausaufenthalt erforderlich ist. Die Deutsche Alzheimer Gesellschaft hat neben einem »Informationsbogen für Patienten mit Demenz bei Aufnahme ins Krankenhaus« ein Begleitheft mit wichtigen Informationen und Empfehlungen herausgegeben, in welchem auch auf vielfältige Projekte hingewiesen wird (Deutsche Alzheimer Gesellschaft e. V., 2017c).

Wenn das neuronale Netzwerk eines Menschen gestört ist, ist er umso mehr auf ein funktionsfähiges äußeres Netzwerk angewiesen, als Teil dessen er sich erlebt und welches sich seinen Bedürfnissen anpasst. Als formale Organisation, die diese Bedürfnisse aufgreift und sich individuell daran anpasst, kann das Modell des Gerontopsychiatrischen Zentrums gesehen werden, wie es von Hirsch entwickelt wurde (Stiens, 2009). Neben dem multiprofessionellen Team ist es mit dem regionalen Versorgungssystem verbunden. Dazu braucht es auch Vernetzung der Akteure; in vielen Regionen gibt es regelmäßige Treffen der Akteure, in denen diese sich austauschen und regionale Projekte anstoßen. Auf übergeordneter Ebene existieren beispielsweise in NRW zwölf Demenz-Service-Zentren (Stand März 2018), deren Aufgabe in der Vernetzung, dem Ausbau und der Weiterentwicklung wohnortnaher Unterstützungsangebote besteht (Landesinitiative Demenz-Service Nordrhein-Westfalen, o. J.).

1.4.3 Demenz – Herausforderung für die Kommunen

Zunehmend häufiger machen sich Gemeinden und Städte auf den Weg zur »demenzfreundlichen Kommune« (Aktion Demenz e. V., Venedey, o. J.). Sie überprüfen ihre kommunale Struktur und wollen Wege ebnen, damit Menschen mit Demenz möglichst lange Teil der Gemeinschaft bleiben können. Das bedeutet oft, von liebgewonnenen Gewohnheiten Abschied zu nehmen. Menschen mit Demenz vertragen Rationalisierung, Beschleunigung, Anonymisierung nicht. Was sie brauchen, sind Menschen, die ihnen vertraut sind, die sich Zeit nehmen und die zuverlässig immer wieder da sind (Stuhlmann, 2011); und das nicht nur im häuslichen Umfeld, sondern auch beim Besuch des Supermarkts, der Bank, des Einwohnermeldeamts. Die Deutsche Alzheimer Gesellschaft hat in ihren Projekten »Nicht allein mit Demenz« und »Demenz-Partner« (Deutsche Alzheimer Gesellschaft e. V., 2018) Schulungsmaterialien für die Kommunen und die Bevölkerung entwickelt.

1.4.4 Demenz – Herausforderung für die Kirchen

Menschen mit Demenz haben auch spirituelle Bedürfnisse. Viele von ihnen sind bzw. waren in Kindheit und Jugend kirchlich stark gebunden. Kirchen stellen daher für viele ältere Menschen einen wichtigen Bezugspunkt in ihrem Leben dar. Dieser Bezugspunkt geht durch Demenz nicht verloren. Kirchengemeinden stehen vor der Herausforderung, auch für Menschen mit Demenz offen und einladend zu sein. So hat beispielsweise das Demenz-Service-Zentrum Region Köln und südliches Rheinland in seinem Projekt »dabei und mittendrin – Gaben und Aufgaben demenzsensibler Gemeinden« (Demenz-Service-Zentrum Region Köln und das südliche Rheinland, o. J.) mehrere evangelische und katholische Kirchengemeinden im Raum Köln darin unterstützt, ihre Angebote für Menschen mit und ohne Demenz zu öffnen und damit Menschen mit Demenz und ihre Angehörigen zur aktiven Teilhabe am Gemeindeleben einzuladen.

Im Bereich der stationären Altenpflege haben einige katholische Bistümer das Modell der »Begleiter in der Altenheimseelsorge« ins Leben gerufen (Erzbistum Köln, o. J.). In diesem Modell werden Mitarbeiter aus der Altenpflege zur seelsorglichen Begleitung ihrer Bewohner qualifiziert, bischöflich beauftragt und in ihrer Arbeit begleitet. Nach erfolgreichem Abschluss können sie mit einem definierten Teil ihrer Arbeitszeit für die seelsorgliche Begleitung der Bewohner »ihres« Hauses beauftragt werden. Diese Mitarbeiter kennen ihre Bewohner und sind ihnen nah. Sie wissen, wie sie gerade Menschen mit Demenz erreichen können und was diesen Menschen »heilig« ist. Und sie können die Vernetzung mit der Ortskirche herstellen.

In einem weiteren Blick, der über die Grenzen kirchlicher Strukturen und Glaubensrichtungen hinausgeht, steht Spiritualität für die Erfahrung von Würde – unabhängig von der Leistungsfähigkeit.

»Die Würde hört nicht da auf, wo jemand nicht mehr kann. Denn: ›ganz egal, ob Du Dein Lebenslied in Moll singst oder Dur‹ – wie es in einem beliebten Lied zur Taufe heißt – ›Du bist ein Gedanke Gottes.‹ Es gibt mehr als das, was wir vor Augen haben. Wir sind angewiesen auf andere, Empfangende. Viele sind zwar lieber Macher und wollen alles im Griff haben oder in den Griff bekommen. Aber sie kommen schnell an ihre Grenzen – und das nicht nur, wenn die Kräfte versagen oder auf einmal die Krankheit das Sagen hat. Etliches bekommen wir nicht hin, weil es nicht in unserer Hand liegt. Das ist schon immer so. Das ist von Anfang an so. Von Anfang an steht der Mensch mit leeren Händen da, ist auf andere angewiesen. Er ist verwiesen darauf, dass er etwas bekommt, dass andere ihm helfen, ihn unterstützen, dass andere ihm unter die Arme greifen, etwas in die Hand legen, mit Hand anlegen« (Neuschäfer, 2016, S. 15).

1.4.5 Selbsthilfe

Seit den 1960er Jahren hat sich die Selbsthilfe im sozialen und gesundheitlichen Bereich rasant entwickelt. Nach Angaben von Heike von Lützau-Hohlbein, der langjährigen Vorsitzenden der Deutschen Alzheimer Gesellschaft, stand Demenz zunächst nicht im Vordergrund (von Lützau-Hohlbein, 2006).

»Erst als die Alzheimer-Krankheit in den frühen achtziger Jahren des letzten Jahrhunderts langsam in das Bewusstsein der Öffentlichkeit rückte, erkannte man die Notwendigkeit der Selbsthilfe auch für

Demenzkranke und ihre Angehörigen. Die gegenseitige Unterstützung, das Lernen voneinander und die Solidarität führte die Betroffenen zusammen und erleichterte ihr tägliches Leben. Das gilt heute noch genau so.

Dabei handelt es sich aber in den meisten Fällen um Hilfe für die Angehörigen. Durch den besseren medizinischen Kenntnisstand und die verstärkten Anstrengungen einer möglichst frühen Diagnose wird die Selbsthilfe für die Kranken selbst inzwischen immer wichtiger. Sie brauchen ein Forum, um sich in ihren Nöten zu stützen, auch unabhängig von ihren Familien« (S. 1).

Von Lützau-Hohlbein beschreibt in dieser Aussage die Entwicklung der Alzheimer-Selbsthilfe – von der Sorge *für* die Angehörigen und *für* die Betroffenen zum Engagement *mit* den Betroffenen und *der* Betroffenen. Dies bedeutet, nicht länger für, sondern mit Menschen mit Demenz zu planen, zu überlegen, zu gestalten und gleichzeitig im Auge zu behalten, dass Menschen mit Demenz in fortgeschrittenen Stadien der Erkrankung ein hohes Maß an Fürsorge benötigen; gutgemeinte Beteiligung kann irgendwann auch zur unerfüllbaren Anforderung werden. Mittlerweile gibt es viele Menschen mit Demenz, die ihr Schicksal aktiv in die Hand nehmen. Neben den Angehörigengruppen gibt es zunehmend sogenannte unterstützte Selbsthilfegruppen Betroffener. Mit »Startpunkt« liegt ein von Teilnehmern solcher Selbsthilfegruppen in Zusammenarbeit mit Mitgliedern von Demenz Support e. V. in Stuttgart entwickeltes Arbeitspapier zur unterstützten Selbsthilfe vor. In diesem Arbeitspapier wird die Rolle der Moderatoren dieser Selbsthilfegruppen wie folgt beschrieben: »Selbsthilfe von Menschen mit Demenz ist unterstützte Selbsthilfe, weil sie oftmals die organisatorische Unterstützung durch Dritte (Moderatorinnen) benötigt. Die Moderatorin ist ›Vorzimmer‹, Begleiterin, Ermöglicherin und ›Hebamme‹ – aber nicht die Bestimmerin!« (Demenz Support Stuttgart, 2012).

1.4.6 Demenz – Reaktion auf unsere Gesellschaft

Dass Demenz nicht nur als Belastung für unsere Gesellschaft gesehen werden kann, sondern auch eine Chance darstellt, wurde bereits erläutert. Gronemeyer (2013) fügt dem eine weitere Facette hinzu, wenn er Demenz nicht als Krankheit sieht, sondern als »4. Lebensalter«. Unter diesem Blickwinkel stellt Demenz eine Aufforderung an jeden Menschen in dieser Gesellschaft dar, nach sozialen statt vornehmlich medizinischen Antworten zu suchen.

Hüther (2017) wiederum plädiert dafür, Demenz als Aufforderung zum Paradigmenwechsel in der Medizin zu sehen. Basierend auf den Ergebnissen der sogenannten »Nonnenstudie« (Klug, 2015) stellt er die Frage, weshalb es Menschen gibt, die trotz ausgeprägter Veränderung der Hirnstrukturen im Sinne einer Demenz keine oder kaum entsprechende Symptome zeigen. Zur Erklärung dieses Befundes bezieht er sich auf die Neuroplastizität des Gehirns; d. h., unter günstigen Bedingungen ist unser Gehirn lebenslang in der Lage, Defekte an einer Stelle mit Neuverschaltungen und Neubauprozessen in intakten Bereichen mehr oder weniger gut zu kompensieren. Diese Fähigkeit könnte eine Antwort auf die gestellte Frage darstellen. Unter diesem Aspekt wäre es nicht mehr Aufgabe der Forschung zu klären, wie es zu strukturellen Veränderungen im Gehirn kommt, sondern was das Gehirn davon abhält, die ihm innewohnenden Kompensationsmechanismen zu aktivieren. Hüther beschreibt Demenz folglich nicht als eine – wodurch auch immer – ausgelöste Krankheit, sondern als Überforderung der Reparatursysteme des Gehirns. Um zu verstehen, was diesen Mechanismus an seine Grenzen bringt bzw. am Leben hält, schaut er genauer auf die Lebensbedingungen der in der erwähnten Studie untersuchten Nonnen sowohl vor ihrem Eintritt ins Kloster als auch während ihres Klosterlebens und kommt zu folgendem Ergebnis:

»So hat die Nonnenstudie gleich zwei voneinander unabhängige Gründe freigelegt, die eine Entfaltung des neuroplastischen Potenzials und der darauf beruhenden Regenerationsfähigkeit des alternden Gehirns ermöglichen: Einerseits bedarf es dafür besonders günstiger Erfahrungen während der Kindheit und Jugend. Dazu zählen auch solche, die es einem Heranwachsenden ermöglichen, sich nicht einfach nur möglichst viel Schul- und Fachwissen anzueignen, sondern auch vielfältige Kompetenzen zu erwerben und zu selbstbewussten und umsichtigen Persönlichkeiten heranzureifen« (Hüther, 2017, S. 44 f.).

Andererseits schreibt er über den Alltag der Nonnen: »Ihr Leben ist einfach, und sie brauchen keine materiellen Besitztümer anzuhäufen und zu bewahren. Wahrscheinlich haben sie auch keine Angst vor einer ungesunden Ernährung oder Lebensweise. […] Dafür führen sie ein – wie sie es ausdrücken – gottgefälliges und sinnerfülltes Leben und fühlen sich vor allem beschützt, was sie bedrohen könnte« (S. 44).

Aus seiner Sicht sind dies Voraussetzungen für eine immer wiederkehrende Erfahrung von Kohärenz. Nach Antonovsky (1997) ist es genau dieses Kohärenzgefühl, welches das Gehirn lebenslang in die Lage versetzt, sich neu zu strukturieren und damit zur geistigen Gesundheit beizutragen. »Gesund werden – und damit auch ihr Wachstums- und Entwicklungspotenzial zur Entfaltung bringen – können Menschen demzufolge nur dann, wenn sie in einer Welt leben,
- in der sie das Gefühl haben zu verstehen, was in dieser Welt geschieht (Verstehbarkeit),
- in der sie das, was sie verstanden haben, auch umzusetzen und zu gestalten in der Lage sind (Gestaltbarkeit) und
- in der ihnen das, was sie verstanden haben und selbst gestalten, als sinnvoll erscheint (Sinnhaftigkeit)« (Hüther, 2017, S. 49).

Gelingt es uns, unsere Gesellschaft so zu gestalten, dass dies möglich ist, so wird aus seiner Sicht der Rückzug in die Demenz entbehrlich.

1.5 ZUSAMMENFASSUNG

Je länger wir uns als Autoren mit dem Thema beschäftigten, desto mehr Facetten tauchten auf. Der vorstehende Überblick wird und muss notwendigerweise unvollständig sein. Unser Bestreben war es, in diesem ersten Kapitel deutlich zu machen, dass es sich ergänzende und sich widersprechende Sichtweisen gibt. Manches ist belegbar, manches nicht. Als Systemikerinnen stellt sich uns bei dem, was belegbar ist und was »wirkt«, die Frage: Ist es die Methode als solche, die wirkt, oder das, was durch Anwendung der Methode zwi-

schen uns zum Wirken kommt? In gut systemischer Weise laden wir Sie deshalb ein, Sichtweisen als Verstehensangebote zu nutzen. Verstehen wir Demenz rein medizinisch als »behandlungsbedürftige Störung«, palliativ als Herausforderung, Leiden zu lindern, in einer beziehungsorientierten Sichtweise als besondere Ausprägung des Lebens, die uns herausfordert, berührt und nicht unverändert lässt (Moser, 2010), als gesellschaftliche Herausforderung oder als Reaktion auf die Gesellschaft? Mit einem systemischen Blick öffnen sich darin Fragen wie:
- Welche Sichtweise ist wann, d. h., in welcher Situation hilfreich?
- Für wen?
- Was verändert sich durch diese Sichtweise?
- Was würde passieren, wenn eine andere Sichtweise in den Vordergrund geraten würde?
- Wer in der Familie kann gut mit unterschiedlichen Perspektiven leben, wer nicht?
- Welche Sichtweise ist für wen in welcher Phase der Erkrankung hilfreich?

Die Beantwortung dieser Fragen entscheidet auch darüber, welche Rolle Menschen mit Demenz zugesprochen wird. Werden sie zum Objekt unserer Bemühungen oder ermöglichen wir ihnen, Subjekt zu bleiben?

2 DIE INNENSICHT

2.1 DEMENZ IM FAMILIENSYSTEM

In Kapitel 1.3 wurde Demenz als »Familienkrankheit« aus pflegewissenschaftlicher und beratungstheoretischer Sicht beschrieben und unter dem Aspekt der Sorge und Fürsorge betrachtet. Das folgende Kapitel lenkt den Blick auf weitere Facetten familialer Pflege und Sorge. Pflegende Angehörige stellen nicht nur »Deutschlands größten Pflegedienst« (Hedtke-Becker, 2000a) dar, sondern stehen auch im besonderen Fokus eines systemischen Blicks. Meist sind es Töchter, Schwiegertöchter und Ehefrauen, die pflegen – »Pflege ist weiblich« (siehe Abbildung 18). Gleichwohl sei hier auf den nicht unbeträchtlichen Anteil pflegender Männer verwiesen. Hierbei handelt es sich ganz überwiegend um pflegende (Ehe-)Partner; eine Konstellation, die in Kapitel 2.2 beleuchtet wird.

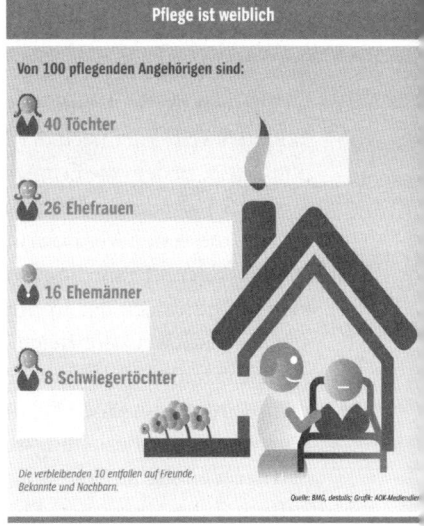

Abbildung 18: Pflege ist weiblich (Quelle: BMG, Destatis; Grafik: AOK-Mediendienst)

2.1.1 Vor der Diagnose – ahnen und nicht wissen

Aufgrund des schleichenden Beginns der Erkrankung stellt bereits die Phase vor der definitiven Diagnose einen relevanten Zeitraum dar. Erste subtile Symptome eines kognitiven Abbaus können nach Amieva et al. (2008) bis zu zwölf Jahre vor dem Bild einer demenziellen Erkrankung auftreten. Das macht deutlich, dass es einen großen Graubereich gibt, in dem Betroffene weder als eindeutig erkrankt noch gesund beschrieben werden können. Dieser – oft quälend lange – Zeitraum ist von hoher Verunsicherung aller Beteiligten gekennzeichnet und auch aus systemischer Sicht ein ganz besonderer Zeitraum.

Um mehr darüber zu erfahren, wie Angehörige diese Zeit erleben, führten Van Vliet et al. (2011) retrospektive Befragungen pflegender Angehöriger von Menschen mit früh einsetzender Demenz (vor dem 65. Lebensjahr) durch. Menschen mit früh einsetzender Demenz begegnen ganz besonderen Herausforderungen, auf die in Kapitel 2.4.1 näher eingegangen wird. Erste Symptome der Demenz treten in einem Alter und in einer Lebensphase auf, in der noch nicht damit gerechnet wird, in der sie nicht »erwartbar« sind. Dies akzentuiert die damit einhergehende Verunsicherung, sodass die Ergebnisse als besonders prägnant angesehen werden können.

Die von der Untersuchergruppe durchgeführten Befragungen fanden jeweils kurz nach der Diagnosestellung statt; zu einem Zeitpunkt also, zu dem die Erinnerungen noch frisch waren. Wie auch in Kapitel 2.2 »Paare und Demenz« beschrieben, wurden den Befragten zufolge die ersten Veränderungen häufig zunächst als Beziehungsstörung oder altersbedingt wahrgenommen und eingeordnet. Die kleinen Störungen der Kommunikation, eher Verhaltensänderungen als Gedächtnisstörungen, ließen zunächst nicht an eine demenzielle Erkrankung denken, sodass auch keine Schritte unternommen wurden, um eine Diagnostik in die Wege zu leiten. Aus dem Blickwinkel der Beziehungsstörung dachten die nicht betroffenen Partner teilweise an Trennung. Andere nahmen die Veränderungen aufgrund der langsamen Entwicklung kaum wahr. Erst im Rückblick wurde vieles deutlich. Es waren weniger die Veränderungen in den persönlichen Beziehungen, die letztlich zur Diagnosestellung führten, sondern häufig Einschränkungen der beruflichen Leistungsfähigkeit; beruflichen Anforderungen konnte nicht mehr in der gewohnten Qualität entsprochen werden. Daneben waren es oft auch Außenstehende, z. B. erwachsene Kinder, die den Anstoß gaben, Hilfe zu suchen. Vielen Familien stand dann ein langer Weg über viele Anlaufstellen bevor, bis aus dem Gefühl, irgendetwas »stimmt nicht«, Gewissheit im Sinne einer Diagnose wurde. Im Allgemeinen war das Interesse pflegender Angehöriger an einer Abklärung größer als das der Betroffenen selber. Ein Grund dafür kann in der Scham gesehen werden, die die Erfahrung des Verlusts kognitiver Fähigkeiten auslöst. Auch die Angst vor Ausgrenzung kann dazu verleiten, lieber mit der Unsicherheit als der Klarheit einer Diagnose zu leben. Dagegen beschreibt Richard Taylor, selbst an Morbus Alzheimer erkrankt, diese Zeit der Unklarheit in seinem Buch »Alzheimer und ich« als »Fegefeuer« (Taylor, 2008, S. 42).

2.1.2 Diagnosestellung – Diagnosevermittlung

Aus medizinischer Sicht eröffnet die Diagnosestellung die Chance, zu einem möglichst frühen Zeitpunkt medikamentöse und nichtmedikamentöse Behandlungsangebote zu machen und dadurch möglicherweise den Verlauf der Erkrankung zu verzögern und Alltagsfähigkeiten länger zu erhalten.

> Aus systemischer Sicht können verschiedene Funktionen der Diagnosestellung beschrieben werden:
> - *Entlastung des Systems:* Mit der Diagnose »Demenz« erhält vieles, was unverständlich war und zu einer Belastung der Beziehungen geführt hat, einen Namen (Meyer, McCullough u. Berggren, 2016; van Vliet et al., 2011).
> - *Erhalt von Handlungsfähigkeit:* Frühe Diagnosestellung bedeutet eine Erweiterung des Zeitraums, in welchem der Erkrankte nur marginal durch die Krankheit beeinträchtigt wird. Die Beteiligten können über weite Strecken noch vertrauten Alltag leben und sich gleichzeitig Schritt für Schritt

mit den bevorstehenden Veränderungen auseinandersetzen. Der Betroffene kann im Sinne einer vorsorgenden Planung Entscheidungen treffen, die erst zu einem späteren Zeitpunkt relevant sein werden (zu einem Zeitpunkt, zu dem er sich voraussichtlich nicht mehr dazu äußern können wird). So wird es vielleicht nicht möglich sein, bis zuletzt zu Hause zu leben. Aber es ist möglich, im Frühstadium der Erkrankung zu überlegen, welches die akzeptabelste Lösung im Sinne einer zweitbesten Lösung (Boss, 2011a, 2011b) wäre, sollte dieser Fall eintreten.

- *Einladung zum Miteinander-Sprechen:* Mit der Diagnose »Demenz« wird das Wissen um die Endlichkeit des Miteinanders akzentuiert. Betroffene und Angehörige können dazu ermutigt werden, heikle Fragen und unausgesprochene Bedürfnisse zu äußern.
- *Pathologisierung:* Die Diagnosestellung »Demenz« kann auch dazu führen, dass Betroffene nur noch unter diesem Etikett gesehen werden. Alles was passiert, wird durch diese Brille wahrgenommen und pathologisiert. Der Blick der Angehörigen geht ängstlich in die Zukunft. Jede Auffälligkeit wird daraufhin überprüft und als mögliches Zeichen einer Verschlechterung gesehen.
- *Kampf um die »Wahrheit«:* Je mehr der Blick der Angehörigen in Richtung einer Defizitorientierung geht, umso stärker hat der Erkrankte seine Fähigkeiten im Blick – eine Einladung zum Kampf um »Wer hat recht?«.
- *Leben mit der Uneindeutigkeit:* Die der Krankheit innewohnende Uneindeutigkeit (Boss, 2008) mit klaren und weniger klaren Momenten, mit einem manchmal sekündlichen Wechsel zwischen Fähigkeiten und Defiziten, kann sich als Spaltung innerhalb der Familie zeigen – während die einen dafür plädieren, dass doch alles »gar nicht so schlimm« sei, »malen die anderen den Teufel an die Wand«. Auch hier geht es um die – nicht auflösbare – Frage »Wer hat recht?«. Ein bewusstes Leben mit der Uneindeutigkeit kostet einerseits viel Kraft und kann andererseits Entspannung ins System bringen.

- *Entwicklungsherausforderung für die Angehörigen:* Die Erkrankung eines Familienmitglieds an Demenz stellt pflegende Angehörige vor die Herausforderung, gewachsene Rollenbeziehungen neu zu gestalten. Für pflegende Kinder wird dies mit den Begriffen der filialen Krise und filialen Reife beschrieben (Blenkner, 1965).
- *Nagelprobe für das familiäre System:* Die Familie kann im Bewusstsein einer gemeinsamen Herausforderung an dieser zerbrechen oder neue Stärken und Gemeinsamkeiten entwickeln. Gelingt es, die Situation gut zu meistern, stellt dies einen positiven Beitrag für die zukünftige Familiengeschichte dar.
- *Medikalisierung eines gesellschaftlichen Phänomens:* Gronemeyer (2013) fordert nicht mehr Medizin, sondern einen Perspektivwechsel und die Entwicklung einer Strategie gegen die sozialen Folgen der Demenz. Mit der Einordnung von Demenz als Krankheit wird aus seiner Sicht die Verantwortung an das Medizinsystem abgegeben.
- *Herausforderung der Gesellschaft:* Die Diagnose »Demenz« stellt immer noch ein großes Tabu dar. Diagnosestellung kann auch als Tabubruch gesehen werden, der nicht mehr ignoriert werden kann.
- *Defizite als Stärke:* Zunehmend mehr Betroffene sind nicht mehr bereit, sich zu verstecken, sondern gehen offensiv mit ihrer Krankheit um (Taylor, 2008; Rohra, 2012). Sie kämpfen dafür, Teil dieser Gesellschaft zu bleiben.

Es ist davon auszugehen, dass verbesserte Frühdiagnostik in den nächsten Jahren dazu führen wird, dass zunehmend mehr Menschen mit einer Demenz im frühen Stadium ihre Krankheit bewusst erleben und über einen mehr oder weniger langen Zeitraum in der Lage sind, ihr Leben mit der Diagnose selbständig zu führen. Dies hat Auswirkungen auf das Gesundheits- und Versorgungssystem. Stand lange die »Versorgung« von Menschen mit Demenz und Entlastung der Angehörigen im Vordergrund, geht es zunehmend auch darum, Menschen mit Demenz viel stärker als bisher zu Wort kommen lassen und Rahmenbedingungen für ein gemeinsames Miteinander zu schaffen. Oder wie es Helga Rohra, eine Betroffene, auf dem Podium des Europäischen Alzheimer-Kongresses 2017 in Berlin ausdrückte: »Wir wollen nicht nur gehört werden, wir wollen beteiligt werden!«

Ist eine frühe Diagnosestellung immer gut? Kann davon ausgegangen werden, dass jeder Mensch im Zweifelsfall eher früher als später wissen will, ob er unter einer Demenz leidet? Oder gibt es auch ein Recht auf Nichtwissen? In der Beantwortung dieser Fragen kann insbesondere die systemische Herangehensweise mit Fragen wie »Woran würden Sie feststellen, dass ein bestimmtes Vorgehen hilfreich wäre?« förderlich sein. Bezogen auf die Situation von Familien mit Demenz könnte dies folgendermaßen lauten:

- Was bedeutet der Begriff »Demenz« für die Beteiligten?
- Welche Definition von »Demenz« ist für Sie hilfreich?
- Was würde sich im Alltag Betroffener ändern, wenn die Diagnose gestellt wäre?
- Was würde sich für die einzelnen Familienmitglieder ändern?
- Wem ist am meisten daran gelegen, dass eine Diagnose gestellt wird? Wem am wenigsten?
- Wer sieht eher Gefahren, wer Chancen?
- Welche Möglichkeiten würden sich durch die Stellung einer Diagnose eröffnen, welche bestünden danach nicht mehr?

Die Diagnosestellung stellt kein endgültiges Ereignis, sondern den Beginn eines Prozesses dar. In diesem Prozess setzt sich die Familie mit der Erkrankung und den hieraus resultierenden Veränderungen auseinander – eine Auseinandersetzung, die mit fortschreitender Erkrankung immer wieder neu zu führen ist. Einen wesentlichen Baustein stellen Beratungs- und Unterstützungsangebote dar. Neben der Forderung und Notwendigkeit, solche Angebote weiter flächendeckend zu implementieren, fällt auf, dass es offensichtlich Hürden gibt, bestehende Angebote anzunehmen. In der EU-weiten Actifcare-Studie (Bieber et al., 2017) wurde versucht, Faktoren zu identifizieren, die die Inanspruchnahme solcher Angebote fördern. Als wesentli-

cher Baustein konnte hierbei die Person/Position einer namentlich bekannten Kontaktperson identifiziert werden, die gewissermaßen als Lotse fungiert. Eine solche Person (die von der Grundfunktion her an unterschiedlichen Orten angesiedelt sein kann, z. B. Hausarzt, Case Manager o. a.) sollte den Autoren zufolge über folgende Fähigkeiten verfügen:
- in personzentrierter Pflege von Menschen mit Demenz ausgebildet, d. h., in der Lage, sich auf die Perspektive von Menschen mit Demenz mit ihren Bedürfnissen und Wünschen zu konzentrieren;
- angemessenes Wissen über vorhandene Unterstützungsangebote;
- gute Erreichbarkeit;
- enge Kooperation mit Kliniken und ambulanten Gesundheitseinrichtungen;
- den Kontakt zu Menschen mit Demenz und deren Angehörigen zum rechten Zeitpunkt herstellen, kontinuierlich und zugehend halten und die Bedürfnisse der Beteiligten regelmäßig erfassen;
- Menschen mit Demenz und deren Angehörige dazu ermutigen, Beratungs- und Unterstützungsangebote in Anspruch zu nehmen sowie in Entscheidungen über professionelle Unterstützung zu vermitteln (Bieber et al., 2017).

Zum Nutzen einer möglichst frühen Diagnosestellung äußern sich die Autoren folgendermaßen:
- Die Bedürfnisse der Beteiligten können frühzeitig erkannt und erfüllt werden.
- Angehörige erleben sich als unterstützt.
- Betroffene berichten über weniger Angst durch Wissen als durch Nichtwissen.
- Früh einsetzende Behandlung erhöht die Chance, davon zu profitieren.
- Betroffene können in zukünftig zu erwartende Entscheidungsfindungen mit einbezogen werden.

Die Auswirkungen einer gelingenden bzw. nicht gelingenden Diagnosevermittlung werden im Folgenden an drei Beispielen verdeutlicht.

Fallbeispiel 1: Diagnose alleine reicht nicht
Bei Herrn Dauz wurde im Alter von 62 Jahren eine nichtflüssige progrediente Aphasie diagnostiziert. Diese besondere Form der Demenzerkrankung (s. auch Frontotemporale Demenz, Kap. 1.1.9) ist dadurch charakterisiert, dass die Sprache schrittweise verloren geht, während Sprachverständnis, Gedächtnis und praktische Fähigkeiten noch lange erhalten bleiben. Frau Dauz hat die Diagnosemitteilung auch heute – Jahre danach – noch genau in den Ohren. Mit dem an ihren Mann gerichteten Satz »Sie haben eine schwere, nicht heilbare, lebensverkürzende Erkrankung, sie werden die Sprache komplett verlieren, man kann nichts tun« wurde das Ehepaar von jetzt auf gleich nicht nur mit der Diagnose konfrontiert, sondern direkt an die Endphase der Erkrankung katapultiert. Was sich beide rückblickend gewünscht hätten, wären Hinweise auf Perspektiven, auf ein Leben mit der Erkrankung gewesen. Wie kann ein Leben mit dieser Erkrankung aussehen? Welche Schwierigkeiten sind zu erwarten, was wird noch lange möglich sein? Das allgemeine Angebot, sich »jederzeit« an die Gedächtnisambulanz wenden zu können, lief für die beiden ins Leere – es war nicht verbunden mit Informationen, welche Fragen überhaupt auftauchen könnten und wer dann Ansprechpartner wäre. Bei Folgeuntersuchungen hatte die Ehefrau den Eindruck, dass es der Klinik in erster Linie um Forschungsfragen in Zusammenhang mit der Erkrankung ihres Mannes ging.

Das Ehepaar beendete nach einigen Kontrolluntersuchungen die Besuche in der Gedächtnisambulanz und wendete viel Energie dafür auf, für sich geeignete Beratungs- und Unterstützungsangebote zu suchen.

Fallbeispiel 2: Man kann auch mit der Unklarheit leben
Bei Herrn Weiler wurde vor mehreren Jahren eine Demenz diagnostiziert. Um welche Form der Demenz es sich handelt, ist allerdings bis heute unklar. Herr Weiler ist mittlerweile erheblich eingeschränkt und lebt im Pflegeheim.

Im Rückblick wurde die Diagnose eher schleichend gestellt. Herr Weiler litt viele Jahre unter rezidivierenden depressiven und manischen Episoden und befand sich in dauerhafter neurologischer Behandlung. Frau Weiler geht davon aus – und Aufzeichnungen ihres Mannes, die sie vor einiger Zeit fand, deuten darauf hin –, dass er selber schon früh Veränderungen spürte und möglicherweise auch seinen Neurologen darauf ansprach. Die Ergebnisse teilte er zum damaligen Zeitpunkt seiner Frau nicht mit. Bei mehreren Krankenhausaufenthalten aufgrund anderer körperlicher Erkrankungen verschlechterte sich die demenzielle Symptomatik ihres Mannes jeweils und führte zu entsprechenden Untersuchungen. Frau Weiler beschreibt den Moment, in dem sie von den Ärzten aktiv nach ihren Wahrnehmungen gefragt wurde (Erhebung der Fremdanamnese), als entscheidenden Wendepunkt. In diesem Moment wurde ihr deutlich, dass die Wahrnehmung und Fähigkeit ihres Mannes zur Selbstauskunft erheblich eingeschränkt waren; jetzt musste sie für ihn berichten und war dafür verantwortlich, ein umfassendes Bild der Situation zu ermöglichen.

Bis heute ist unklar, um welche Form der Demenz es sich bei Herrn Weiler handelt. Damit kann seine Ehefrau gut leben. Aus ihrer Sicht würde eine exakte Diagnose an der Lebenssituation ihres Mannes und an dessen Behandlung nichts ändern.

Im Gespräch teilt sie mit, dass sie aufgrund der schon lange bestehenden psychischen Erkrankung ihres Mannes Erfahrung in Uneindeutigkeit habe. Über lange Strecken der gemeinsamen Paargeschichte konnte sie nicht sicher einordnen, inwieweit kränkendes Verhalten ihres Mannes ihr gegenüber eher krankheits- oder beziehungsbedingt war. Diese Unklarheit blieb meist bestehen; dabei ist es beiden immer wieder gelungen, den Erhalt der Beziehung als wichtigsten Wert zu sehen. Rückblickend beschreibt Frau Weiler, dass in ihrer Paarbeziehung Konflikte eher selten ausgetragen wurden. Heute ist sie dankbar für die Fähigkeit, unterschiedliche Wahrnehmungen stehen zu lassen.

Fallbeispiel 3: Endlich Klarheit
Seit einigen Monaten fällt den Kindern von Frau Peters, 79 Jahre alt, auf, dass ihre Mutter vergesslicher geworden ist. Öfter mal ruft sie bei ihren Söhnen und Schwiegertöchtern an, um etwas zu klären, das schon längst geklärt ist. Auch Frau Peters selber registriert es und ärgert sich darüber. Wenn ihre Söhne sie darauf ansprechen, wiegelt sie allerdings ab und meint, das sei doch normal im Alter. Einschränkungen im Alltag gibt es bisher nicht. Frau Peters lebt alleine, die Söhne beide ca. 50 km

entfernt. Die Söhne, beide mit eigener Familie und beruflich stark eingebunden, sehen keine aktuelle Gefahr, aber sie fragen sich, wann ihre Mutter vergessen könnte, den Herd auszuschalten oder wann andere risikoreiche Verhaltensweisen auftreten. Die Schwiegertöchter sind der Meinung, dass unabhängig von möglichen aktuellen Gefahren eine Diagnostik erforderlich wäre. Frau Peters stimmt dem zögerlich zu.

Die Diagnostik erfolgt in der Gedächtnisambulanz eines gerontopsychiatrischen Zentrums und beinhaltet eine ausführliche Erhebung der Krankengeschichte aus Sicht von Frau Peters sowie des begleitenden Sohnes. Großes Interesse gilt dem Alltag von Frau Peters – wie sieht dieser aus, kann sie ihn noch selbständig gestalten, welches sind die Ressourcen? Anschließend erfolgt die medizinische Diagnostik.

Drei Wochen später erfolgt die Befundbesprechung. Die Vermutung einer demenziellen Erkrankung hat sich bestätigt, es liegt eine Alzheimer-Demenz vor. Die Ärztin lässt der Familie (diesmal sind beide Söhne mitgekommen) Zeit und wartet die Reaktionen und Fragen der Beteiligten ab. Im Vordergrund steht die aktuelle Lebenssituation und aus Sicht der Söhne die Frage, »was man noch machen kann«. Dabei wird deutlich, dass bezüglich der aktuellen Lebenssituation derzeit kein Handlungsbedarf besteht, dies aber in regelmäßigen Abständen überprüft werden sollte. Eine medikamentöse Therapie in Form sogenannter Antidementiva kommt aus medizinischen Gründen nicht in Frage. Was ihr allerdings sehr empfohlen wird, ist Ergotherapie. Hierfür erhält sie direkt eine Verordnung mit der Information. Außerdem wird Frau Peters ermuntert, ihren Freundeskreis weiter zu pflegen und ihre sportlichen Aktivitäten – sie geht schon seit vielen Jahren jede Woche mit Freundinnen wandern – weiterzuführen.

Ein halbes Jahr später: Frau Peters ist ganz begeistert von der Ergotherapie, der sie zunächst äußerst skeptisch entgegenstand – empfindet sie diese Stunden doch als freudige Herausforderung. Sie ist stolz auf das, was sie dort noch leisten kann, und erlebt, dass Fehler humorvoll genommen werden können. Die wöchentlichen Wanderungen hat sie natürlich beibehalten und ihren Freundinnen gesagt, dass das nun so etwas wie »Medizin« für sie sei. Daneben geht sie alle drei bis vier Monate zur Gedächtnisambulanz, wo sie sich gut aufgehoben fühlt. Für ihre Kinder sind diese Kontrolluntersuchungen sehr beruhigend – wissen sie doch, dass dort bei Bedarf auch neue Weichen gestellt werden können.

2.1.3 Mit der Krankheit leben lernen

Pflege ist mehr als körperliche Pflege und besonders Pflege von Menschen mit Demenz stellt Angehörige vor besondere Herausforderungen. Hedtke-Becker (1999; 2000b) unterscheidet deshalb die »objektive Last« von der »subjektiven Last«. Untenstehende Abbildung zeigt die objektive Last und gibt einen Hinweis darauf, dass das Vorliegen einer Demenz diese praktisch von Beginn an vergrößert (Abbildung 19).

	Hauswirtschaftliche Versorgung	Körperpflege	Fortbewegung	Toilettengang	Essen
Art der Hilfe gesamt	89%	75%	68%	50%	48%
Anteile bei Demenz	90%	81%	64%	55%	57%
Pflegestufe 1	94%	66%	61%	27%	29%
Pflegestufe 2	90%	80%	72%	59%	49%
Pflegestufe 3	86%	91%	81%	78%	77%

Abbildung 19: Wie pflegt Deutschland? (Quelle: DAK-Pflegereport, 2015, S. 30)

Auch wenn Menschen mit Demenz rein körperlich noch lange in der Lage sind, sich beispielsweise zu waschen und anzuziehen und ihren Haushalt zu versorgen, benötigen sie doch schon recht früh Begleitung und Anleitung in diesen Momenten. Die Diskrepanz zwischen dem, was eigentlich noch leistbar, aber in den Abläufen und Zusammenhängen nicht mehr zuverlässig umsetzbar ist, ist für pflegende Angehörige oft schwer auszuhalten. Neben dieser aktuell erlebten Diskrepanz müssen sie das Bild des Menschen, wie er früher war, mit dem in Übereinstimmung bringen, was heute ist. Das bedeutet, sich von alten Bildern und Erwartungen zu verabschieden und gleichzeitig offen zu sein für das, was diesen Menschen weiterhin ausmacht.

2.1.4 Demenz – der uneindeutige Verlust

Diese besondere Form der Beziehung und der Beziehungsänderung wird von Boss (2008) als »ambiguous loss« bzw. »uneindeutiger Verlust« beschrieben; uneindeutig, weil der bedeutsame Mensch sowohl noch da als auch nicht mehr da ist. Uneindeutig ist auch der Verlauf; wie rasch die Krankheit voranschreitet, wann der Betroffene klare Momente hat und wann nicht, wie lange die verbleibende Lebensspanne noch ist – all dies sind Fragen, die im Vergleich zu rein körperlichen schweren Erkrankungen nicht oder viel schwerer zu beantworten sind. So ist zwar statistisch nachweisbar, dass das Vorliegen einer Demenz die durchschnittliche Lebenserwartung reduziert. Diese Aussage hilft aber in keiner Weise im Hinblick auf den Einzelfall und berücksichtigt nicht den Verlust der Persönlichkeit, wie er von Angehörigen wahrgenommen wird.

Damit reiht sich diese Form des Verlusts ein in eine größere Gruppe von Verlusten, bei denen ein Mensch zwar körperlich anwesend, seelisch-geistig aber abwesend oder nicht zuverlässig anwesend ist, wie Depression, Sucht, Dissoziation u. a. Vergleichbar hiermit sind Situationen körperlicher *Ab*wesenheit bei geistig-seelischer *An*wesenheit beispielsweise durch die ausstehende Bestätigung des Todes bei Entführungen, vermissten Menschen nach Naturkatastrophen und Unfällen oder im Krieg. Im Gegensatz zu Todesfällen ist hier kein Abschluss, kein Begreifen (auch im Sinne der Berührung eines Toten) möglich. Boss (2008) zufolge stellt der uneindeutige Verlust die schwierigste Form des Abschieds und der Trauer dar; eine Trauer, die enorme Ressourcen verbraucht. Sie beschreibt dies auch als Hauptbelastungsfaktor pflegender Angehöriger (Boss, 2011a; Boss u. Bopp-Kistler, 2014). Noyes et al. (2010) greifen diesen Aspekt in ihrem Trauer-Stress-Modell auf.

Mit einem solchen nicht auflösbaren Widerspruch sind Herausforderungen verbunden (Boss, 2011a):
- Wir leben in einer Kultur, die Sicherheit will – Leben mit der Uneindeutigkeit ist nicht einfach.
- Mit einem Menschen mit Demenz zu leben, stellt auch einen chronischen Trauerprozess dar – ohne klaren Anfang und ohne klares Ende.

- Es geht nicht nur darum, die anstehenden Herausforderungen zu bewältigen, sondern einen Sinn in einer von keinem der Beteiligten gewünschten Situation zu finden.
- Es geht darum, Entscheidungsmöglichkeiten zu entdecken und Entscheidungen zu treffen, die es ermöglichen, im Chaos und beständigen Wechsel der Demenz irgendeine Form von Kontinuität zu finden.
- Es geht darum, Abwesenheit und Präsenz als koexistierende Faktoren zu begreifen.

Boss vergleicht diese Herausforderungen mit einer Hängebrücke, die sich im Idealfall Stürmen flexibel anpasst, ohne daran zu zerbrechen.

Mit dieser Idee werden Widersprüchlichkeiten im emotionalen Erleben pflegender Angehöriger nachvollziehbar. Polarisierungen erscheinen als vergeblicher Lösungsversuch, Klarheit dort herzustellen, wo sie nicht herstellbar ist. Ziel könnte es stattdessen sein, von einem Modus des Entweder-oder in einen Modus des Sowohl-als-auch zu kommen. Umso wichtiger wird Klarheit in Bereichen, in denen sie möglich ist, beispielsweise bei Fragen wie:
- Wann sind Zeiten, in denen der erkrankte Angehörige im Mittelpunkt steht, wann stehe ich/steht meine Familie/stehen meine Freunde im Mittelpunkt?
- Was ist vorhersehbar, was nicht?
- Wie können kleine Abschiede gestaltet werden?
- Wer ist für mich (als Angehöriger) da?

Ein Beispiel zur Gestaltung kleiner Abschiede:

Das Ehepaar Kuhn ist seit 48 Jahren verheiratet; Herr Kuhn ist 82, seine Frau 73 Jahre alt. Bei ihm wurde vor einigen Jahren eine Demenz vom Alzheimer-Typ diagnostiziert. Das Ehepaar hat keine Kinder und hat sich recht gut mit der Erkrankung arrangiert. An drei Tagen pro Woche besucht Herr Kuhn eine Tagespflege, an den anderen Tagen hat seine Ehefrau den Alltag weitgehend um seine Bedürfnisse herum organisiert.

Früher sind beide viel gereist, das haben sie in den letzten Jahren deutlich reduziert. Herr Kuhn kann sich auf neue Situationen nicht mehr so gut einstellen und wird dann eher unruhig. Was sie sehr verbindet, ist die Liebe zum Karneval. Sie sind Mitglied in einem großen Karnevalsverein und über viele Jahre gingen sie mit ihrer Garde im Zug mit. Das geht jetzt nicht mehr, aber ihr Mann genießt es immer noch, dem Zug zuzuschauen. Dabei stören ihn die vielen Menschen überhaupt nicht!

Vor einigen Jahren hatten beide die Möglichkeit, den Zug von einer Kutsche aus zu erleben. Dieses Erlebnis war sehr beeindruckend; wenn Frau Kuhn davon berichtet, leuchten jedes Mal ihre Augen. Gern würde sie dies noch einmal mit ihrem Mann erleben. Am allerschönsten wäre es natürlich im übernächsten Jahr – als Geschenk zur goldenen Hochzeit. Gleichzeitig sieht sie, dass die Krankheit ihres Mannes zwar langsam, aber stetig, voranschreitet, und es ist höchst unklar, ob ihr Mann dann noch in der Lage sein wird, an einer solchen Unternehmung teilzunehmen.

In der Abwägung zwischen dem Wünschenswerten und dem Machbaren fällt sie eine Entscheidung und fragt nach, ob beide bereits im kommenden Jahr in der Kutsche mitfahren könnten. Es geht!

Das Paar genießt diesen Tag. Auch Herr Kuhn, der vieles nicht mehr einordnen kann, spürt die Freude seiner Frau und die Stimmung rings um sie. In der Kutsche sind sie in einem geschützten Rahmen. Frau Kuhn erlebt diese Situation als ganz bewussten Abschied von einer besonderen Gemeinsamkeit. Wie oft sie in Zukunft noch zu Karnevalssitzungen gehen und dem Karnevalszug zusehen werden – das wird sich zeigen und muss dann von Fall zu Fall entschieden werden.

Ein anderer pflegender Angehöriger hat sich schon vor Längerem angewöhnt, Tagebuch zu schreiben. Am Ende eines schwierigen Tages und jetzt – nachdem seine Frau seit einiger Zeit im Pflegeheim lebt – nach jedem Besuch notiert er, was er erlebt hat. Ihm hilft das, kleine Abschiede zu gestalten und den Blick auf seine Frau wieder neu ausrichten zu können. Auf die Frage hin, was es ihm allgemein erleichtert, auch die schönen Momente zu sehen, gibt er das Tagebuchschreiben an. Weiterhin tue es ihm gut zu sehen, dass seine Frau im Pflegeheim gut versorgt ist.

Die Sorge für einen an Demenz leidenden Angehörigen kann Familien zusammenschweißen und ungeahnte Stärken sichtbar werden lassen. Sie hat aber genauso das Potenzial, Familien auseinanderzureißen. Nicht immer geht der Wunsch in Erfüllung, alle mögen an einem Strang ziehen und sich gegenseitig unterstützen. In diesem Zusammenhang etabliert Pauline Boss (2008, 2011a, 2014) den Begriff der »Wahlfamilie«. Damit verdeutlicht sie, dass möglicherweise nicht die leibliche Familie diejenige ist, die als unterstützend erlebt wird. Gleichwohl haben Angehörige die Wahl, ob sie in der Enttäuschung bleiben oder für sich überlegen, wen sie als unterstützend erleben und in Anspruch nehmen könnten.

Wenn es pflegenden Angehörigen gelingt, die Idee eines Sowohl-als-auch zu akzeptieren, so führt dies auch dazu, dass perfekte Lösungen nicht mehr angestrebt werden. Perfekte Lösungen sind in einem uneindeutigen Kontext nicht vorstellbar. Es geht um Lösungen, die »gut genug« sind, Lösungen der zweitbesten Art.

Das systemische Handwerkszeug eignet sich in besonderer Weise dafür, dieses Konzept in der Beratung zu veranschaulichen.

- *Skalierungen* machen deutlich, dass es zwischen »entweder« und »oder« sehr viel Raum gibt, der genutzt werden kann.
- Die *Frage nach Ausnahmen* vermittelt eine Idee davon, dass es wechselnde Plätze geben kann.
- *Zirkuläre Fragen* öffnen den Blick dafür, dass unterschiedliche Personen Positionen unterschiedlich wahrnehmen können.
- *Veränderungen der Position* können Hinweise auf Ressourcen geben.

In der Skalierung geht es nicht darum, möglichst »hoch« zu kommen, sondern die Skala auszufüllen, mit Leben zu füllen. Hierfür bietet sich das Bild einer Waage an. Es wird selten einen Moment geben, in dem sich diese völlig im Gleichgewicht befindet. Stattdessen geht es darum, beweglich zu bleiben und ein Gleichgewicht über die Zeit zu entwickeln.

Mit folgenden Gegensatzpaaren (nach Boss, 2011a, 2011b) kann beispielhaft gearbeitet werden (siehe Abbildung 20):

| ist da | **Mein/e Angehörige/r** | ist nicht mehr da |

| für mich | **Ich sorge** | für sie/ihn |

| ein Mensch mit eigenen Bedürfnissen | **Ich bin** | Pflegende/r |

| es wäre vorbei | **Ich wünschte** | er/sie wäre noch lange hier |

| glücklich über neue Träume | **Ich bin** | traurig über verlorene Träume |

Abbildung 20: Uneindeutigkeitskarte nach Boss (2008, 2011a, 2014)

Durch die Formulierung der Gegensätze können auch ansonsten oft tabuisierte Themen (»Ich wünschte, es wäre vorbei«, »Ich bin glücklich über einige neue Träume«) besprochen werden. Damit wird Normalisierung ermöglicht.

Die Balance einzuüben stellt eine wichtige Voraussetzung dafür dar, in Krisenzeiten, z. B. bei akuten Krankheiten, beim Übergang ins Pflegeheim oder in der Sterbephase da sein zu können. In solchen Zeiten neigt sich die Waage extrem zu einer Seite, der erkrankte Mensch steht radikal im Mittelpunkt. Ist es Angehörigen zuvor gut und oft genug gelungen, das Gleichgewicht immer wieder auszubalancieren und sich selbst nicht aus den Augen zu verlieren, dann werden sie solche Krisensituationen leichter aushalten können. Sie wissen und haben die Erfahrung gemacht, dass es auch wieder anders werden wird. Im Gegensatz dazu können solche Krisensituationen für Angehörige, die sich zuvor bereits über längere Zeit am Rande dessen, was leistbar ist – und damit auf einer Seite der Waage – befunden haben, zu dem Punkt werden, an dem »nichts mehr geht«. Zurück bleibt dann das Gefühl, versagt zu haben – obwohl so viel geleistet wurde.

2.1.5 Filiale Reife – parentale Reife

Gelingt es erwachsenen Kindern, in dieser Situation zu einem neuen und flexiblen Miteinander mit dem pflegebedürftigen Elternteil zu kommen, spricht man von »filialer Reife«. Dieser von Blenkner (1965) in Bezug auf die Eltern-Kind-Konstellation entwickelte Begriff wurde von Bruder (1988) weiterentwickelt und operationalisiert. Ihm zufolge besteht filiale Reife aus folgenden Teilaspekten:
- Einfühlungsvermögen in das Schwächerwerden der Elternperson,
- Verständnis für die wesentlichen positiven und negativen Prägungen durch die Elternperson,
- emotionale Autonomie,
- konstruktive Konfliktfähigkeit,
- Kontrollfähigkeit bei unangemessenen Schuldgefühlen,
- Fähigkeit zu einem fürsorglich-autoritären Führungsstil.

Gleichzeitig stehen erwachsene Kinder und ganz besonders Töchter vor Entwicklungsaufgaben in Bezug auf ihr eigenes Leben und die Beziehung zu sich selbst. Diese sind:
- Akzeptanz körperlicher Veränderungen aufgrund der biologischen Alterung
- Konfrontation mit der eigenen Endlichkeit
- Diskrepanz zwischen Lebensentwürfen und dem Erreichten
- Wiederaufleben unterdrückter Träume
- Aufgeben von Kindheitsillusionen
- Ablösung der Kinder, Veränderung der Partnerschaft, Bedürftigkeit der Eltern
- Spagat zwischen alten (elterlichen) und neuen Werten (vgl. Bisig-Theiler, 2013).

Dieser Entwicklungsprozess verläuft selten geradlinig und problemlos und wird deshalb auch als »filiale Krise« beschrieben, eingeleitet durch die Wahrnehmung des Älterwerdens und der Bedürftigkeit eines oder beider Elternteile. Bisig-Theiler (2013) beschreibt dies folgendermaßen:

»Psychologisch gesehen gehört die Auseinandersetzung mit dem Älter- und Schwächerwerden der Eltern sowie deren Tod zu den normativen Entwicklungsaufgaben von Kindern im mittleren Lebensalter. Diese Aufgabe bedeutet in erster Linie, sich der Endlichkeit des Lebens der eigenen Eltern bewusst zu werden, und ist geprägt von Ablösungs- und Abschiedsphasen. Sie impliziert aber auch eine zunehmende Konfrontation mit dem Abhängigwerden der Eltern und der damit verbundenen Notwendigkeit und Erwartung, Unterstützung zu leisten. Die damit assoziierte Neudefinition der Rolle als erwachsenes Kind schließt auch die Erkenntnis ein, dass die eigenen Eltern keinen Schutz mehr bieten können und nun selbst des Schutzes durch ihre erwachsenen Kinder bedürfen« (Bisig-Theiler, 2013, S. 14).

Aufgrund der zunehmenden Lebenserwartung in unserer Gesellschaft wird die Zeit der Beziehung zwischen erwachsenen Kindern und deren Eltern länger. Gleichzeitig stehen erwachsenen Kindern zunehmend weniger Geschwister und andere Verwandte zur Seite, mit denen sie sich die Pflege teilen können.

In ihrer »Untersuchung zur filialen Reife als Prädiktor der Belastung von erwachsenen pflegenden Kindern Demenzkranker« beschreiben Stiens, Maeck und Stoppe (2006) filiale Reife als wesentliche Voraussetzung gelingender familialer Pflege. Das subjektive Belastungserleben wird hierbei stark von der erlebten Wertschätzung durch den pflegebedürftigen Elternteil geprägt.

2.1.6 Filiale Reife – konstruktiver Umgang mit Scham

Marks (2013) beschreibt Scham als universelles, zum Menschsein gehörendes Gefühl. Sie stellt eine eigene Leistung der Person dar und beinhaltet einen Entwicklungsimpuls. Scham zu erleben regt einen Menschen dazu an, sein Verhalten so zu verändern, dass diese Situation möglichst nicht mehr erlebt werden muss. Hier geht es um die Wahrnehmung einer Differenz zwischen eigenen Idealen und Werten und persönlichem Verhalten. Davon abzugrenzen ist die Beschämung, die von außen zugefügte Scham. Ist die Beschämung zu groß bzw. erlebt sich ein Mensch als nicht mehr in der Lage, sein Verhalten so zu verändern, dass schamauslösende Situationen vermieden werden können, dann muss Scham abgewehrt und an andere delegiert werden.

Wird das Fallbeispiel von Frau Döring und ihrer Tochter Frau Heine aus Kapitel 1.1.5 unter dem Aspekt der Scham betrachtet, so ermöglicht dies folgendes Verstehen: Frau Döring, die ihr Portemonnaie nicht mehr findet, erlebt eine Differenz zwischen ihrem Selbstideal (»Ich kann für mich sorgen«, »Ich habe alles im Griff«) und der Realität. Eine solche Erfahrung wird von Hilgers (2013) als Abhängigkeits- und Inkompetenzscham bezeichnet. Im Sinne eines Entwicklungsimpulses könnte sie genutzt werden, um Strategien zum Umgang mit solchen Situationen zu entwickeln, sich beispielsweise einen festen Platz für das Portemonnaie zu überlegen, um es immer wieder zu finden. Viele Menschen in der frühen Demenz tun genau dies. Sie entwickeln Strategien, die es ihnen ermöglichen, trotz kognitiver Einschränkungen ihr Leben über weite Strecken aufrechtzuerhalten.

Biografisch gehört Frau Döring zur Generation der Kriegskinder. Sie ist in Köln aufgewachsen, und es ist davon auszugehen, dass sie Erfahrungen von großer Hilflosigkeit und Ausgeliefertsein erlebt hat, die nun wieder aktiviert werden. Diese Erfahrungen konnte sie während ihres Erwachsenenlebens weitgehend vermeiden. Die Tochter Frau Heine beschreibt die Mutter als jemanden, der viel geschafft und aufgebaut hat und immer möglichst unabhängig sein wollte. Das »sich auf Andere verlassen« und damit das Zeigen von Schwäche fand nur im engsten Familiensystem statt. Zu zwei noch lebenden Geschwistern hat Frau Döring bereits vor vielen Jahren den Kontakt abgebrochen. Jetzt zu erleben, dass sie sich nicht mehr auf sich verlassen kann, scheint für sie nur aushaltbar, indem sie diese Scham abwehrt.

Ihre Tochter reagiert darauf, indem sie die Scham nicht durch Konfrontation vergrößert, sondern die Situation normalisiert.

Hierzu schreibt Hilgers: »Bei akuter Scham werden die höheren Gehirnfunktionen durch das sogenannte primitive ›Reptilienhirn‹

in den Hintergrund gedrängt. Das Nervensystem ist ganz darauf ausgerichtet, der Angstquelle zu entkommen. Unser Verhalten ist reduziert auf primitive, unbewusste Schutzmechanismen: Angreifen, Fliehen oder Verstecken, Verschwinden, den Wunsch, im Erdboden zu versinken. Damit versucht das Ich, sich – akut – vor existenzieller Angst zu schützen. Weil Scham so schmerzhaft ist, springen wir in eine andere, weniger unerträgliche Verhaltensweise, um die Scham nicht spüren zu müssen« (Hilgers, 2013, S. 153).

Das Spektrum der Handlungsmöglichkeiten reduziert sich dramatisch. Nach außen gerichtet stehen Frau Döring folgende Möglichkeiten zur Verfügung:
- Projektion auf andere,
- Beschämung, Verachtung, Ausgrenzung,
- Negativismus, Zynismus,
- Arroganz,
- Trotz, Wut und Gewalt.

Nach innen – auf sich gerichtet – umfasst dies:
- Anpassung, Disziplin, Sich-Kleinmachen bis zur Selbstaufgabe,
- Leugnen von Fehlern, Rechtfertigungen,
- Ehrgeiz, Perfektionismus,
- Beziehungsabbruch, emotionale Erstarrung,
- Sucht.

Bei Frau Döring sehen wir als Abwehrreaktion die Projektion auf andere. Damit kann sie ihr Selbstbild aufrechterhalten (Integrität wahren) und sich in der Gesellschaft weiter anerkannt fühlen.

Im vorliegenden Fallbeispiel gelingt dies, indem die Tochter nicht auf das Versagen der Mutter (Portemonnaie wiederholt verlegt) hinweist, sondern ihr anbietet, gemeinsam mit ihr noch einmal in Ruhe nach dem Portemonnaie zu schauen. Frau Dörings Erklärung wird auf diese Weise weder in Frage gestellt noch bestätigt; sie kann ihr Selbstbild wahren. Aufgegriffen wird die emotionale Information, etwas Wichtiges verloren zu haben. Durch die gemeinsame Suche erlebt sich Frau Döring wieder als kompetent und zugehörig.

Frau Heine steht in solchen Momenten vor der Herausforderung, Schwächen ihrer Mutter zu akzeptieren, deren Bedürfnisse zu sehen und vielleicht sogar deren Ressource zu erkennen: Frau Döring hat in früheren Jahren krisenhafte Konfliktsituationen – beispielsweise mit ihren Geschwistern – durch Kontaktabbruch »gelöst«. Jetzt zeigt sie in einer neuen krisenhaften Situation ein anderes Muster: Projektion auf andere. Durch den wertschätzenden Umgang der Tochter mit dieser Situation gelingt es beiden, in Beziehung zu bleiben und die Mutter nicht bloßzustellen. Frau Heine zeigt die bereits beschriebene filiale Reife. Die Rollenverteilung zwischen Mutter und Tochter verändert sich und bleibt flexibel.

Diese Flexibilität gilt es immer wieder neu zu trainieren, wie folgendes Beispiel der beiden Frauen zeigt:

Frau Heine hat schon lange Urlaub mit ihrem Mann geplant und fragt sich, wer in dieser Zeit nach ihrer Mutter, Frau Döring, sehen könne. Die Mutter hält dies für unnötig, kann sich aber darauf einlassen, als es Frau Heine gelingt, ihr deutlich zu machen, dass sie als Tochter dieses Bedürfnis hat.

Frau Heine hätte gern, dass ihre Mutter die Notwendigkeit einsieht, mehr Hilfe anzunehmen. Mit dieser Haltung stellt sie ihre Ansicht als »richtig« dar. Gegen eine solche Sichtweise wird sich Frau Döring zur Wehr setzen. Sie wird sich bevormundet fühlen und dies als komplette Rollenumkehr wahrnehmen. Übernimmt die Tochter dagegen Verantwortung für sich, indem sie offen lässt, ob Frau Döring wirklich diese Unterstützung benötigt, aber deutlich macht, dass es ihr als Tochter den Urlaub leichter und entspannter werden ließe, wird aus der grundsätzlichen Frage ein Gespräch über konkrete Möglichkeiten.

Indem ein höheres Maß an Unterstützung für eine Ausnahmesituation vereinbart wird, hat Frau Döring die Möglichkeit, eine neue Erfahrung zu sammeln und im Anschluss ggf. selbst zu entscheiden, ob sie diese Hilfe auch längerfristig annehmen möchte. Auf diese Weise werden die Bedürfnisse beider Frauen gesehen.

Für Frau Heine bedeutet dies, dass aus dem ursprünglich häufig formulierten Satz »Ich möchte, dass meine Mutter mehr Hilfe annimmt, damit es ihr besser geht« der Satz wird: »Ich möchte, dass meine Mutter mehr Hilfe annimmt, damit es mir besser geht.« Dies kann Frau Döring oft annehmen, da es nicht mit dem Eingeständnis ihrerseits verbunden ist, zunehmend hilfebedürftiger zu werden. Gleichzeitig übt sich Frau Heine in diesem Aushandeln darin, nicht optimale Zustände zu akzeptieren – die »ausreichend gute Lösung« reicht aus (Boss, 2001b).

Nach Haarmann (2012) gibt es in der Mutter-Tochter-Beziehung zwei Grundformen:
- eine sehr nahe Beziehung, die Nähe und Zuwendung gibt, aber den Raum der Tochter zum Wachsen und zur Entwicklung der Persönlichkeit beschneiden kann;
- eine distanzierte Beziehung, die für die Tochter die Möglichkeit in sich birgt zu wachsen und ihr Leben frei zu gestalten, aber Nähe und Bindung vermissen lässt.

Frau Heine und Frau Döring haben bisher eher eine distanzierte Beziehung gelebt. Es gab regelmäßige Kontakte, aber wenig emotionalen Austausch. In einem späteren Gespräch beschreibt Frau Heine ihre Mutter als »harten Knochen« – einen Menschen, der wenige Gefühle zulassen konnte. Beiden ging es ganz gut mit dieser »Beziehung auf Abstand«. Frau Heines wesentliche emotionale Beziehung ist ihre Familie und ganz besonders ihre Paarbeziehung.

Jetzt – mit dem Deutlichwerden kognitiver Einschränkungen und der Bestätigung durch die Diagnose – nehmen die Berührungspunkte zu. Gegenseitige Erwartungen und Vorstellungen müssen immer wieder neu ausgehandelt werden. Ein neues, sich ständig veränderndes Gleichgewicht muss gefunden werden mit Übernahme von Verantwortung für die Eltern, Wahrung eigener Interessen und ohne Schuldgefühle (Stiens u. Stoppe, 2005).

2.1.7 Pflegende Angehörige – mehr als eine Zweierbeziehung

Pflegende Angehörige bewegen sich nicht nur im Spannungsfeld eigener Interessen versus Interessen des Pflegebedürftigen. Sie sind Teil verschiedener Systeme, die es auszutarieren gilt. Wenn Boss (2011a, 2014) den uneindeutigen Verlust als Hauptbelastungsfaktor in Pflegebeziehungen mit Menschen mit Demenz beschreibt, so hat sie dabei nicht nur den Spagat zwischen Fürsorge für den Angehörigen und Selbstfürsorge im Auge, sondern auch die Balance der Systeme. Neben den aktuell relevanten Systemen ist auch die generationenübergreifende Perspektive bedeutsam. Hedtke-Becker (1999) beschreibt den Wunsch nach Wiedergutmachung im Sinne einer Generationengerechtigkeit neben Pflichtgefühl und Nächstenliebe als wesentliche Motivation zur Übernahme von Pflege. Behr (2013) verweist unter Bezugnahme auf Boszormenyi-Nagy und Spark (2001) explizit auf diese Mehrgenerationenperspektive, die sich auch konkret auf die Gestaltung der Pflege auswirkt. Ihrer Meinung nach haben es »Pflegefachkräfte […] nicht nur mit dem zu Pflegenden, sondern mit einem größeren komplexen System zu tun. Die Auftraggeber sind in der Regel die Angehörigen, der Partner, die Tochter oder der Sohn. Sie verhandeln mit dem Pflegedienst. Diese wiederum sind an einer individuell ausgestalteten Pflege interessiert. ›Unsichtbar‹ sind noch mehr Menschen, mindestens drei Generationen – manchmal in konträrer Weise – an der Aushandlung des Pflegevertrages beteiligt, mit dem Ziel, keine unerledigten Aufträge für die nachfolgende Generation entstehen zu lassen. Damit kann ein Ausgleich für den Verdienst geschaffen werden, den die Eltern- und Großelterngeneration erworben hat. Wird dies in die Betrachtungen mit einbezogen, könnte beispielsweise gefragt werden: ›Wer außer Ihnen ist noch daran interessiert, dass Ihre Mutter/Ihr Vater von uns gepflegt wird? Was ist ihm/ihr besonders wichtig?‹« (Behr, 2013, S. 284).

Mit diesem Blick auf die Mehrgenerationenperspektive wird die Betrachtungsweise familiärer Beziehungen um eine bedeutsame (familien-)historische Dimension erweitert.

Wenn Steiner-Hummel (2000) auf die Paradoxie verweist, dass angebotene Hilfen die Gefahr beinhalten, von pflegenden Angehörigen als Beleg für ihr eigenes Versagen gesehen werden, dann hat sie damit beide Betrachtungsweisen im Blick. Das innere Arbeitsmodell dessen, was gute Pflege bedeutet und wann es gerechtfertigt sein kann, Hilfe anzunehmen, ist sowohl biografisch als auch aktuell geprägt. Barthel entwickelt hieraus die Frage: »Was können Pflegekräfte der ambulanten Pflege tun, damit die pflegenden Angehörigen mehr Unterstützungsleistungen in Anspruch nehmen und somit vor Überlastung geschützt werden?« (Barthel, 2008, S. 16). Sie fordert eine Sensibilität im Umgang mit der Familie, deren Einbeziehung in Entscheidungen und Arbeitsabläufe und einen Blick auf Angehörige, der diese nicht nur im Hinblick auf die Pflegetätigkeit, sondern auch in ihrer je eigenen Lebenswelt und Beziehungsgestaltung wahrnimmt.

Mit der Beschreibung von professioneller Pflege als »Dienstleistung im Auftrag der nachfolgenden Generation« (S. 284) schafft sie einen hilfreichen Verstehens- und Deutungszugang. Die Inanspruchnahme von Dienstleistungen stellt in diesem Kontext eine besondere Form der Fürsorge dar, die den Generationenvertrag nicht außer Acht lässt. »Der Generationenvertrag beinhaltet jedoch nicht nur, dass die erwachsenen Kinder für ihre Eltern sorgen, sondern ihre Liebe gilt besonders ihren eigenen Kindern und auch auf diese Weise wird der Generationenvertrag erfüllt. Alte Menschen haben ihr Leben gelebt und die Kinder müssen es noch leben und benötigen auf ihre Weise Bindung und Begleitung« (S. 284).

2.1.8 Krisensituationen in der Pflege

Neben der Bewältigung des Alltags über einen nicht vorhersehbar langen Zeitraum gibt es Situationen, die als besonders krisenhaft erlebt werden. Dies kann die Einbeziehung eines ambulanten Pflegedienstes sein, wenn dies in der subjektiven Wahrnehmung Pflegender als Versagen angesehen wird. Stratmeyer (2005) beschreibt diesen Moment als »Eintritt in eine neue Kaskadenstufe der Bewältigung« (S. 25). Nach Barthel erfordert dieser Umstand »[…] eine Sensibilität im Umgang mit der Familie, was für professionelle Pflegekräfte bedeutet, neben der pflegerischen Arbeit zusätzlich notwendige psychosoziale und kommunikative Kompetenzen bereit zu halten. Gerade im Bereich der ambulanten Pflege geht es nicht nur um die Versorgung und Beratung der Pflegebedürftigen. Es geht hier um Dreiecksbeziehungen, die von den Pflegekräften stets eine Einbeziehung der pflegenden Angehörigen in Entscheidungen und Arbeitsabläufe nötig macht« (Barthel, 2008, S. 17). Der fehlende Blick auf das gesamte Pflegesystem ist nach Purkis und Ceci (2015) ein wesentlicher Faktor, der erklärt, weshalb jahrzehntelange Forschung über die Belastungen pflegender Angehöriger keine wirklichen Verbesserungen brachte.

Eine ganz besondere Krisensituation stellt die Beendigung ambulanter und der Übergang in stationäre Pflege dar. Viele pflegende Angehörige möchten dem Erkrankten trotz und mit seinen Einschränkungen das vertraute Umfeld, sein Zuhause erhalten. Damit entsprechen sie nicht nur einem persönlichen Bedürfnis, sondern auch kulturellen Normen im Sinne einer familiären Verpflichtung. Gelingt dies nicht, steht der mit dem Übergang in stationäre Pflege objektiv sinkenden Pflegebelastung das subjektiv belastende Gefühl entgegen, in einem zentralen Punkt versagt zu haben (Ugolini, 2006).

Am Beispiel der bereits bekannten Protagonisten Frau Döring und Frau Heine wird in folgendem Fallbeispiel der Entscheidungsprozess zum Übergang in stationäre Pflege beleuchtet:

Frau Döring hat vor einigen Monaten einen Schlaganfall erlitten. Sie ist jetzt körperlich sehr eingeschränkt und die Demenz hat sich weiter verschlechtert. Es ist klar, dass sie nach der Entlassung nicht mehr in der Lage sein wird, sich alleine zu versorgen. Das gefürchtete Wort »Pflegeheim« steht im Raum. Frau Heine als mittlerweile gesetzliche Betreuerin und als diejenige, die ihrer Mutter am nächsten steht, hat Angst, eine Entscheidung zu treffen. Sie berät sich mit ihrem Mann und gemeinsam gehen sie mögliche Optionen durch. Vielleicht könnten sie die Mutter zu sich ins Haus nehmen; die Zimmer der beiden erwachsenen Kinder stehen ja leer. Vielleicht wären sogar die Kinder bereit, sich mit zu engagieren. Beide leben mit ihren Familien in räumlicher Nähe.

Frau Heine ist hin und her gerissen – die Vorstellung, dass die ganze Familie zusammenhält, um der Mutter bzw. Großmutter »das Heim«

zu ersparen, stellt Herausforderung und Ansporn für sie dar. Gleichzeitig hat sie in den vergangenen Monaten erlebt, wie schwierig sich der Spagat zwischen Sorge für die Mutter, eigener Berufstätigkeit und eigener Familie gestaltet. Würde das leichter, wenn die Mutter bei ihr im Haus wohnen würde? Oder würden sich die Konfliktmomente eher häufen? Könnten sie überhaupt die nach dem Schlaganfall erforderliche Pflege gewährleisten? Will und darf sie ihre Kinder mit in die Pflicht nehmen? Und ihren Mann?

Im Krankenhaus trifft sie auf eine verständnisvolle Ärztin. Diese schlägt ihr vor, alle Beteiligten an einen Tisch zu holen, um die Situation aus verschiedenen Blickrichtungen zu betrachten. Sie bietet an, dieses Gespräch zu moderieren. Die Familie könne sich auch gern im Besprechungsraum auf Station treffen.

Nach kurzem Zögern nimmt Frau Heine dieses Angebot an, ein Termin wird vereinbart. Das Gespräch erweist sich als sehr hilfreich und klärend. Die Hauptbetroffene, Frau Döring, ist nach dem Schlaganfall noch nicht in der Lage, daran teilzunehmen, wird aber vorab darüber informiert. Während des Gesprächs legt die Stationsärztin regelmäßig Wert darauf, dass die Beteiligten nicht nur ihre je eigene Sicht darstellen, sondern ganz besonders überlegen, was Frau Döring wohl dazu sagen, wie sie Verschiedenes wahrnehmen würde und wie sie sich möglicherweise früher dazu geäußert hat.

Am Ende des Gesprächs bittet Frau Heine um Zeit, alles in Gedanken nochmals durchgehen zu können. Am Folgetag stimmt sie zu, dass ein Pflegeheimplatz für ihre Mutter gesucht wird.

Frau Heine hatte Glück. Sie traf auf eine Ärztin, die mehr sah als die medizinisch-pflegerische Perspektive und die Zeit und Raum zur Verfügung stellte, um diese Entscheidung in einer guten Weise fällen zu können. Damit setzt sie Gedanken der systemischen Familienmedizin um (Altmeyer u. Kröger, 2003; McDaniel, Hepworthy u. Doherty, 1997), die dafür plädiert, den Menschen in seinen Bezügen auch ins Blickfeld der Medizin zu rücken – auch und gerade in Momenten der stellvertretenden Entscheidungsfindung. Hierfür hat sich mittlerweile in vielen Krankenhäusern bei Fragen zu lebensverlängernden Maßnahmen eine Kultur der ethischen Entscheidungsfindung in Form von Fallbesprechungen etabliert. Bei weniger brisanten Fragestellungen wie der beschriebenen hängt es dagegen oft vom Engagement Einzelner ab, ob eine solche Kultur möglich wird.

Frau Heine erlebt im Familiengespräch, dass sie zwar juristisch weiterhin alleinverantwortlich bleibt für notwendige Entscheidungen bezüglich ihrer Mutter, dabei aber nicht alleine steht. Es gibt Möglichkeiten, solche Entscheidungen auf ein tragfähiges Fundament zu stellen. Sie kann ihre eigenen Ambivalenzen deutlich machen, ihr persönliches Unterstützungsnetzwerk mit seinen Möglichkeiten und Grenzen erfahren und gemeinsam mit allen Beteiligten tragen, dass es in solchen Momenten nur Lösungen gibt die »ausreichend gut« (Boss, 2011b) sind. Abbildung 21 verdeutlicht das Spannungsfeld, in dem sich diese Entscheidung für Frau Heine abspielt.

Abbildung 21: Spannungsfeld Frau Heine

Beim Übergang in stationäre Pflege verliert nicht nur die Erkrankte ihr Zuhause, auch für pflegende Angehörige kann in diesem Moment ein »Zuhause« verloren gehen – sei es das Elternhaus oder die Wohnung, in der ein Elternteil im Alter lebte. Wurde der pflegebedürftige Mensch zuletzt in der Häuslichkeit des Angehörigen betreut, so kann diese Situation umgekehrt einen Wiedergewinn von »Zuhause« bedeuten. Sie kann aber auch als »Kündigung«, »Rausschmiss« eines sorgebedürftigen Angehörigen wahrgenommen werden.

Verantwortung wird spätestens jetzt nicht mehr durch persönlich erbrachte oder in Zusammenarbeit mit einem Pflegedienst geleistete Pflege übernommen, sondern kann nur noch begleitend und kontrollierend wahrgenommen werden. Das alltägliche Miteinander ändert sich. Die Selbstverständlichkeit, mit der bisher Besuche möglich waren, wird durch Öffnungszeiten und gemeinschaftliche Aktivitäten im Pflegeheim eingeschränkt. Dies kann sowohl entlastend wie belastend sein. In jedem Fall benötigen Angehörige Zeit, um sich mit dieser veränderten Situation einzurichten, wie sich im Fortgang der Geschichte von Frau Döring und Frau Heine zeigt.

Nach einer mehrmonatigen Eingewöhnungsphase im Heim tritt bei Frau Heine Entspannung ein. Sie stellt fest, dass sie sich auf die Besuche bei ihrer Mutter freut. Sie erlebt es als befreiend, nicht mehr für die alltägliche Versorgung der Mutter zuständig zu sein, sondern »nur noch Tochter« sein zu dürfen. Als wesentliche »Tochteraufgabe« empfindet sie den Erhalt der gemeinsamen Geschichte und der emotionalen Beziehung, die sich jetzt zu vertiefen scheint. Wenn die Mutter von früher erzählt, dann kann sie daran anknüpfen; im Gespräch mit der Pflege hilft sie den Mitarbeitern, ihre Mutter auch in ihrer ganz eigenen Biografie zu verstehen. Sie erlebt, dass der »harte Knochen« – wie sie ihre Mutter früher beschrieb – weich und liebevoll geworden ist. Die früher distanzierte Mutter wünscht sich Nähe und genießt sie. Die Beziehung zwischen Mutter und Tochter bleibt nicht nur, sie wächst.

Diese Wahrnehmung hilft ihr in der Folge auch zu verarbeiten, dass die Mutter sie anfangs gelegentlich, später häufiger nicht mehr als Tochter erkennt und zeitweilig ihren Namen vergisst. Gleichzeitig erfährt sie vom Pflegepersonal, dass für die Mutter alles, was mit »Elisabeth« (ihrem Vornamen) verbunden ist, große Bedeutung hat. Dies ermöglicht ihr zu erkennen, dass sie für die Mutter – unabhängig davon, mit welchem Namen bzw. in welcher Rolle diese sie anspricht – eine ganz wichtige Person bleibt, die von der Mutter mit der Vorstellung von Sicherheit und Liebe verbunden ist.

Lange leidet Frau Heine darunter, dass ihre Mutter sich zwar jedes Mal über ihren Besuch freut, aber beim Abschied immer traurig und enttäuscht ist. Das Gefühl, es nicht »gut genug« machen zu können, besteht. Nur schrittweise kann sie das Recht der Mutter, traurig und enttäuscht zu sein, anerkennen – ohne sich für diese Gefühle verantwortlich fühlen zu müssen.

2.1.9 Der endgültige Abschied

Die letzte Lebensphase von Menschen mit Demenz ist gekennzeichnet durch die Verschlechterung und teilweise krisenhafte Entwicklung von Begleiterkrankungen wie Herz- und Lungenerkrankungen, aber auch Verletzungen durch Stürze und Ähnliches. Die Funktionsfähigkeit der Immunabwehr nimmt ab, der Appetit lässt nach und Nahrung kann immer weniger verwertet werden. Die weit fortgeschrittene Demenz erfordert stellvertretende Entscheidungen für einen Menschen, der sich nicht mehr selbst dazu äußern kann (Becker u. Bollig, 2011; Kojer u. Schmidl, 2016). Es gilt – wie in Kapitel 1.1.11 dargestellt – den mutmaßlichen Willen zu erfassen. Angehörige sind in diesen Situationen doppelt gefordert – als Nahestehende und häufig auch als juristisch Bevollmächtigte – und erleben sich nicht selten hin und her gerissen zwischen dem Wunsch, diesen Menschen noch lange bei sich zu behalten, und der Bereitschaft, ihn gehen, d. h., sterben zu lassen.

Frühzeitige Gesprächsangebote vonseiten der Institution erleichtern es Angehörigen, sich auf solche Situationen vorzubereiten. Das Für und Wider eines Krankenhausaufenthaltes, einer künstlichen Ernährung u. a. kann in Ruhe abgewogen werden. Der sich häufig über einen langen Zeitraum hinziehende Sterbeprozess stellt Angehörige vor die Herausforderung, auch mit dieser Phase der Unsicherheit umzugehen und gleichzeitig den endgültigen Abschied vor Augen zu haben. Ugolini schreibt hierzu:

»Das Leben ist gelebt, die Beziehung ist in dem Augenblick nicht mehr zu verändern und damit ist auch keine Wiedergutmachung mehr möglich. Man kann sich nicht mehr vornehmen, ab morgen anders miteinander umzugehen. Diese Endgültigkeit kann je nach Beziehung ebenfalls als Belastung erlebt werden. Am Schluss bleiben dann vielleicht noch Schuldgefühle, weil man gern noch etwas wieder gut gemacht hätte. Möglicherweise entsteht auch dann noch der Wunsch nach Versöhnung oder das Bedürfnis, noch etwas zu sagen oder auch vom Sterbenden noch etwas zu hören, was einem aufgrund des fortgeschrittenen Sterbeprozesses versagt bleibt.

Es steht wohl außer Zweifel, dass Angehörige in dieser Phase noch einmal der besonderen Begleitung bedürfen, um diese Situation bewältigen und ein positives Abschiednehmen erleben zu können« (Ugolini, 2006, S. 35).

2.2 PAARE UND DEMENZ

Luitgard Franke gebührt Anerkennung für die 2005 von ihr vorgelegte umfangreiche Analyse, in der sie die verwirrende Gleichzeitigkeit von Partner- und Pflegebeziehung darstellt.

Sie verweist auf die Besonderheiten, die die Paarbeziehung im Gegensatz zur Eltern-Kind-Beziehung auszeichnet:
- Es ist eine selbstgewählte Beziehung, die auf der Person gründet.
- Die Paarbeziehung stellt im Gegensatz zur Eltern-Kind-Beziehung eine dyadische Beziehung dar, angelegt auf Gleichrangigkeit. Durchgängige Asymmetrie ist ihr nicht eigen.
- Die Paarbeziehung stellt üblicherweise die wesentliche und bedeutsamste Beziehung der Partner dar. Wird sie erschüttert, hat das meist erhebliche Auswirkungen auf das Selbst.

Im Allgemeinen leben Paare in einer gemeinsamen Wohnung, teilen also ihren räumlichen und sozialen Lebensmittelpunkt. Während in der Eltern-Kind-Beziehung eine natürliche (räumliche) Trennung vorgesehen ist, ist die Paarbeziehung auch räumlich auf Dauer und Gemeinsamkeit angelegt. Während die Motivation pflegender Kinder häufig auf einer Idee von Gerechtigkeit und Ausgleich beruht – die Eltern waren für die Kinder da, als diese darauf angewiesen waren;

jetzt ist es umgekehrt –, stellt der Wechsel von einer Paar- in eine Pflegebeziehung Paare vor die Herausforderung, die Beziehungsstruktur in ein neues – asymmetrisches – Verhältnis zu bringen und gleichzeitig die bedeutsamste Beziehung als Paar teilweise und Schritt für Schritt zu verlieren. Es kommt zu einer schleichenden Rollenveränderung. Das individuell ausgehandelte und gesellschaftlich erwartete gemeinsame Muster des Miteinanderlebens kann so nicht weitergelebt werden. Der Prozess des gegenseitigen Gebens und Nehmens gerät in Schieflage. Damit gehen die wesentlichen konstituierenden Elemente der Paarbeziehung verloren. Neue Muster müssen mühsam erarbeitet und gestaltet werden. Zahlen zu steigenden Trennungs- bzw. Scheidungsraten bei Demenz liegen nicht vor, und es gibt auch keine Hinweise, dass dem so ist. Viele Partner und Partnerinnen nehmen die Herausforderung der Fürsorge und Pflege an. Anstelle einer einmaligen Trennung kommt es zu einem langsamen Abschied und im günstigsten Fall zu einer positiven Neudefinition der Beziehung. Die Partner befinden sich über einen langen und in seiner Dauer nicht vorhersehbaren Zeitraum in einer Situation des uneindeutigen Verlusts (Boss, 2008, 2011a; Boss u. Bopp-Kistler 2014) bzw. des Transits, also einer Übergangsphase (van Gennep, Schomburg-Scherff u. Schomburg, 1999). Trotz der Erfahrung des kognitiven Abbaus, des schrittweisen Verlusts früherer Fähigkeiten des Erkrankten erleben viele Partner weiterhin ein Gefühl von Zusammengehörigkeit und Reziprozität – auch dann und ganz besonders, wenn infolge institutioneller Pflege die gemeinsame Wohnung nicht mehr aufrechterhalten werden kann (Førsund, Skovdahl, Kiik u. Ytrehus, 2014). Diesen Widerspruch, dessen Ausprägung von Moment zu Moment wechseln kann, gilt es auszuhalten.

Die Rollenunklarheit, von Boss als »uneindeutiger Verlust« beschrieben (2008, 2011a, s. auch Kap 2.1), trifft Paare in einer sehr umfassenden Weise. Pflegende erwachsene Kinder, die in einer eigenen Partnerschaft leben und häufig eine eigene Familie haben, können in einer solchen Situation auf diese zurückgreifen und damit neben der Erfahrung der Uneindeutigkeit in Bezug auf den demenziell erkrankten Elternteil auch Eindeutigkeit in unterschiedlichen anderen Rollen – als Ehepartner, als Elternteil, als Kollegin – erfahren. Pflegende Partner hingegen erleben Deprivation und Bedrohung der Identität. Die alltägliche partnerschaftliche Validation, d. h. die gegenseitige Bestätigung als Partner und Partnerin, geht verloren. Scham führt häufig zum sozialen Rückzug und damit zu einer weiteren Reduktion von Erfahrungen von Eindeutigkeit und Wertschätzung auf Augenhöhe.

Ein konstituierendes Element der Paarbeziehung – die gemeinsame Entwicklung – kann bei Vorliegen einer Demenz immer weniger gelebt werden (Franke, 2005). Meuser und Marwit (2001) beschreiben die Trauer, die diesen Abschiedsprozess ohne Abschluss beendet, folglich als eher paarfokussiert und weniger ichbezogen als bei pflegenden Kindern. Nicht nur ein geliebter Mensch, auch ein Lebensentwurf geht verloren. Was bleibt, ist die gemeinsame Vergangenheit. Auf diese kann allerdings nicht mehr zuverlässig zugegriffen werden, da der betroffene Partner Vergangenheit mit zunehmend fortschreitender Erkrankung nicht mehr als historische Vergangenheit, sondern als gegenwärtig erlebte Erinnerungsstücke erlebt. Die gemeinsame Geschichte wird damit brüchig (Førsund et al., 2014).

Parallel zu diesen Herausforderungen für den sorgenden Partner erlebt der Betroffene die Veränderungen der eigenen Person als zutiefst verunsichernd und beschämend. Nur selten sind diese Gefühle besprechbar; häufig fallen sie in eine Phase, in der die Diagnose noch nicht gestellt ist, der nicht erkrankte Partner die Veränderungen (noch) nicht bemerkt, ignoriert oder als Ausdruck einer gestörten Beziehung interpretiert (Stiens, 2009).

Sexualität als Ausdruck größtmöglicher Intimität bleibt hiervon natürlich nicht unberührt. Unter Berücksichtigung der erheblichen Variationsbreite sexueller Aktivität im Alter berichtet die Mehrheit der Paare, bei denen ein Partner an einer Demenz erkrankt ist, von deutlich reduzierter sexueller Aktivität. Eine kleine Gruppe gibt (deutlich) erhöhte sexuelle Aktivität an, meist auf Initiative des an Demenz erkrankten Mannes. Diese Angaben beziehen sich nicht nur auf den eigentlichen Akt des Geschlechtsverkehrs, sondern auch auf Gesten der Zuneigung und Zärtlichkeit (Wright, 1993).

Die Gründe für Veränderungen der sexuellen Aktivität sind vielfältig. Einzelne Formen der Demenz, hier sei besonders die Frontotemporale Demenz erwähnt, gehen teilweise mit erhöhtem sexuellen Interesse einher (Schneider-Schelte, 2017a). Für pflegende Partner ist es schwierig, einerseits die Fürsorgerolle zu übernehmen und u. U. körperliche Pflege bis in die Genitalregion zu übernehmen und gleichzeitig den zu pflegenden Partner als sexuell attraktiv zu erleben. Für andere Paare wiederum stellt die Sexualität einen letzten Ort der Paarbeziehung dar; einen Ort, an welchem Emotionalität und Körperlichkeit erlebt werden können und kognitive Defizite weniger zum Tragen kommen. Für viele Partner wirkt die eingeschränkte Fähigkeit des Erkrankten, seine Wünsche und Bedürfnisse mitzuteilen, verunsichernd. Die Sorge, unbeabsichtigt sexuell übergriffig zu werden, lässt sie in der Äußerung eigener sexueller Bedürfnisse und Wünsche zurückhaltender werden. Gelingt es der gesunden Partnerin, sich von der Liebesbeziehung zu verabschieden und zu einer Beziehung der Zuneigung und Fürsorge zu gelangen, können Gesten der Zuneigung und Zärtlichkeit mit veränderter Bedeutung erhalten bleiben. Erfolgt die Übernahme der Pflege eher aus einem Gefühl der Verantwortung und der ethischen Verpflichtung heraus, so ist die Wahrscheinlichkeit hoch, dass auch diese Gesten verschwinden.

Für die Beratung hat Franke (2005) aus ihren Untersuchungen vier Themenfelder der Beratung identifiziert (siehe Abbildung 22), die sie wie folgt beschreibt:

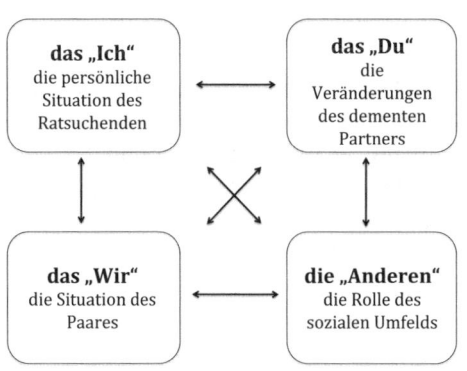

Abbildung 22: Themenfelder in der Beratung von Ehegatten Demenzkranker (nach Franke, 2005, Abbildung 31, S. 278)

Während Frankes Ausführungen zufolge die Themenfelder »das Ich« und »das Du« auch für pflegende Kinder relevant sind, stellt die Kategorie »das Wir« die Besonderheiten der Partnerbeziehung bei Demenz in den Mittelpunkt. Bei »den Anderen« werden häufig die Kinder erwähnt, die meist unterstützend, teilweise aber auch konfliktbehaftet erlebt werden. Andere, weiter entfernte Mitglieder des sozialen Umfelds werden eher selten erwähnt. Dabei können gerade sie eine wichtige Rolle als Brückenbauer spielen. Sie kennen den Erkrankten von früher und können möglicherweise an alte gemeinsame Themen anschließen. Auch können sie Veränderung mitgestalten und so unterstützend sein. Eine besondere Bedeutung haben sie für den pflegenden Partner, indem sie diesem seine persönliche Kontinuität bestätigen. Trotz aller Veränderungen gibt es dann gemeinsame Erlebnisse, auf die zurückgegriffen werden kann; alte Rituale werden gepflegt und die Person bzw. Persönlichkeit des Pflegenden wird unabhängig von der Pflegebeziehung gesehen. In diesen Momenten ist ein kurzzeitiger Ausstieg aus der permanenten Uneindeutigkeit der veränderten Paarbeziehung möglich.

Eine Beratung, die in erster Linie die Entlastung des pflegenden Partners im Auge hat, ohne die Paarbeziehung zu würdigen, greift von daher zu kurz (Wacker, 2011).

2.2.1 Pendeln zwischen Paar- und Pflegebeziehung

Paarbeziehungen sind auf Gleichrangigkeit und Reziprozität angelegt. Die Demenzerkrankung eines Partners stellt diese Basis zunehmend in Frage. Im frühen Stadium der Demenz, wenn Pflege im engeren Sinn noch nicht relevant ist, ist es die Veränderung der Persönlichkeit, des gemeinsamen Alltags, die irritierend wirkt und den Menschen ohne Demenz schwanken lässt zwischen der Interpretation irritierenden Verhaltens als Beziehungsaussage oder als Krankheitssymptom.

Franke verweist beispielhaft auf die Situation, in der eine Ehefrau gegen den Willen des Partners mit Demenz dessen Konto bei der Bank sperren lässt. Das ist im Kontext einer Pflegebeziehung möglicherweise sinnvoll und erforderlich, im Kontext der Paarbeziehung illoyal. Sie plädiert dafür, die Ehefrau »dabei zu unterstützen, das Skript einer Pflegebeziehung nicht nur für die Entscheidung anzuwenden, sondern es in diesem Fall auch für die Bewertung ihres Tuns beizubehalten« (Franke, 2005, S. 332).

Hilfreich ist es ihrer Ansicht nach, im Konstrukt »Paarbeziehung« zwischen Liebe und Partnerschaft zu differenzieren (siehe Tabelle 1).

Tabelle 1: Kennzeichen von Liebe und Partnerschaft (nach Riehl-Emde, 2003, S. 44)

Liebe	Partnerschaft
Anfang und Ende bewusst nicht beeinflussbar, »Himmelsmacht«, nicht vertragsfähig	bewusstes Ein- und Austreten (z. B. juristische Form der Ehe, Scheidung)
Irrationalität	Vernunft, Verständnis, dauerhafte Kooperation
Bedingungslosigkeit; Ansprüche sind nicht ableitbar: Es wird nichts geschuldet	Bedingungen werden ausgehandelt, Kompromisse geschlossen, Ansprüche abgeleitet, Regeln festgelegt
Verzicht auf Gerechtigkeit	Anspruch auf Gerechtigkeit
Verzicht auf Gleichberechtigung	Anspruch auf Gleichberechtigung (egalitär, symmetrisch)
Verzicht auf Herrschaftsfreiheit: Überwältigung/freiwillige Unterwerfung	Anspruch auf Herrschaftsfreiheit
kein Tauschhandel; Gabentausch	Austauschverhältnis: Leistung – Gegenleistung
funktionsspezifisches Sinnangebot	funktionsunspezifisches Sinnangebot

Manchen Partnern ohne Demenz gelingt es, den Partner bzw. die Partnerin mit Demenz auch bei fortgeschrittener Erkrankung als den und die zu sehen, der er bzw. sie war. Es gibt eine gemeinsame Geschichte und basierend auf dem Gefühl der Liebe die Fähigkeit, die Persönlichkeit des demenzbetroffenen Partners auch in kleinen und kleinsten Momenten noch zu entdecken (Wacker, 2011; Riehl-Emde, 2006). In diesem Zusammenhang stellt Wacker die Frage, ob die Begleitung eines demenziell erkrankten Partners als große Geste der Liebe zu verstehen ist.

Diesem Idealbild stehen in der Realität viele sorgende Partner gegenüber, die mit fortschreitender Krankheit ihres Partners nicht mehr von Liebe sprechen können, sondern stattdessen ihre Beziehung neu definieren, z. B. als freundschaftliche Zuneigung (Riehl-Emde, 2003).

Partnerschaft ist in der frühen Demenz im Allgemeinen noch lebbar. Aber wann ist sie beendet? Dieser Prozess verläuft schleichend mit einer langen Phase der Uneindeutigkeit. Diese Uneindeutigkeit (Boss, 2011a, 2011b; Boss u. Bopp-Kistler 2014) zu verdeutlichen, die Idee des »Gut genug ist gut genug!« einzubringen und zwischen Liebes- und Partnerschaftsbeziehung zu differenzieren, sind hilfreiche Themen der Beratung. Kommt ein Paar zu einem frühen Zeitpunkt der Erkrankung, so kann diese Entwicklung vorausschauend besprochen werden. Hierbei geht es nicht nur um die großen Themen, wie sie in Patientenverfügungen angesprochen werden, sondern auch um die kleinen alltäglichen Aspekte. Wie kann das Paar damit umgehen, wenn der Partner ohne Demenz irgendwann erschöpft ist und eine Pause braucht; wenn die Partnerin ohne Demenz keine Geduld hat für sich häufig wiederholende Fragen – und wenn die häusliche Versorgung aus ihrer Sicht nicht mehr möglich sein wird? An diesen Fragen wird die Asymmetrie der Beziehung deutlich. Wann solche Situationen ggf. eintreten werden, ist nicht absehbar und abhängig vom subjektiven Belastungserleben des pflegenden Partners; wie damit umgegangen wird, kann im Frühstadium der Erkrankung gemeinsam überlegt und entschieden werden. Auf diese Weise kann teilweise gelebte Partnerschaft in veränderter Form auch in Spätphasen der Erkrankung noch gelebt werden.

2.2.2 Chancen und Entwicklungsherausforderungen

Auch wenn die Belastungen infolge der Demenzerkrankung eines Partners immens sind, soll der Blick auf die der Krankheit innewohnenden Ressourcen sowie die damit verbundenen Chancen und Entwicklungsherausforderungen ganz besonders in der frühen Phase der Demenzerkrankung gelenkt werden.

Das führende Symptom einer demenziellen Erkrankung ist die kognitive Störung. Emotionalität und Bindungsbedürfnis von Menschen mit Demenz bleiben dagegen erhalten und gewinnen zunehmend an Bedeutung, gern beschrieben mit dem Slogan »Das Herz wird nicht dement«. Mehr und ungefilterte Emotionalität kann als Ressource für die Paarbeziehung gesehen werden, wie dies bereits in Bezug auf Sexualität beschrieben wurde. Ändert sich die bisherige Rollenverteilung, bedeutet dies neben einem Zuwachs an Aufgaben für den gesunden Partner auch die Übernahme von Verantwortung in Bereichen, in denen bisher gemeinsam oder vom erkrankten Partner Verantwortung übernommen wurde. Viele Partnerinnen wachsen an dieser Herausforderung. In einer Generation, die mit klassischen Geschlechterrollen aufgewachsen ist, kann die Demenzerkrankung des Partners bedeuten, dass ein pflegender Ehemann den Raum nutzt, einen bisher unbekannten Zugang zu seinen eigenen Emotionen findet und in liebevoller Weise seine erkrankte Frau betreut. Es kann bedeuten, dass das Selbstbewusstsein einer pflegenden Ehefrau in der Auseinandersetzung mit Kranken- und Pflegekassen wächst und es manchen Paaren gelingt, in dieser Lebensphase eine ganz besondere Form der Liebe und der Verbundenheit zu erfahren (Taylor, 2008).

Mit einem besonderen Blick auf Paare im Stadium der frühen Demenz beschreibt Wacker Demenz als Chance in der Partnerschaft, durch Veränderung der Beziehungsgestaltung ein neues Beziehungsgleichgewicht zu entwickeln (Wacker, 2011; Jellouschek, 2003). Bezogen auf die die Paarbeziehung charakterisierenden Polaritäten »Autonomie und Bindung«, »Bestimmen und Sich-bestimmen-Lassen« sowie »Geben und Nehmen« formuliert sie die Herausforderungen und Chancen wie folgt:

Autonomie und Bindung: Paarbeziehungen sind charakterisiert durch eine sogenannte »sekundäre Vertrautheit« im Gegensatz zur primären Vertrautheit in der Eltern-Kind-Beziehung. Diese Form geht mit fortschreitender Erkrankung verloren, das Bedürfnis nach primärer Vertrautheit wächst. Autonomie als eigenständiges Bedürfnis tritt hinter das Bindungsbedürfnis zurück. Insbesondere bei Entscheidungen, die den erkrankten Partner ganz persönlich betreffen, besteht beim Partner ohne Demenz häufig die Angst, diesen zu bevormunden und seine Autonomie einzuschränken. Dieser Unsicherheit steht das Bedürfnis von Menschen mit Demenz entgegen, sich auf bedeutsame Menschen verlassen zu können. Ein besonders sensibler Punkt stellt in diesem Zusammenhang die Entscheidung zur institutionellen Betreuung dar (Ugolini, 2006, s. auch Kap. 2.1). Spätestens zu diesem Zeitpunkt wird gefühlt einseitig die Trennung vollzogen. Gegebene Versprechen, einen solchen Schritt nie in Erwägung zu ziehen, können möglicherweise nicht mehr eingelöst werden. Dies kann eine tiefe Kränkung für beide Partner bedeuten.

In dieser Situation stellen sich Fragen wie:
- Gelingt es dem Partner mit Demenz, trotz des zunehmenden Angewiesenseins auf andere, für ihn relevante Bereiche der Autonomie zu wahren? Werden diese Räume ermöglicht? Und kann er Schwäche und Angewiesensein annehmen und sich weiterhin als bedeutsam erleben?
- Gelingt es dem sorgenden Partner, das zunehmende Nähebedürfnis des Partners mit Demenz als Erfahrung von Intimität zu erleben und sich gleichzeitig Freiräume zu erhalten? Ist der Sorgende in der Lage, bei zunehmendem Verlust sekundärer Vertrautheit in der Paarbeziehung enge Beziehungen zu anderen Menschen zu stärken?

Bestimmen und Sich-bestimmen-Lassen: In jeder Partnerschaft gibt es ein eingespieltes Gleichgewicht zwischen diesen Polen. Wacker (2011) beschreibt dies als Wippe, die ständig in Bewegung ist. Die Erkrankung verändert den Rhythmus und das Gleichgewicht und bedroht damit die bisherige Stabilität. Die gewohnten und eingespielten Muster geraten in Bewegung und werden im günstigsten Fall flexibler (Jellouschek, 2010). Gelingt es dem Partner ohne Demenz, die eigene bestimmende und dominante Seite zu stärken und dabei die eigene Bedürftigkeit nicht aus dem Auge zu verlieren? Gelingt es der Partnerin mit Demenz, sich bestimmen und leiten zu lassen ohne sich selbst zu verlieren? Ist das Paar in der frühen Demenz bereit und in der Lage, sich mit Vorausverfügungen zu beschäftigen und damit Selbstbestimmung auch in späteren Krankheitsphasen erlebbar zu machen?

Geben und Nehmen: Gegenseitiges Geben und Nehmen schafft Bindung und Intimität. Mit fortschreitender Erkrankung wird der Austausch einseitiger. Gelingt es dem Sorgenden, die Zeichen der Zuneigung des Erkrankten als Geschenk zu sehen? Kann Freude geteilt werden – auch über kleine Dinge? Kann »einfach nur da sein« – ein Leitgedanke der Hospizbewegung – als wertvolles Geschenk gesehen werden?

Und bei all diesen Aspekten stellt sich die Frage, ob »gut genug« als »gut genug« angesehen werden kann (Boss, 2008, 2011a, 2011b).

Hilfreich ist die Sichtweise der Demenzerkrankung als »gemeinsamem Dritten« (Jellouschek, 2010); ein Gedanke, der in der systemischen Familienmedizin mit der Idee der Krankheit als »ungebetener Gast« korrespondiert (Altmeyer u. Kröger, 2003). Eine solche Sichtweise ermöglicht dem Paar Gemeinsamkeit und Verbundenheit (Thimm, 2008).

Wacker (2011) beschreibt es als besondere Herausforderung für die Beratenden, dieses Entwicklungspotenzial nicht zu ignorieren, auch wenn es angesichts des Fortschreitens der Erkrankung »umsonst« erscheinen mag.

2.2.3 Bewältigungsmuster

In der Reaktion auf die Belastungen und Entwicklungsherausforderungen beschreiben Chesla, Martinson und Muwaswes (1994) drei verschiedene Bewältigungsmuster von Paaren:
- Paare, die die Kontinuität der Beziehung noch finden und weiterhin betonen;
- Paare, die die Beziehung als kontinuierlich, aber radikal verändert wahrnehmen, und
- Paare, die keinen Bezug zur Beziehung vor der Demenz herstellen können.

Einflussfaktoren auf diese Muster sind den Autoren zufolge u. a. folgende:
- die Paarbeziehung vor Eintritt der Erkrankung,
- störende Verhaltensweisen infolge der demenziellen Erkrankung,
- frühere Erfahrungen und Umgangsweisen mit Uneindeutigkeit,
- Vorhandensein eines sozialen Netzes sowie
- die gesundheitliche Situation des pflegenden Partners.

Riehl-Emde (2003) unterscheidet bezüglich der Paarbeziehung vor Eintritt der Erkrankung zwischen »fundierenden« und »kontrapräsentischen« Liebesgeschichten und definiert die darin enthaltenen Mythen wie folgt:
- »fundierend: Das Gegenwärtige wird in das Licht einer Geschichte gestellt, die immer noch gilt, möglicherweise sogar in die Zukunft hineinwirkt. Der Mythos lässt das Gegenwärtige bedeutsam (sinnvoll, gottgewollt, notwendig, unabänderlich) erscheinen.
- kontrapräsentisch: Das Gegenwärtige wird als defizitär beschrieben und erfahren. Der Mythos hebt das Fehlende, Verschwundene, Verlorene, an den Rand Gedrängte hervor und macht den Unterschied zwischen einst und jetzt beobachtbar. Die erinnerte Geschichte stellt das Gegebene infrage und ruft zu einer Veränderung auf« (Riehl-Emde, 2003, S. 187).

Neben den paarspezifischen unterschiedlichen Bewältigungsmustern verändern sich die Muster auch über die Zeit und den Krankheitsverlauf. In ihrer Untersuchung »Constructing togetherness throughout the phases of dementia« finden Førsund, Kiik, Skovdahl und Ytrehus (2016) im stationären Kontext drei Phasen über die Zeit hinweg. Sie gehen der Frage nach, wie es gelingen kann, Erfahrungen von Gemeinschaft auch dann aufrechtzuerhalten, wenn es zu einer räumlichen Trennung gekommen ist und der erkrankte Partner in einem Pflegeheim lebt. Ihren Angaben zufolge können drei Kategorien von Verhaltensweisen beschrieben werden, die sich zu den Phasen der Demenz in Beziehung setzen lassen:

- *Erste Phase:* Die Partner versuchen, Verbundenheit weiter zu leben. Der Hauptort hierfür ist das Zimmer des/der Erkrankten. Während sexuelle Intimität an Bedeutung verliert, stellen Umarmungen und Küsse in der Privatheit des Zimmers wichtige Formen der Verbundenheit dar. Daneben haben gemeinsame Autofahrten eine hohe Bedeutung. Auch das Auto stellt einen abgeschlossenen Raum dar, in welchem Störungen deutlich besser als im Pflegeheim ausgeschlossen werden können. Auf diese Weise können bedeutsame Momente entstehen, die an das gemeinsame Leben vor der Erkrankung anknüpfen. Die Zweisamkeit der Beziehung wird auf die neue Umgebung übertragen und ein gewisses Maß an Privatheit bleibt erhalten.
- *Zweite Phase:* Die Strukturierung der Besuche im Pflegeheim gewinnt immer größere Bedeutung; Austausch und Gemeinsamkeit nehmen ab und sind stark von der Tagesform des erkrankten Partners abhängig. Entsprechend werden Zeit und Häufigkeit der Besuche an die Möglichkeiten des Partners mit Demenz angepasst. Die Treffen finden häufiger in Gemeinschaftsräumen statt. Der Schwierigkeit des Abschieds wird oft dadurch begegnet, dass Besuche so gelegt werden, dass der Abschied mit einer Aktivität im Pflegeheim zusammenfällt.
- *Dritte Phase:* Viele Partner reduzieren die Häufigkeit ihrer Besuche in der letzten Phase der Demenz. Austausch und Gemeinsamkeit sind kaum noch möglich. Trotzdem stellen die Besuche eine Form dar, Kontinuität in der Beziehung erlebbar zu machen. Ein wichtiger Aspekt der Besuche besteht darin, auf eine gute Pflege des Betroffenen zu achten. Die Unterstützung durch andere Familienmitglieder bzw. Mitarbeiter vor Ort wird als hilfreich erlebt. Kleine Momente der Gemeinsamkeit wie die Freude über eine Blume oder das kurzzeitige Erinnern von Namen gewinnen an Bedeutung.

In Abbildung 23 werden diese Phasen vereinfacht grafisch dargestellt.

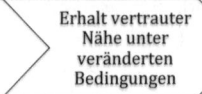

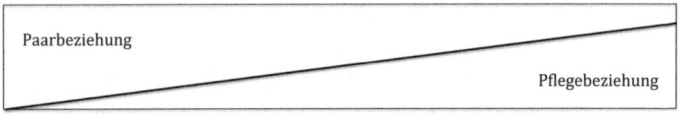

Abbildung 23: Beziehungsänderung in Abhängigkeit von den Phasen der Demenz (nach Førsund et al., 2016)

Längst nicht immer verändert sich das Verhältnis zwischen Paar- und Pflegebeziehung so linear wie in Abbildung 23 dargestellt. Es ist gekennzeichnet von vielen Schwankungen. Und auch wenn es in hohem Maße abhängig ist vom Stadium der Erkrankung, spiegelt es immer auch die individuellen Bedürfnisse beider Partner und deren Paargeschichte. Entsprechend brauchen gerade (Ehe-)Partner von Menschen mit Demenz nicht nur Entlastungsangebote, sondern auch Angebote, die sie weiterhin Gemeinsamkeit erleben lassen (Unadkat, Camic u. Vella-Burrows, 2017; Areum u. Radel, 2016).

2.2.4 Pflegende (Ehe-)Männer

Es wurde bereits darauf hingewiesen, dass das Schlagwort »Pflege ist weiblich« die pflegenden Männer leicht aus dem Blick geraten lässt. Ganz überwiegend sind es Ehemänner, die die Partnerinnenpflege übernehmen; in den letzten Jahren ist allerdings auch ein Zuwachs pflegender Söhne zu verzeichnen. Letztere stellen gewissermaßen einen blinden Fleck in der Forschungslandschaft dar, sodass sich die folgenden Aussagen in erster Linie auf pflegende männliche Partner beziehen.

Nach Hammer (2014) pflegen Männer mit einer großen Selbstverständlichkeit und sehen die Pflege ihrer Partnerin als Erfüllung des gegebenen Versprechens »in guten wie in schlechten Zeiten«. Da unterscheiden sie sich nicht von pflegenden Frauen. In Organisation und Bewältigung von Pflege zeigen sich dagegen Unterschiede. In dem Bedürfnis, für beide den Alltag aufrechtzuerhalten, scheinen Männer eher als Frauen bereit, auch peinliche Situationen auszuhalten und kreative Lösungen zu finden (Domdey, 2015). Intimpflege wird häufiger mit Humor genommen.

Viele Männer sind stolz auf die neu entwickelten Fähigkeiten in Haushaltsführung und Pflege. Ein Ehemann berichtet, dass er sich nun regelmäßig Kochsendungen anschaut und dann Gerichte nachkocht. Pflege sehen Männer häufig als Ausgleich und Dank an ihre Partnerin, die ihnen in früheren Jahren durch die hauptsächliche Übernahme der Sorge für Kinder und Haushalt die berufliche Karriere ermöglichte. Wenn es ihnen gelingt, diese Herausforderung zu bewältigen, so empfinden sie dies oft als Bereicherung.

Das Internet ist gerade für viele Männer eine wichtige Informationsquelle, um sich über pflegerelevante Themen zu informieren. In Angehörigengruppen treffen sie hingegen überwiegend auf Frauen und fühlen sich dort oft nicht so gut aufgehoben.

Die gesellschaftliche Erwartung an Männer, Pflege zu übernehmen, ist geringer als Frauen gegenüber. Männer sind es häufig aus beruflichen Kontexten auch stärker gewöhnt, Aufgaben zu delegieren. Dies mögen zwei der Gründe sein, weshalb professionelle Hilfe von Männern häufiger in Anspruch genommen und von der Gesellschaft »akzeptiert« wird. Gleichzeitig gibt es die Männer, die scheinbar sowohl emotional als auch pflegerisch mit allem alleine fertig werden und damit in Gefahr geraten, seelisch und körperlich an ihre Grenzen zu kommen (Hammer, 2014).

Ein pflegender Ehemann beschreibt, wie er damit umgeht, dass sich seine Frau im Pflegeheim in einen anderen Mann (der wie seine Frau an Demenz leidet und denselben Vornamen wie er hat) verliebt hat.

»Es gibt jetzt zwei ›Jürgen‹ – den einen und den anderen. Damit kann meine Frau gut leben und ich gewöhne mich langsam auch daran. Ich merke ja bei jedem Besuch, dass ich immer noch ganz wichtig für meine Frau bin. Seit sie sich im Heim eingelebt hat, ist sie auch viel liebevoller zu mir. Mit dem ›anderen‹ Jürgen, den sie jeden Tag sieht und mit dem sie ihren Alltag erlebt, mit dem schimpft sie viel mehr. Aber der vergisst es ja gleich wieder.«

2.3 SICH SELBST VERLIEREN – DIE INNENPERSPEKTIVE

Dieses Kapitel widmet sich den Äußerungen von Menschen mit Demenz über ihre Erfahrungen mit sich selber und ihrer Umgebung. Zeugnisse von den Erfahrungen demenzbetroffener Menschen finden sich zum einen in Erzählungen und Romanen, z. B. bei Bernlef (1989), Farkas (2013) oder Suter (1999). Sie bilden den Erzählstoff für Geschichten über schicksalhafte Wendungen in Liebesbeziehungen oder auch Intrigen und verbrecherische Machenschaften.

Andere Zugänge zu Innenansichten demenzieller Erfahrungen sind beispielsweise Interviews und Berichte von Betroffenen, die von professionellen Helfern dokumentiert werden, z. B. Snyder (2011), Baer und Schotte (2009). Dazu kommen Vorträge und Selbstzeugnisse von Demenzerkrankten im Internet, z. B. von Rohra (2017).

Eine wesentliche Quelle dieses Kapitels sind die Interviews mit Demenzbetroffenen, die Snyder (2011) seit 1994 geführt hat, um ihnen eine Stimme zu geben und von ihnen zu lernen. Sie hat die Interviews im häuslichen Umfeld ihrer Interviewpartner gemacht, vor allem um die Betroffenen in ihrem Lebensumfeld und nicht primär unter dem Aspekt ihrer Erkrankungen darzustellen, wie es häufig in professionellen Umgebungen geschieht.

Die unterschiedlichen Innenansichten bestehen aus kleinen episodischen Berichten und Erzählungen. Sie ermöglichen einen Blick auf die jeweils einmalige und besondere Art und Weise, in der Betroffene ihrer Erfahrung von Demenz begegnen und wie sie damit umgehen. In allen kurzen Schilderungen lassen sich jedoch auch Themen finden, die alle gleichermaßen betreffen, etwa die ersten Anzeichen von Veränderungen, die Diagnose und die Reaktionen darauf. Da die Interviews die Betroffenen zumeist über einen längeren Zeitraum begleitet haben, war es auch möglich zu hören, welcher Umgang mit Demenz sich im Laufe der Zeit entwickelt hat und welche Bewältigungsformen bedeutsam wurden.

Die Bezeichnung »Innenansichten« ist ein Sprachbild, d.h., die Ansicht muss geäußert, in Sprache übersetzt werden, damit sie verstanden werden kann. Aus diesem Grund werden die metaphorischen Beschreibungen, die in den Äußerungen der demenzbetroffenen Personen zu finden sind, besonders beachtet: Durch Beschreibungen ist die eigene Erfahrungswelt, wenn überhaupt, am besten metaphorisch zu erfassen und wiederzugeben[7]. Metaphern verbinden etwas Vertrautes mit etwas Unbekanntem. Sie ermöglichen damit ein empathisches und mitfühlendes Verständnis von Erfahrungswelten, die ansonsten verschlossen bleiben. Sie können eine bedeutende Verstehenshilfe sein, wenn es z.B. darum geht, die Botschaften hinter (problematischen) Verhaltensweisen zu lesen (Aarts, 2005).

Ohne die Wirkkraft von bildhafter Sprache gäbe es keine Romane und erst recht keine Poesie. Sprachbilder rufen innere Bilder, Ein-Bildungen hervor und stellen so ein Pendant zu den äußeren Bildern dar, die beispielsweise in der Marte-Meo-Arbeit eine Rolle spielen.

Die Beschreibungen von Innenansichten demenzieller Erfahrungen sind so vielfältig wie die betroffenen Menschen und ihre Biografien. Sie sind Zeugnisse von der Einmaligkeit und Individualität der jeweiligen Persönlichkeiten. Auf dem Titel vom Interviewband Snyders ist dies symbolhaft in einem Bild ausgedrückt: Es zeigt neun zerbrochene Fenster. Sie sind alle zerbrochen, zeigen aber in den Lücken und Bruchlinien ein unverwechselbares Muster, ähnlich einem Fingerabdruck.

2.3.1 Erste Anzeichen, die Diagnose und die Reaktionen

In den Interviews sind die ersten Anzeichen der demenziellen Entwicklung zumeist von einer Anhäufung von größeren oder kleineren Missgeschicken, Unfällen und Versagenserlebnissen geprägt. Die

---

[7] Neuere neurolinguistische Arbeiten belegen die eminente Bedeutung von Sprachbildern in der menschlichen Kommunikation (Lakoff u. Johnson, 2014; Wehling, 2016).

damit verbundenen Erfahrungen werden von Verstörungen, Unsicherheiten, aber auch von Angst und Scham begleitet.

Eine Interviewpartnerin (Snyder, 2011) berichtet von einer unfallträchtigen Situation im Autoverkehr: »*Ich hätte links abbiegen müssen, fuhr aber einfach weiter geradeaus in den entgegenkommenden Verkehr. Ein Polizist winkte mich an den Straßenrand, und ich sagte ihm, ich wusste nicht, wie es dazu hatte kommen können. Ich hatte diese Straße schon oft benutzt und nie Probleme gehabt. Es war seltsam und sehr beängstigend. [...] Ich bin seitdem nicht mehr selbst Auto gefahren*« (S. 43).

Ein anderer Interviewpartner erzählt: »*Wir hatten gute Freunde in Wien zu Besuch, und ich brachte keinen einzigen Ton heraus. Es geschah ganz plötzlich und war ziemlich peinlich. Ich war kaum in der Lage, ihnen die Gegend zu zeigen, weil ich Gedächtnisausfälle hatte*« (S. 63).

Eine weitere Betroffene: »*Wenn ich telefoniere, fällt mir oft meine Adresse nicht ein. Auf meinem Schreibtisch liegt immer ein Zettel mit meinem Namen, meiner Adresse und so weiter. [...] Die Liste wird immer länger. Je nervöser ich werde, desto weniger bringe ich heraus. Wenn mich beispielsweise einer fragt: ›Auf welcher Seite der Straße befinden sie sich?‹ Dann bin ich einfach fertig. Ich kann vor lauter Stress nicht reagieren*« (S. 87).

Noch eine Stimme: »*Als es anfing, habe ich oft etwas vergessen. Wenn Erika mich bat, etwas einzukaufen, vergaß ich, was ich kaufen sollte, und brachte etwas ganz anderes mit. Ich tat Dinge, die ich früher nie getan hatte, und war ganz anders als früher*« (S. 110).

Dieser Interviewpartner wählt folgende Metaphern, mit der er die Erfahrung, von Demenz betroffen zu sein, charakterisiert: »*Es kommt nicht plötzlich und trifft einen direkt am Kopf, sondern es schleicht sich hinterrücks an. Es ist richtig heimtückisch*« (S. 110). »*Der Verlust meines Führerscheins war für mich so, als hätte man mir den Arm abgeschnitten. Ich habe etwas verloren, was ein Teil von mir war*« (S. 108).

An diesen Beschreibungen wird deutlich, welche Kränkung für den Betroffenen mit den krankheitsbedingten Einschränkungen einherging. Seine Erkrankung ist für ihn wie ein heimtückischer Angriff auf seine Person und Identität.

Bei einer anderen Interviewten mit plötzlichem Gedächtnis- und Erinnerungsausfall benutzt Snyder die Metapher eines plötzlichen Stromausfalls. »*Manchmal übersteht man ihn unbeschadet. Manchmal macht die Dunkelheit Angst und führt uns vor Augen, wie abhängig wir davon sind, dass die Schaltungen einwandfrei funktionieren und wir uns auf unser Gedächtnis verlassen können*« (S. 91).

Ein Betroffener, der sein Leben lang als Zeitschriftenredakteur mit Texten gearbeitet hat, leidet an einer expressiven Aphasie. »*Es ist schwer für mich, nicht mehr lesen, schreiben und sprechen zu können, aber ich glaube, dass es eine wichtige Therapie für mich ist, dass andere von meinen Erfahrungen profitieren können*« (S. 60). Der Verlust der Möglichkeit, sich mitzuteilen, ähnelt für Mitbetroffene der Erfahrung, ein Buch zu lesen, von dem an unterschiedlichen Stellen wichtige Seiten fehlen.

Eine Interviewte erzählt, wie einschneidend die Mitteilung der Diagnose erlebt wird: »*So etwas möchte ich nicht nochmal erleben. Der Neurologe befragte mich zuletzt. Er war nicht besonders einfühlsam und sagte nur, dass es immer schlimmer werden würde. […] Er war lediglich dafür da, mein Problem zu diagnostizieren, und nicht, um auf meine Gefühle einzugehen. Ich war ihm völlig egal. Seitdem hasse ich ihn*« (S. 44).

Im weiteren Verlauf folgt ein Hinweis darauf, wie die Betroffene ihre Ressourcen als Bewältigungsmöglichkeiten nutzt: »*Aber ich gehe dahin mit Gottes Gnade*« (S. 44).

Eine ähnliche Erfahrung berichtet ein anderer Betroffener. »*Mit 54 Jahren wurde ich als inkompetent abgestempelt, obwohl ich mein Leben lang gute Arbeit geleistet hatte. Der Psychologe, der mich untersuchte, sagte, dass mir das Arbeiten oder Autofahren mit der Zeit immer schwerer fallen würde. Ich war am Boden zerstört. […] Diese Zeit der Erstdiagnose war in diesem ganzen Prozess an bedrückendsten für mich. Ich fragte mich, ob das Leben überhaupt noch einen Sinn hatte*« (S. 65).

Eine sehr verbreitete Erfahrung der Betroffenen ist eine tiefgreifende Frustration und Wut, die sich gegen sich selber oder wechselweise auch gegen die Menschen in der Umgebung richtet. Diese Wut kann sich mit Schuldgefühlen, eine Belastung für den Partner zu sein, abwechseln. »*Die arme Erika muss jetzt Autofahren und sich auch sonst um alles kümmern. […] Ich wünschte, ich könnte mehr tun, damit sie nicht die ganze Last zu tragen hat. […] manchmal mache ich Erika absichtlich das Leben schwer. Ich glaube, es liegt daran, weil ich lieber selbst etwas tun würde, als mir von jemandem sagen zu lassen, was ich machen soll. Ich bin wie ein kleiner Junge. Ich habe eine Mami, die auf mich aufpasst. Das ist kein gutes Gefühl*« (S. 111f.).

Der Interviewpartner beschreibt aber auch eine positive Veränderung in der Beziehung zu seiner Frau: »*Erika ist meine beste Freundin. Wir wachsen immer mehr zusammen. Ich mache ihr das Leben schwer, aber es ist nicht böse gemeint. Sie ignoriert es einfach. Ich glaube, ich lasse nur etwas Dampf und Frust ab. […] ich habe Glück, dass ich sie habe. Es gibt nicht so viele Erikas*« (S. 112).

Bisweilen richtet sich der Zorn oder auch Resignation gegen das Schicksal oder, bei religiösen Menschen, gegen Gott: »*Ich bin nicht der Meinung, dass es einen anderen hätte treffen sollen. Es gibt keinen Plan, der festlegt, wer sie bekommt oder wer nicht. Es macht alles keinen Sinn. Und wenn es jemanden gibt, der einen Einfluss darauf hat, dann sollte er seinen Job besser machen. Das ist eine ganz schlampige Arbeit! […] Ich habe von einer Freundin ein Buch bekommen. Darin geht es um eine Frau, die über ihre Alzheimer-Krankheit schreibt und darüber, wie fantastisch und großartig sie mit ihrer Krankheit zurechtkommt. Ich habe dieses Buch gehasst. […] Ich will weinen und jammern und um mich treten! […] Es ist nicht der Tod, der mich schreckt, sondern dass man sein Selbst schon zu Lebzeiten verliert*« (S. 99f.).

2.3.2 Was helfen kann

So verschieden und einmalig die demenziellen Entwicklungen sind, so sind auch die Versuche, in möglichst konstruktiver Weise damit umzugehen. Es ist beispielsweise sehr unterschiedlich, zu welchem Zeitpunkt und auf welche Art Menschen mit Demenz die Erkrankung akzeptieren. »*Ich habe diese Krankheit bekommen und ich akzeptiere sie. […] Wenn man ein gewisses Alter erreicht hat, verändert sich der Körper. Wir sind Menschen, keine göttlichen Wesen.*

[…] Aber Gott ist mein Halt. Ich habe einen starken Glauben« (Snyder, 2011, S. 127f.).

Dabei spielt sicher eine Rolle, in welchem Lebensalter die Krankheit erfahren und diagnostiziert wird. Der Mann, der sich hier geäußert hat, ist 82 Jahre alt und hat einen großen Teil seines Lebens als Diakon in einer Baptistengemeinde verbracht.

Das Lebensalter und die bisherigen Lebenserfahrungen sowie die persönlichen und familiären Ressourcen spielen bei dem individuellen Umgang mit Demenz eine wichtige Rolle. Eine demenzielle Veränderung führt auch zu einer Veränderung des Selbstbildes: »*Ein Mensch mit Alzheimer ist sehr viel mehr als seine Diagnose. Jede Person ist ein ganzer Mensch*« (Snyder, 2011, S. 150). Diese Äußerung stammt von einer 78-jährigen klinischen Sozialarbeiterin, die ihr Berufsleben der Unterstützung von Menschen in schwierigen Situationen gewidmet hat. Vor diesem Hintergrund hat sie auch viel Erfahrung darin, Gespräche in problematischen sozialen Situationen zu führen. »*Manchmal bin ich vorsichtig und reagiere langsam, denn wenn ich spontan bin, muss ich aufpassen, dass ich nicht ins Fettnäpfchen trete und Person A etwas mitteile, was eigentlich für Person B bestimmt war. Das kann ins Auge gehen! […] In gewisser Hinsicht ist die Alzheimer-Krankheit ein Lernprozess. […] Ich bin dabei zu lernen, dass mir [diese] Informationen nicht immer zur Verfügung stehen, und deshalb beantworte ich eine Frage manchmal mit einer Gegenfrage. […] Außerdem beobachte ich mich und andere Menschen genauer. […] Ich sehe an der Art, wie jemand sich bewegt, ob das, was ich sage, gut oder schlecht war*« (Snyder, 2011, S. 148).

Neben den persönlichen Ressourcen wie religiöse Überzeugungen und eine akzeptierend-optimistische Lebenseinstellung, die einen Umgang mit Demenz erleichtern können, ist die soziale Umgebung ein weiterer prägender Faktor für die Lebensqualität der Menschen mit Demenz. »*Es gibt Menschen mit Alzheimer, die glücklich sind, weil es in ihrem Inneren oder in ihrer Familie etwas Positives gibt. Viele bleiben aktiv und das ist auch sehr wichtig*« (Snyder, 2011, S. 189).

Eine Betroffene berichtet, dass sich die Demenz *wie ein Schleier* zwischen ihr und ihren sozialen Beziehungen gelegt hat. Umso wichtiger sind Gruppenangebote für Menschen mit Demenz, bei denen nicht die Erkrankung, sondern gemeinsame Aktivitäten im Mittelpunkt stehen: »*Zuerst wollte ich nicht hingehen, weil ich es für eine Art Kindergarten hielt. Doch ich merkte sofort, wie herzlich und fürsorglich diese Gruppe war. Das Wort ›Alzheimer‹ wird nie erwähnt, aber es wird viel gelacht in den vier Stunden. Zuerst trinken wir Kaffee, aber ich nehme Kräutertee. Wir sprechen über die Neuigkeiten des Tages, machen Gymnastik und arbeiten dann an einem gemeinnützigen Projekt. Nach dem Essen steht Sport oder ein Spiel auf dem Programm und zum Schluss gibt es ein Wortspiel. Einmal im Monat machen wir stattdessen einen Ausflug in ein Museum oder an einen anderen Ort. Das klingt nach Wohltätigkeit, doch in Wirklichkeit ist die ganze Zeit gut organisiert und zielt darauf ab, unsere Fähigkeiten zu erhalten und weiterzuentwickeln. Ich bin froh, dass es diese Möglichkeit gibt*« (Snyder, 2011, S. 75).

Eine andere Betroffene berichtet von dem Glück, in ihrem Ehemann einen unterstützenden Teamplayer zu haben. »*Ich finde es traurig, dass bei vielen Menschen mit Alzheimer Teamarbeit in der Ehe oder in der Familie nicht üblich ist. [...] Vertrauen ist so wichtig. Das gilt für jede gute Ehe. [...] Mit ausreichendem Vertrauen kann man vieles meistern; man kann sich darauf verlassen, dass Entscheidungen in beiderseitigem Einvernehmen getroffen werden oder dass man die Verhaltensweisen eines Partners offen ansprechen kann*« (Snyder, 2011, S. 143).

Mit einer Interviewpartnerin unternimmt Snyders Spaziergänge im Garten der Interviewten. Sie nutzt dabei die Metapher vom *Vermächtnis des Gartens* und schreibt: »*Ihre Identität [der Interviewpartnerin] wurde ebenso wenig von der Alzheimer-Krankheit bestimmt wie der Garten von einer Pflanze an seiner Peripherie. [...] die Alzheimer-Krankheit war eine neue Spezies im Garten, die sich im Laufe der Zeit immer mehr ausbreiten würde. Sie könnte die Landschaft dominieren, aber niemals die ganze Landschaft sein. [...] Die Landschaft könnte in den kommenden Jahren ganz anders aussehen, aber es wäre immer noch ihre*« (Snyder, 2011, S. 157). Diese Beschreibung verdeutlicht eine Haltung gegenüber den Menschen mit Demenz, die nicht die Krankheit, sondern den Respekt vor den Personen in das Zentrum der Betrachtung rückt. Dies ist für die Helfenden und Sorgenden eine Leitperspektive, die auch ihnen hilft, ihre oft belastende Arbeit mit Sinn zu erfüllen.

2.4 BESONDERE SITUATIONEN

2.4.1 Demenz im frühen Lebensalter

Es wurde bisher mehrfach darauf hingewiesen, dass Demenz in erster Linie eine Erkrankung des Alters ist. Weniger als 2 % der Betroffenen sind bei Feststellung der Erkrankung unter 65 Jahre alt. Nach Angaben der Deutschen Alzheimer Gesellschaft aus dem Jahr 2017 entspricht das für Deutschland geschätzt etwa 20.000 von insgesamt 1,6 Millionen Betroffenen (Deutsche Alzheimer Gesellschaft e. V., o. J.). Dass diese Gruppe hier in den Fokus rückt, hat gute Gründe, die Helga Schneider-Schelte (2017b) von der Deutschen Alzheimer Gesellschaft in vier Bereichen sieht (Abbildung 24) und die im Folgenden näher erläutert werden.

Abbildung 24: Die besonderen Problematiken junger Demenzkranker (nach Schneider-Schelte, 2017b, S. 9)

Frühe Demenz und Elternschaft

Die Veränderung der Rollenbeziehung aufgrund einer Demenzerkrankung in der Partnerschaft wurde bereits in Kapitel 2.2 beschrieben. Tritt die Krankheit vor dem 65. Lebensjahr auf, auch als »Early Onset Dementia« (EOD) bezeichnet, trifft dies Schneider-Schelte (2017b) zufolge die Partner nicht nur in ihrer Partnerschaft, sondern häufig auch in ihrer Funktion als Eltern und als noch im Erwerbsprozess stehend. Die partnerschaftliche Balance gerät zu einem völlig unerwarteten Zeitpunkt aus dem Lot. Partnerschaftliche Absprachen bezüglich Berufstätigkeit haben u. U. keinen Bestand mehr. Finanzielle Probleme sind häufig. Die Lebensplanung des Paars wird in Frage gestellt. Leben minderjährige Kinder im Haushalt, erleben diese, dass sich ein Elternteil verändert; Verlässlichkeit und Vorhersehbarkeit gehen verloren. Kinder schämen sich für eine Mutter, einen Vater, die ihrer Rolle nicht mehr gerecht werden. Das kindliche und – trotz aller Rebellion – jugendliche Bedürfnis nach starken und »vorzeigbaren« Eltern trifft auf einen Elternteil, der nun zunehmend selber fürsorgebedürftig wird. Hierzu ein Beispiel:

Bei Frau Tammer, 45 Jahre alt, wurde vor zwei Jahren eine Frontotemporale Demenz diagnostiziert. Wer sie heute sieht, der erlebt eine Frau, die zurückgezogen wirkt, sich für ihre Umwelt kaum zu interessieren scheint. Lediglich beim Puzzeln wirkt sie engagiert. Wenn sie damit angefangen hat, findet sie kaum ein Ende.

Ihr Mann ist in Vollzeit berufstätig, sie besucht an drei Tagen in der Woche eine Tagespflege. Das Ehepaar Tammer hat zwei Kinder; Tim, den 12-jährigen Sohn, und Nele, die 15-jährige Tochter. Wenn die beiden aus der Schule kommen, ist Frau Tammers Schwiegermutter für sie da. Die Kinder wissen, dass ihre Mutter an Demenz leidet. Fragt man Herrn Tammer, dann ist er der Meinung, dass sie es zwar wissen, aber nicht wirklich verstanden haben. Besonders Tim versucht immer wieder, seiner Mutter von seinem Alltag zu erzählen. Sie aber puzzelt und hört nicht zu.

Seit kurzem hat Nele einen festen Freund. Sie war bereits ein paarmal bei ihm zu Hause und er würde gern auch ihre Familie kennenlernen.

Bisher fand sie immer eine Ausrede, weshalb das gerade nicht möglich sei. Aber lange kann sie es nicht mehr aufschieben …

So wie Nele geht es vielen Kindern von Menschen mit EOD. Sie selber können kaum verstehen, was mit ihrem Elternteil los ist, und von der Umgebung ernten sie häufig Unverständnis. Dass Großeltern an einer Demenz leiden, das kennen auch Klassenkameraden – aber Eltern? Damit fühlen sich Nele und andere betroffene Kinder aus der Gemeinschaft herauskatapultiert. Wenn ihre Mutter wenigstens vergesslich wäre, dann wäre es leichter nachzuvollziehen. Stattdessen hat sie die Fähigkeit verloren, in sozialen Kontakt zu gehen, sich für andere zu interessieren, etwas von sich mitzuteilen, am Leben ihrer Kinder Anteil zu nehmen.

Rückblickend wird oft klar, dass die ersten Symptome bereits viel früher da waren. Gerade bei Menschen in jungen Lebensjahren treten häufiger atypische Demenzformen wie Frontotemporale Demenz oder Lewy-Körperchen-Demenz auf. Deren primäre Symptomatik ist gerade nicht der Verlust des Kurzzeitgedächtnisses, sondern beispielsweise bei der Frontotemporalen Demenz der Verlust der sozialen Kognition. Die daraus resultierenden Verhaltensänderungen laden geradezu dazu ein, als Beziehungsinformation gesehen zu werden.

Atypische Formen von Demenz sind meist auch schwerer zu diagnostizieren. Dies führt dazu, dass sich die quälende Zeit bis zur Diagnosestellung häufig noch länger hinzieht.

EOD und Berufstätigkeit

Ein konstituierender Faktor des persönlichen Rollenverständnisses im mittleren Erwachsenenalter ist die Berufstätigkeit. Für viele Betroffene bedeutet die Diagnose auch den Verlust des Arbeitsplatzes. Dies hat schwerwiegende Folgen, denn die Identifikation mit dem Beruf ist damit hinfällig. Bin ich noch die Bankkauffrau, wenn ich nicht mehr als solche arbeite? Und als was bezeichne ich mich? Daneben verschlechtert sich die finanzielle Situation in vielen Fällen ganz erheblich und kann zu einschneidenden Folgen für die gesamte

Lebensplanung führen. Das noch durch einen Kredit belastete Eigenheim kann möglicherweise nicht mehr gehalten werden und der für das Alter geplante Lebensstandard ist in Frage gestellt.

Sakata und Okumara (2017) gingen der Frage nach, ob und in welchem Ausmaß der Arbeitsplatz nach Diagnosestellung einer EOD bedroht ist und inwieweit sich dieses Risiko auch auf Familienangehörige bezieht. Sie verglichen dazu in einer erste Kohorte Mitarbeiter mit einer diagnostizierten EOD mit solchen ohne EOD und beobachteten diese beiden Gruppen über einen Zeitraum von mehr als 600 Tagen im Median. Nach einem Jahr Beobachtungszeit hatten 14 % der Menschen mit EOD und damit doppelt so viele Betroffene wie Nicht-Betroffene ihren Arbeitsplatz verloren. Angaben zu den Gründen machen die Autorinnen nicht, verweisen aber auf frühere Literatur, die nicht nur Kündigung durch den Arbeitgeber, sondern auch Kündigung durch die Betroffenen selbst als Schockreaktion auf die Diagnose mit in die Untersuchung einbezieht (Evans, 2016). In vielen Fällen wird den Betroffenen nahegelegt, die Frühberentung anzustreben (Wißmann, 2017a). Eine derartige Empfehlung prangert Wißmann als Verstoß gegen die UN-Behindertenrechtskonvention an, in der das Recht auf Teilnahme am gesellschaftlichen Leben und die Nutzung der Ressourcen der Gesellschaft für alle gefordert wird. Seinen Angaben zufolge werden die Möglichkeiten, Menschen mit EOD im Arbeitsprozess zu halten, kaum genutzt. Aus dem Arbeitsprozess gedrängt und auf Erwerbungsminderungsrente angewiesen, bedeutet dies für viele den finanziellen Absturz, nicht selten verbunden mit sozialer Isolation. Um diesem Prozess zumindest teilweise entgegenzuwirken, empfiehlt Wißmann (2017a) in der Frage der beruflichen Perspektive, die Integrationsfachdienste der Integrationsämter einzubeziehen.

Manchmal gibt es auch kreative Lösungen, wie folgendes Beispiel zeigt:

So berichtet die Mutter von Herrn Linden, einem jungen Mann mit Frontotemporaler Demenz, dass ihr Sohn regelmäßig eine Behindertenwerkstätte aufsucht. Dort fühlt er sich recht wohl, das Anforderungsniveau kann an den fortschreitenden Krankheitsverlauf angepasst werden.

Der Mutter ermöglicht dieses Konstrukt, weiter ihrer Berufstätigkeit nachzugehen. Voller Sorge denkt sie an den Moment, an dem ihr Sohn nicht mehr in der Lage sein wird, den kleinen Bus zu besteigen, der ihn morgens abholt …

Mangelt es an solchen Unterstützungs- und Betreuungsangeboten, wird der Spagat der sorgenden Person zwischen eigener Berufstätigkeit und Sorge für den erkrankten Angehörigen besonders schwierig. Die meisten Unterstützungs- und Betreuungsangebote richten sich an alte Menschen und sind nicht auf jüngere Menschen zugeschnitten: Jüngere Menschen mit anderer Biografie, anderen Interessen, anderem Musikgeschmack, keinen oder kaum Begleiterkrankungen und guter körperlicher Leistungsfähigkeit erleben sich in der klassischen Tagespflege oder gar im Pflegeheim als Fremdkörper. Und umgekehrt tun sich Mitarbeiter mit diesen »außerplanmäßigen« Gästen und Bewohnern häufig schwer.

Menschen mit EOD wollen aber mehr als den fürsorglichen Blick. Solange es ihnen möglich ist, wollen sie mitreden, ihr Leben mit Demenz mitgestalten. Eine Möglichkeit, dies zu tun, besteht in der Gründung bzw. Teilnahme an Selbsthilfegruppen für Betroffene (Rüsing u. Löffler, 2017). Daneben braucht es auch Möglichkeiten der Teilhabe am alltäglichen Leben. Löffler (Rüsing u. Löffler, 2017, S. 23) beschreibt beispielhaft sein Engagement im Kirchenchor und im Senioren-Männerfrühstück. Vereine, kommunale und kirchliche Gruppierungen sind aufgerufen, sich für Menschen mit Demenz und ganz besonders mit EOD zu öffnen und ihnen damit Normalität zu ermöglichen, denn eine Demenzerkrankung macht niemanden völlig krank.

Eine Generation, die zunehmend digital kommuniziert, kann auch digital erreicht werden. Das Projekt »KuKuK-TV« (2018) bietet auf einem YouTube-Kanal Betroffenen die Möglichkeit, ihre Perspektive darzustellen. Das Motto des Projekts lautet: Teilhabe anstelle von Fürsorge, Gestaltung anstelle von Versorgung (Wißmann, 2017b). Am Beispiel einer Diskussion zum Thema Autofahren und Demenz beschreibt Wißmann, wie das konkret aussehen kann. »Die Diskutanten waren nicht Profis, sondern zwei jüngere Demenzbetroffene, eine Seniorin und eine Angehörige. Die Perspektive, die Themen und der Diskussionsverlauf unterschieden sich deutlich von dem, was man aus anderen Diskussionen mit anderer Zusammensetzung kennt. Berufliche Experten wurden übrigens auch noch beteiligt. Auf Wunsch der Teilnehmer wurde diesen nämlich für einen Folgebeitrag ausgewählte Fragen gestellt« (Wißmann, 2017b, S. 42). Ein Blick auf die Inhalte zeigt, dass es für Betroffene nicht nur um die Frage geht, ob sie noch mit ausreichender Sicherheit in der Lage sind, Auto zu fahren, sondern auch, auf welche Art und Weise solche Gespräche geführt werden. Ist dies eine gemeinschaftliche Entscheidung oder fühlen sie sich überrumpelt? Ein Betroffener berichtet, dass er ohne weitere Erklärung gebeten wurde, beim Verlassen der Arztpraxis etwas zu unterschreiben. Erst später wurde ihm klar, dass er mit dieser Unterschrift zugestimmt hat, nicht mehr selbständig Auto zu fahren.

In seinem Projekt »I still exist« geht der Fotograf, Journalist und Künstler Carl Cordonnier der Frage nach: »Wie kann man die spezielle Demenzerkrankung und ihre Folgen für die einzelne Person darstellen? Und wie kann man das oft Unsichtbare sichtbar machen? Und vor allem fragte ich mich: Welche Rolle sollten bei der Beantwortung dieser Fragen die Betroffenen selbst spielen?« (Cordonnier, 2017, S. 21). Er beantwortet diese Fragen in Form fotografischer Essays, die in einem gemeinsamen Prozess mit den Betroffenen und ihren Angehörigen gestaltet werden. »Bei der Entscheidung, wie und wodurch sich die befragten Personen fotografisch darstellen ließen, hatten diese das letzte Wort. Sie entschieden, wo und wann sie selbst auf den Fotos zu sehen seien oder ob die Fotografien in Farbe oder in schwarz-weiß gemacht würden« (Cordonnier, 2017, S. 23). Cordonnier versucht auf diese Weise, dem von Kitwood beschriebenen Prozess der »Entpersonalisierung« (Kitwood, 2013) entgegenzuwirken und die Teilnehmenden jederzeit »Herr« oder »Frau« des Verfahrens und ihrer eigenen Darstellung (Cordonnier, 2017, S. 23) sein zu lassen.

Mit neuen Medien Menschen zu erreichen, steht auch im Mittelpunkt des europäischen Projekts »Rhapsody« (Bundesministerium für Bildung und Forschung, 2017). Ziel dieses Projekts, an dem sich auch die Deutsche Alzheimer Gesellschaft beteiligte, war die Entwicklung eines Online-Ratgebers für Angehörige von Menschen mit EOD. Dieser ist nach Abschluss des Projekts im November 2017 online verfügbar (Deutsche Alzheimer Gesellschaft e. V., 2017b).

2.4.2 Gewalt und Demenz

»Gewalt gegen alte Menschen – aktuelle Traumatisierungen« überschreibt Hirsch (2004) einen Artikel zu diesem Thema. Pflege- und Abhängigkeitssituationen und ganz besonders das Vorliegen einer Demenz mit der damit einhergehenden tiefgreifenden Verunsicherung erhöhen das Risiko für Menschen mit Demenz, Opfer eines gewalttätigen Übergriffs zu werden.

Um den Begriff der Gewalt besser fassen zu können, sei zunächst auf die Definition der Weltgesundheitsorganisation (WHO, 2008) von »elder abuse« verwiesen. Hierin werden folgende Formen von Gewalt unterschieden:
- körperliche Misshandlungen,
- psychische Misshandlung/verbale Aggression,
- pflegerische Vernachlässigung,
- emotionale/psychosoziale Vernachlässigung,
- finanzielle Ausbeutung,
- vermeidbare Einschränkungen der Freiheit, Handlungs- und Entscheidungsautonomie (auch durch unangemessene Gabe von Psychopharmaka).

Wie häufig Gewalt gegen alte Menschen und ganz besonders gegenüber Menschen mit Demenz ist, kann nur schwer beziffert werden. Die Scham von Angehörigen und Mitarbeitern aus der Pflege, darüber zu berichten, ist hoch. Die folgenden Zahlen sind von daher im Zweifelsfall eher nach oben als nach unten zu korrigieren.

So gaben laut einer Studie von Thoma, Schacke und Zank (2004) pflegende Angehörige von Demenzkranken in Deutschland an, in
- ca. 21 % gegenüber den Pflegebedürftigen oft/sehr oft lauter zu werden;
- 9,5 % voll Groll zu sein, was der Angehörige einem zumutet;

- 2,5 % häufiger Drohungen/Einschüchterungen auszusprechen;
- 1 % den Pflegebedürftigen oft/sehr oft härter anzufassen.

Was erhöht das Risiko für übergriffiges Verhalten? Nägele, Kotlenga, Görgen und Leykum (2010) arbeiteten hierzu folgende Risikofaktoren heraus:
- Die Qualität der Beziehung wurde vor Pflegeübernahme als schlecht beschrieben.
- Die Beziehung zwischen der pflegenden und der pflegebedürftigen Person war hierarchisch geprägt.
- Die Pflegeperson sieht sich mit aggressivem und schwierigem Verhalten des Pflegebedürftigen konfrontiert.
- Der pflegende Angehörige ist selbst in schlechter physischer und psychischer Verfassung.
- Der pflegende Angehörige neigt zu Substanzmissbrauch.
- Es mangelt den Angehörigen an Wissen um Krankheitssymptome und -verläufe.
- Die wirtschaftliche Lage des Haushalts ist prekär.
- Es gibt Hinweise auf eine primär finanzielle Motivation zur Aufrechterhaltung der Pflege.

Noch höhere Zahlen finden sich bei professionell Pflegenden, wobei die wenigsten Untersuchungen zwischen pflegebedürftigen Menschen mit und ohne Demenz differenzieren. Eine Befragung von ca. 500 Pflegekräften ambulanter Pflegedienste (Rabold u. Görgen, 2007) zu eigenem gewalttätigem Verhalten erbrachte folgende Angaben:
- ca. 40 % problematisches Verhalten (> 1 Mal) in den letzten 12 Monaten;
- 21 % physische und verbale Misshandlung;
- 19 % pflegerische Vernachlässigung;
- 9 % physische Gewalt.

Auch in diesem Fall konnten die Autoren Risikofaktoren erheben:
- häufige Übergriffe durch Pflegebedürftige;
- Alkohol als Mittel zur Bewältigung beruflich bedingter Belastungen;

- zuständig für eine hohe Anzahl zu versorgender Demenzkranker;
- kritische Einschätzung der Qualität der vom eigenen Pflegedienst erbrachten Leistungen.

Dass es sich hierbei nicht nur um Einzelfälle und individuelles Versagen handelt, sondern ein strukturelles Problem dahintersteht, macht Sears (2012) deutlich, wenn sie angibt, dass sich weniger als 50 % der Beschäftigten im Gesundheitswesen als ausreichend darauf vorbereitet fühlen, mit dem Gegenüber angemessen zu kommunizieren. Die besonderen Herausforderungen der Kommunikation mit Menschen mit Demenz sind hierbei noch nicht gesondert aufgeführt. Hinzu kommen diverse Stressfaktoren in der Pflege allgemein. Die Patienten befinden sich in Krisensituationen, dies belastet die familiäre Situation. Ihre Sorgen tragen Angehörige und Patienten an die Beschäftigten der Pflegeberufe heran, und das nicht immer freundlich. Personalmangel verstärkt die emotionale Belastung. Diese vielfältigen Stressfaktoren entwickeln ihre eigene Dynamik und enden meist in Kritik und Urteilen. Besonders gravierend erleben Pflegende verbale Aggression von Seiten Angehöriger, die als schwer wahrnehmbar bzw. greifbar beschrieben wird. Eine offene Auseinandersetzung wird damit verhindert (Richter, 2014). Entsprechend wird neben den Bewohnern die Gruppe der Angehörigen im Pflegeheim in einzelnen Fällen als sehr aggressiv erlebt. Das Besondere der verbalen Aggressionsäußerungen von Seiten der Angehörigen ist die nicht bzw. kaum wahrnehmbare oder nicht greifbare Aggression. Diese Form der verbalen Aggression wurde jedoch von den Betroffenen als besonders gravierend eingestuft.

In dieser Beschreibung wird deutlich, dass es auch die andere Seite der Gewalt gibt; Gewalt gegenüber Pflegenden und Sorgenden. Aus juristischer Sicht braucht es die Klarheit bezüglich »Opfer« und »Täter«. Gewalt in einem sozialen Kontext betrachtet, fördert meist einen Teufelskreis zutage. Nach Hirsch sind »Gewalthandlungen in der Familie […] Ausdruck einer – meist schon länger bestehenden – destruktiven Kommunikation, die von Angst, Hilflosigkeit und Abhängigkeit geprägt ist. Gewalt ist nicht nur für das ›Opfer‹ eine Schädigung, sondern auch für den ›Täter‹ und darüber hinaus für die soziale Umwelt, in der Gewalt geschieht. Die Rolle des ›Opfers‹ und des ›Täters‹ können in einer Beziehung wechseln. Mancher ›Täter‹ fühlt sich auch als ›Opfer‹. Viele Misshandlungen haben schon frühzeitige Vorboten. Es ist notwendig, diese ebenso festzustellen wie die Faktoren, die sie aufrechterhalten oder verstärken« (Hirsch, 2004, S. 119).

Besonders gefährdet sind einer Untersuchung von Richter und Berger (2001a, 2001b) zufolge Auszubildende mit einem auf das 2,5-fache erhöhten Risiko. Junge und berufsunerfahrene Mitarbeiter sind offensichtlich von dieser Problematik eher betroffen als ältere erfahrene Mitarbeiter. Richter und Berger heben in ihrem Ergebnis hervor, dass nach ungefähr fünf bis sechs Jahren Berufserfahrung das Risiko erneut ansteigt, Opfer von Gewaltsituationen zu werden. Die zunehmende Verantwortung und Überschätzung der eigenen Bewältigungsstrategien bei heiklen Situationen sind den Autoren zufolge mögliche Erklärungen für diese Tendenz.

Damit wird bereits eine strukturelle Komponente jenseits individueller Faktoren deutlich. Die Situation in der Pflege mit permanentem Zeit- und Personalmangel kommt erschwerend hinzu. Vereinsamung durch Schichtdienst- und Wochenendarbeit und ein erhöhtes Burnout-Risiko verstärken dies.

In einer Studie zu Misshandlungen und Vernachlässigungen von Bewohnern in Alten- und Pflegeheimen (Görgen, 2006) gaben 70 % der befragten Pflegekräfte an, wegen Überforderung und emotionaler Erschöpfung Gewalt durch körperliche und psychische Misshandlungen, pflegerische oder psychosoziale Vernachlässigung sowie Freiheitseinschränkungen selbst begangen oder an anderen Mitarbeitern beobachtet zu haben. Psychische Aggressionen sind dabei weit mehr verbreitet als körperliche Gewalt. Jeder vierte befragte Senior gab an, in den letzten zwölf Monaten verbal aggressives Verhalten erlebt zu haben. Besonders pflegebedürftige Menschen unterliegen einem hohen Risiko von gewalttätigen Übergriffen. Strukturierte Tagesabläufe stehen oftmals Wünschen und Bedürfnissen gegenüber, die unerfüllt bleiben. Hieraus können sich Frustrationen und Aggressionen ergeben (Thoma, Schacke u. Zank, 2004). Häufig entstehen Aggression und Gewalt aus der

Summe verschiedener Faktoren. Durch Überschreitung der Belastungsgrenze ist die Hemmschwelle niedrig oder fällt vorübergehend weg. Menschen mit Demenz bilden die primäre Opfergruppe, meist ausgelöst durch das hohe Belastungsempfinden der Pflegenden (Schmidt u. Schopf, 2005). Schmidt und Schopf untersuchten die über einen Zeitraum von einem Jahr eingehenden Beschwerden bei der Meldestelle »Pflege in Not«. Die Anzahl der Beschwerden in der stationären Dauerpflege lag mit 243 Meldungen mit Abstand an der Spitze, gefolgt von Beschwerden im ambulanten Bereich mit 12 Anrufen. Angehörige meldeten ihre Beschwerden am häufigsten, gefolgt von Pflegekräften. Die Opfer beschwerten sich am wenigsten. Im Analyseverfahren der Beschwerdegründe lag mit deutlichem Abstand »Mängel im Personalwesen und der Organisation« vorne. In der Kombination mit der Häufung anderer Beschwerdegründe zeigte die Studie, dass Missstände im Personalwesen und in der Organisation insbesondere in den Bereichen Ernährung, hygienische Bedingungen, Immobilisierung, Flüssigkeitszufuhr, Körperpflege und Medikamentenvergabe negative Auswirkungen haben (Schmidt u. Schopf, 2005).

Gewalt erleben – Gewalt erleiden

Somit zeigt sich sowohl in der familialen als auch in der professionellen Pflege die Interdependenz der Risikofaktoren. Schlechte Beziehungsqualität, fehlende Anpassung des Tempos und fehlerhafte Einordnung veränderten Verhaltens wirken sich negativ auf einen Menschen mit Demenz aus und erhöhen die Wahrscheinlichkeit herausfordernden Verhaltens – nicht als notwendiges Symptom der Erkrankung, sondern als hilflosen Versuch, mit einer anderweitig nicht beherrschbaren Situation umzugehen.

Die enge Verwobenheit der Quellen von Gewalt, gerade zwischen Angehörigen und Pflegebedürftigen, macht Hirsch in Abbildung 25 deutlich.

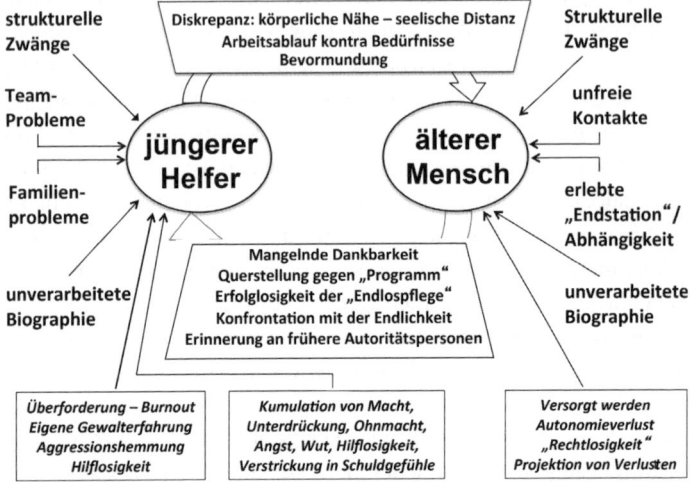

Abbildung 25: Quellen der Gewalt zwischen Angehörigen und Pflegebedürftigen (Hirsch, 2011, S. 144)

Den sich aufschaukelnden Teufelskreis beschreibt Hirsch folgendermaßen: »Die Grenzen zwischen ›Opfer‹ und ›Täter‹ verwischen sich häufig und gehen in einen Prozess der wechselseitigen Gewaltanwendung über. Die Häufigkeit und Intensität von Gewalt nimmt dann zu. Wenn zwischen Partnern oder Kindern und Eltern keine reife Beziehung entstehen konnte, wo Abgrenzungen nicht gelernt und erlaubt wurden, besteht wenig Platz für einen angemessenen Umgang mit Wut, Aggressivität und Scham. In ähnlicher Weise können auch professionelle Helfer Beziehungsstörungen mit Gewaltauswirkung in der Pflegesituation initiieren und stellvertretend für Angehörige agieren« (Hirsch, 2011, S. 144).

Was Hirsch hier als wesentlichen Risikofaktor beschreibt, das Fehlen einer reifen Beziehung zwischen Kinder und Eltern, entspricht dem, was Blenkner (1965) mit dem bereits beschriebenen Begriff der filialen Reife belegt.

Diese Überlegungen machen deutlich, dass es weder mit Sanktionen noch mit reiner Wissensvermittlung getan ist. Wenn elterliche Wertschätzung das subjektive Belastungserleben reduziert und vermutlich damit das Risiko übergriffigen Verhaltens, dann braucht es das Erleben von Wertschätzung für pflegende Angehörige wie für Profis. Elterliche Wertschätzung kann nicht erzwungen werden, aber die Gesellschaft kann dazu beitragen, Wertschätzung der Pflege erfahrbar(er) zu machen. Wesentliche Bausteine hierfür sind Entlastungsangebote und Gesprächsgruppen für Angehörige, bessere Arbeitsbedingungen in der Pflege durch genügend und ausreichend qualifiziertes Personal, aber auch ein Altersbild, welches Menschen mit Demenz weiterhin als Teil der Gesellschaft begreift. Hier steht die Politik, stehen Altenhilfeträger in der Pflicht.

Ein wichtiger erster Schritt ist getan, wenn Gewalt aus der Tabuzone herausgeholt wird. Für Betroffene – und betroffen sind beide Seiten – gibt es allerdings bisher nur wenige Anlaufstellen. Beispielhaft sei an dieser Stelle auf die von Hirsch 1997 gegründeten Anlaufstellen »HsM – Handeln statt Misshandeln« verwiesen (Forum Altern ohne Gewalt). Allerdings zeigt eine Übersicht der Bundesarbeitsgemeinschaft für Krisentelefone, dass die Verteilung solcher Anlaufstellen regional höchst unterschiedlich ist. Mit Stand November 2017 gab es noch nicht einmal in jedem Bundesland mindestens eine solche Stelle (Bundesarbeitsgemeinschaft der Krisentelefone). Es gibt also noch viel zu tun.

Neben der Herausforderung, Gewalt aus der Tabuzone zu holen, stellt sich die Frage: Was hilft? Auf gesellschaftlicher und struktureller Ebene wurden weiter oben einige Gedanken hierzu skizziert. In der direkten Interaktion braucht es Strategien, um angespannte Situationen nicht weiter eskalieren zu lassen. Hierzu möchten wir in diesem Buch in Kapitel 3.4 das Konzept der Gewaltfreien Kommunikation vorstellen. Es braucht aber daneben Umgangsweisen, die helfen, langfristig der Gefahr gewalttätiger Übergriffe vorzubeugen. Einen solchen verstehenden Zugang hat Maria Aarts (2005) entwickelt, um kritische Situationen erst gar nicht entstehen zu lassen.

Die Botschaft hinter dem herausfordernden Verhalten

Aarts (2005) beschreibt herausforderndes Verhalten als Hinweis auf ein nicht (ausreichend) gesehenes Bedürfnis. Diese Idee wird im Folgenden sowohl auf herausforderndes Verhalten von Menschen mit Demenz als auch der Pflegenden angewandt. Hierzu ein Beispiel:

> Frau Deister leidet unter einer weit fortgeschrittenen Demenz und lebt seit einigen Monaten im Pflegeheim. Dort scheint sie sich recht wohl zu fühlen. Beim Essen gibt es allerdings Probleme. Häufig steht sie während der Mahlzeit auf, wirkt wütend, hat schon mehrfach den Teller heruntergeworfen, und dann geht sie strammen Schrittes in den Flur. Ein Mitarbeiter holt sie dann zurück, damit sie ihre Mahlzeit beenden kann. Meist erfolgt das Zurückholen freundlich, aber manchmal ist der Ton auch rau und der Griff fest.

Auch wenn Frau Deister nicht aggressiv im Sinne eines tätlichen Angriffs wird, übt sie doch Gewalt aus, indem sie die Mitarbeiter zwingt, ihren Teller aufzuheben und den Tisch sauberzumachen sowie ihr nachzulaufen und sie zurückzuholen. Was sie dann erlebt, überschreitet die Grenzen respektvollen Verhaltens und muss ebenfalls als gewalttätiges Verhalten definiert werden.

Dem Gedanken von Aarts folgend stellt sich die Frage, welches Bedürfnis bei Frau Deister möglicherweise nicht ausreichend gesehen wird. Die Antwort ergibt sich bei der Betrachtung dessen, was Frau Deister erlebt, wenn sie sich so »herausfordernd« verhält:
- Sie wird gesehen, wahrgenommen und ist wirksam;
- sie kann selber entscheiden, was sie tut;
- sie ist handlungsfähig.

Für sich betrachtet erscheinen diese Effekte sehr sinnvoll. Wer möchte nicht gesehen, wahrgenommen werden, wirksam sein, selber entscheiden und sich als handlungsfähig erleben? Diese Effekte lassen sich nach Deci und Ryan (1995) als Ausdruck grundlegender menschlicher Bedürfnisse sehen, nämlich:
- dem Bedürfnis nach Bindung und Wirksamkeit,

- dem Bedürfnis nach Autonomie,
- dem Bedürfnis nach Kompetenz.

Bei genauer Betrachtung zeigt sich allerdings, dass diese Effekte für Frau Deister einen hohen Preis haben. Sie wird zwar wahrgenommen, aber nicht gerade freundlich; sie kann selber entscheiden; es ist allerdings völlig unklar, ob diese Entscheidung das Ergebnis eines Abwägungsprozesses ist oder eines nicht kontrollierbaren Impulses und die Handlungsfähigkeit, vom Tisch aufzustehen und in den Flur zu gehen, wird nach kurzer Zeit im Keim erstickt, indem Frau Deister wieder zurück an den Tisch geführt wird. Satt wird sie vom Weggehen auch nicht.

Da es sich bei diesen Bedürfnissen um Grundbedürfnisse handelt, darf und muss auch gefragt werden, inwieweit diese in solchen Situationen bei der Pflegekraft befriedigt werden. Im Video wird deutlich, dass sich der Mitarbeiter natürlich nicht von Frau Deister gesehen fühlt; er hat auch nicht das Gefühl, selber entscheiden zu können, sondern fühlt sich gezwungen, auf Frau Deister zu reagieren und fühlt sich ziemlich hilflos dem häufigen Aufstehen von Frau Deister gegenüber.

Zusammenfassend haben wir es hier mit zwei Personen zu tun, deren Grundbedürfnisse nicht bzw. nur zu einem recht hohen Preis befriedigt werden. Nehmen wir diese ernst und schauen, ob und wie sie auf andere, weniger »teure« Art befriedigt werden können, dann zeigen sich mit einem ressourcen- anstelle eines defizitorientierten Blicks in der oben beschriebenen Szene bereits Lösungsansätze. Frau Deister steht nämlich nicht sofort auf.

Sie bleibt zunächst für ca. drei Minuten sitzen. Zu Beginn kommt der schon erwähnte Mitarbeiter zu ihr, legt liebevoll den Arm um sie, zeigt auf das vor ihr liegende Brot, gibt ihr dieses mit den Worten »Hier ist Ihr Brot, das können Sie jetzt essen« in die Hand. Er verabschiedet sich und Frau Deister isst.

In wenigen Sekunden hat Frau Deister nun Bindung (der Mitarbeiter legt den Arm um sie), Wirksamkeit, Autonomie (sie bestimmt das

Tempo des Essens) und Handlungsfähigkeit erlebt (sie hat die Möglichkeit, das Brot zu sehen und zu spüren und erhält dazu noch den passenden Begriff). Ihre Grundbedürfnisse sind befriedigt.

Nach einigen Bissen legt Frau Deister das Brot auf den vor ihr liegenden Teller. Für einen Moment wirkt sie zufrieden, bevor sie sich umschaut (sie sitzt alleine am Tisch), zunächst hilflos und nach wenigen Sekunden ärgerlich wirkt. Ihre Hände gehen zu den Stuhllehnen und es sieht so aus, als wolle sie gleich aufstehen. In diesem Moment kommt der Mitarbeiter vorbei, legt erneut den Arm um sie und zeigt ihr wie zu Beginn, wie sie weiteressen kann. Frau Deister entspannt sich und isst.

Mit diesem Blick wird deutlich, wie die Bedürfnisse von Frau Deister eigentlich recht einfach und mit vertretbarem Zeitaufwand befriedigt werden können. Bei längerer Betrachtung zeigt sich, dass sie schnell ärgerlich wird, wenn sie sich alleine fühlt und nicht weiß, was sie tun kann. Kommt rechtzeitig jemand, kann dies gut abgefangen werden.

Überträgt man diese Sichtweise auf den Mitarbeiter, so wird in den zuletzt beschriebenen Momenten deutlich, dass dieser mehrfach in sehr zugewandter Weise auf Frau Deister zugeht, sie unterstützt und auf diese Weise dafür sorgt, dass Frau Deister essen kann. Damit werden auch das berufliche Selbstverständnis und der Wunsch, gute Arbeit zu leisten, ausreichend gesehen. Erst das Aufstehen von Frau Deister bringt ihn an seine Grenzen.

Mit Hilfe der Analyse scheint es auf den ersten Blick recht einfach, diese Situation dauerhaft zu entspannen. Anstatt Frau Deister häufig und mit teilweise erheblichem Zeitaufwand hinterherzulaufen, könnten die Mitarbeiter während der Mahlzeiten immer mal wieder kurz zu Frau Deister gehen, Kontakt zu ihr herstellen und ihr bei Bedarf zeigen, wie sie weiter essen kann. Unter rein zeitlichen Aspekten ist zu vermuten, dass dies sogar die schnellere Lösung wäre.

Ein Vorgehen wie das hier beschriebene hat verblüffende Ähnlichkeiten mit den Prinzipien moderner Schmerztherapie bei chronischen Schmerzen – von der Krisenreaktion zur vorbeugenden Gabe schmerzlindernder Substanzen.

Solange es nur kurzwirksame Substanzen gab, war medikamentöse Schmerztherapie auch bei chronischem Schmerz vorrangig Krisenintervention (siehe Abbildung 26).

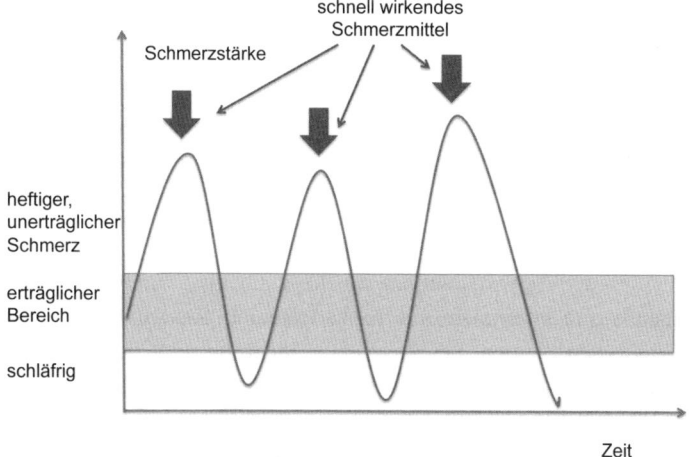

Abbildung 26: Schmerztherapie – Reaktion auf Krisen

Mit einem Blick auf die Zeitleiste wird deutlich, dass es letztlich nur kurze Zeiträume sind, in denen bei einem solchen Vorgehen Schmerz erträglich ist. Diese Zeiten werden allerdings überschattet von der Erinnerung an den vergangenen und der Furcht vor dem kommenden Schmerz. Wird gewalttätiges, herausforderndes Verhalten von Menschen mit Demenz lediglich mit Deeskalationsstrategien beantwortet, schafft dies zwar für den Moment Handlungsfähigkeit für Pflegende, wird aber keine dauerhafte Veränderung ermöglichen.

Auf die Medizin bezogen ist es neuen, langwirksamen Substanzen, sogenannten Retardpräparaten in Tabletten- oder Pflasterform zu verdanken, dass es andere Zugangswege gibt zu chronischem Schmerz, der nicht ursächlich behandelbar ist. Daraus ergibt sich im Idealfall eine deutlich flachere Kurve (siehe Abbildung 27).

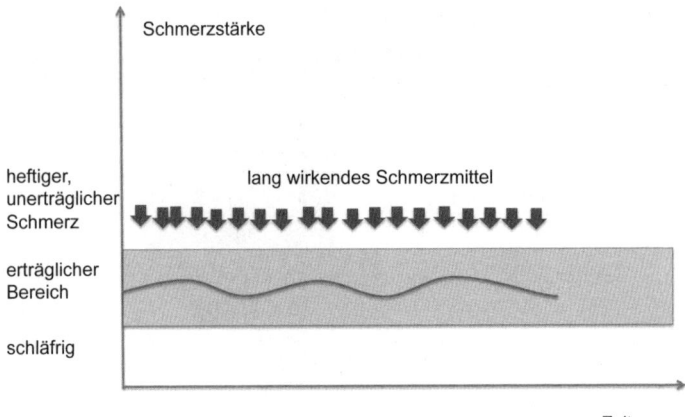

Abbildung 27: Vorbeugende Schmerztherapie mit Retardpräparaten

Auch hier wird es Momente geben, in denen der Schmerz kurzfristig überhandnimmt und in denen es rasch wirksamer Schmerzbehandlung bedarf. Auf unser Fallbeispiel bezogen, erhält Frau Deister in den Momenten, bevor sie letztlich aufsteht, mehrfach die lindernde Zuwendung, die sie benötigt. Auf diese Weise können auch viele potenzielle Trigger alter traumatischer Erfahrungen frühzeitig abgefangen und im besten Fall vermieden werden.

Die Analogie dieser Konzepte ist nicht verwunderlich, wenn man einen Blick auf die Grundgedanken der Palliativversorgung wirft. Cicely Saunders, die Begründerin dieser Idee, hat bereits den Gedanken des »Total Pain« beschrieben (Weissenberger-Leduc, 2009; Kojer u. Schmidl, 2016). Total Pain beschreibt die Sichtweise und Haltung, wonach Schmerz nie nur körperlich ist, sondern immer auch seelische, soziale und spirituelle Aspekte hat (siehe Abbildung 28).

Versteht man Demenz als chronischen Schmerz, der
- seelisch das Individuum in seiner Persönlichkeit erschüttert,
- sozial mit der Erfahrung verbunden ist, anders und damit oft isoliert zu sein, sowie
- spirituell die Frage nach dem Sinn aufwirft,

dann lassen sich beide Denkansätze wunderbar zusammenführen.

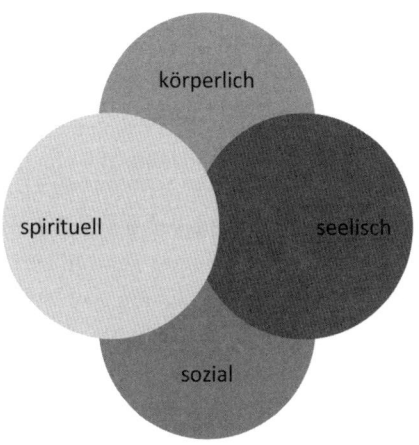

Abbildung 28: Total Pain

Was sowohl Angehörige als auch Mitarbeiter in Pflege und Betreuung benötigen, um auf diese Weise »schmerzlindernd« zu wirken, ist ein ausreichendes Maß an Gelassenheit und damit die Bereitschaft, Zeit zu investieren, »bevor es brennt«. Angesichts des engen Zeittakts in der ambulanten und stationären Altenpflege, der knappen Personaldecke sowie der oft mangelnden Wertschätzung ihrer Arbeit ist an dieser Stelle zu fragen, ob die Rahmenbedingungen für die Umsetzung respektvollen und gewaltfreien Verhaltens immer gegeben sind. Hierfür braucht es in erster Linie politischen Gestaltungswillen, menschliche Konzepte und gesellschaftliche Anerkennung. Auf diesem Boden können Beratung und Schulung in der Kommunikation mit Menschen mit Demenz auf fruchtbaren Boden fallen.

2.4.3 Narben der Zeitgeschichte: Herausforderungen einer traumatisierten Generation

Frau Naumann leidet an einer Demenz und lebt seit einigen Monaten im Pflegeheim. Langsam hat sie sich ganz gut eingewöhnt. Lediglich beim Waschen gibt es immer wieder Probleme. Kaum nähert sich der Waschlappen ihrem Gesicht, versteift sie sich und wehrt sich heftig gegen das Waschen. Alles gute Zureden hilft dann nicht. Die Mitarbeiter fühlen sich hilflos und verstehen nicht, was da los ist.

Was ist mit Frau Naumann los? Ist ihr Verhalten Folge ihrer Demenz oder steckt mehr dahinter? Die Biografie gibt einen Anhaltspunkt, dem sich nachzugehen lohnt. Aus ihrer Lebensgeschichte ist bekannt, dass sie gegen Kriegsende gemeinsam mit ihrer Mutter und ihrer Schwester geflohen ist. Dabei mussten sie wohl einen Fluss durchqueren. Auf Nachfrage hin berichten Frau Naumanns Kinder, dass die Mutter ein paarmal darüber berichtete und den Moment, in dem sie bei der Durchquerung kurzzeitig die Hand ihrer Mutter verlor, als den schlimmsten Moment dieser Flucht beschrieb.

Eine eigentlich unkritische Pflegehandlung wird zur kritischen Situation. Die Biografie von Frau Naumann weist den Weg. Frau Naumann hat in der Folge des Zweiten Weltkriegs traumatische Erfahrungen gemacht. Damit steht sie nicht allein.

Ein historischer Rückblick

Die Spätfolgen zweier Kriege holen uns ein. Es ist davon auszugehen, dass ca. zwei Drittel der heute 75-Jährigen im Krieg und in der unmittelbaren Nachkriegszeit traumatische Erfahrungen machen mussten (Weidner, Emme von der Ahe, Lesner u. Baer, 2016; Bode, 2017). Hierzu einige Zahlen:
- 14 Millionen Menschen verloren durch Flucht und Vertreibung ihre Heimat.
- Mehr als drei Viertel der heute 70- bis 90-Jährigen gerieten durch Bombardierung oder Beschuss in Lebensgefahr, haben Angehörige durch Trennung oder gewaltsamen Tod verloren und wurden mit Schwerverletzten, Sterbenden und Toten konfrontiert.
- Im Frühjahr 1948 befanden sich noch 2,3 Millionen Kriegsgefangene in den Lagern der westlichen Alliierten und 900.000 in sowjetischen Lagern, sodass vaterlose Familien die Kindheit vieler Kinder prägten. Ungefähr ein Viertel aller Kinder wuchs nach dem Zweiten Weltkrieg auf Dauer ohne Vater auf.

- Kinderlandverschickungen und der Einsatz vieler Frauen in der Rüstungsindustrie rissen zahlreiche Familien auseinander.
- In den letzten Kriegsjahren und vor allem im Hungerwinter 1946/47 litten zahlreiche Kinder und Erwachsene lebensbedrohlichen Hunger.
- Die Gesamtzahl der Vergewaltigungen im Zweiten Weltkrieg und der Nachkriegszeit wird in neueren Publikationen auf mindestens 860.000 geschätzt.
- Die Scham, Opfer eines sexuellen Übergriffs geworden zu sein, ließ die Betroffenen zumeist verstummen (Alandt, 2016). Die Traumata von Kindern, die »nur« Zeugen waren, wurden oft noch weniger gesehen. Aber Millionen von Kindern in den 1940er Jahren hatten keine wirkliche Kindheit. Sie mussten sehr früh Verantwortung übernehmen (Bode, 2017).

Eine im öffentlichen Bewusstsein bisher eher vernachlässigte Gruppe von Menschen mit traumatischen Erfahrungen stellen Opfer von DDR-Unrecht dar (Trobisch-Lütge, 2004). Zwischen 1945 und 1989 gab es etwa 300.000 politische Gefangene in der DDR. Inhaftierungen waren häufig mit Lebensgefahr verbunden – so starben von den ca. 127.000 Häftlingen der von der Sowjetunion betriebenen Speziallager und Gefängnisse etwa ein Drittel, 700 wurden hingerichtet (Müller, 1998). Später waren es Einschüchterung, fehlende Gerichtsverfahren, drastische Haftstrafen unter häufig unmenschlichen Haftbedingungen wie Entpersönlichung, Isolationshaft, tage- und nächtelange Verhöre, körperliche Übergriffe und Wahrnehmungsirritation, die die Gefängnisstrafen politischer Gefangener prägten. Inhaftierungsgründe waren häufig aus der Sicht Außenstehender banal; dies führte zu einem Klima der Verunsicherung auch außerhalb der Haftanstalten. Freundschaften als Sicherheit gebender Anker waren geprägt von der Angst vor Bespitzelung. Die Ausweitung der Verfolgung auf Familienangehörige, beispielsweise in Form von Zwangsunterbringung von Kindern inhaftierter bzw. ausgewiesener Systemgegner, führte zu nicht lösbaren Loyalitätskonflikten. Dieses Grundgefühl der Angst ist schwer zu beschreiben und noch schwerer zu erfassen und versperrt sich dadurch einer Kate-

gorisierung (Trobisch-Lütge, 2004). Nach Schätzungen erlebten zwei Drittel dieser Jahrgänge schwere traumatische Erfahrungen (Weidner, Emme von der Ahe, Lesner u. Baer, 2016).
- Auch weitere schwere Störungsbilder entstehen in der Folge traumatischer Erfahrungen, z. B. Depressionen, somatoforme Störungen, Angststörungen, Störungen des Sozialverhaltens u. a. m. Diese können, aber müssen nicht zwangsläufig mit einer posttraumatischen Belastungsstörung einhergehen.

Die Bedrohungen bestanden fast immer über einen längeren Zeitraum hinweg; mit der Folge, dass das Risiko der Bedrohung langfristig bestehen blieb. So konnten die Folgen dieses existenzbedrohenden Erlebens nicht verarbeitet werden, zumal der nötige Beistand in der »Zeit danach« fehlte. Aufgrund physiologischer Faktoren entsteht bei Menschen mit PTBS ein »Dauerarousal«, eine erhöhte energetische Anspannung, die oftmals durch Aktivität ausgedrückt wird. Dies dürfte ein Faktor sein, der auch den Wiederaufbau des zerstörten Landes begünstigte. Die Traumafolgestörung lässt sich zwar durch Aktivitäten in den Hintergrund drängen, besteht aber weiterhin fort. Mit zunehmendem Alter und damit verbundenem Verlust von Aktivitäten können die traumatischen Erfahrungsinhalte im Erleben der Betroffenen wieder einen größeren Raum einnehmen.

Eine Gruppe von Menschen litt durchgehend an den Folgen ihrer Traumatisierungen. Es waren Personen, die z. B. aufgrund körperlicher Behinderungen, schwerster Traumata oder ihres (jungen oder alten) Lebensalters nicht in der Lage waren, sich durch Aktivitäten von den Folgen der Traumatisierung zumindest zeitweise zu distanzieren.

Gesellschaftliche Rahmenbedingungen salutogenetischer Hilfen

Die nachstehenden Überlegungen widmen sich der Frage, welche Veränderungen erforderlich sind, um das Leiden o. g. Menschen zu verringern bzw. zu lindern.

Auf der politischen und gesellschaftlichen Ebene bedeutet dies, Rahmenbedingungen zu schaffen, die auch Menschen mit Demenz, insbesondere auch Menschen mit Traumafolgestörungen ermöglichen, einen sicheren Platz mit der Teilhabe am gesellschaftlichen Leben zu behalten. Dies lässt sich am Beispiel der Entwicklung des Pflegebedürftigkeitsbegriffs verdeutlichen. War Pflegebedürftigkeit in den Anfangszeiten der Pflegeversicherung noch stark auf körperliche Einschränkungen bezogen, so finden wir mittlerweile eine erweiterte Definition von Pflegebedürftigkeit vor.

Diese Definition trägt den besonderen Einschränkungen infolge einer Demenz Rechnung. Der neue Pflegebedürftigkeitsbegriff setzt den Schwerpunkt auf den Erhalt von Fähigkeiten anstelle des Auflistens von Defiziten (Medizinischer Dienst des Spitzenverbands Bund der Krankenkassen, 2017). Damit steht der neue Pflegebedürftigkeitsbegriff dem weiter unten erläuterten Salutogenesekonzept deutlich näher und stellt einen kleinen Baustein dar, der es Menschen mit Demenz und ganz besonders Menschen mit Demenz *und* traumatischen Erfahrungen in der Biografie ermöglicht, sich in der Begutachtungssituation nicht nur hilflos und hilfebedürftig, sondern auch als kompetent zu erleben.

Ein weiteres Beispiel für eine positive Veränderung der Rahmenbedingungen für den Umgang mit Demenzbetroffenen sind die bereits beschriebenen Kommunen (Kap. 1.4.3), die ihre »Demenzfreundlichkeit« kritisch überprüfen und sich auf einen demenzfreundlichen Entwicklungsprozess begeben. Wenn Menschen, die in der Verwaltung, auf der Bank, im Supermarkt etc. arbeiten, wissen, wie sie Menschen mit Demenz im Alltag begegnen können, tragen sie dazu bei, dass diese sich länger als Teil der Gesellschaft begreifen und erfahren können. Damit erleben sich auch betroffene Angehörige als weniger ausgegrenzt. Auch gehört dazu, öffentliche Räume zu schaffen, die demenzfreundlich sind. Einfache und gut verständliche Hinweistafeln, gute Ausleuchtung von potenziell dunklen Ecken im öffentlichen Raum, aber auch eine persönliche Begrüßung in Einrichtungen der Verwaltung zeigen beispielhaft kleine und kleinste Handlungsmöglichkeiten auf, die einen Unterschied machen. Deren Umsetzung dient ganz nebenbei auch den Menschen, die nicht von einer Demenz betroffen sind. An dieser Stelle wird deutlich, wie die Sorge um Menschen mit Demenz und die Bereitschaft, sich auf deren veränderte Wahrnehmung einzulassen, positive Effekte für die gesamte Gesellschaft entwickeln kann.

Kontinuität bei öffentlichen Ansprechpartnern und Vorhersehbarkeit in administrativen Abläufen

Der Alltag von Menschen mit Demenz ist von vielen Situationen geprägt, die diese nicht mehr einordnen können und dadurch zu einer emotionalen Verunsicherung bei den Betroffenen führen. Dem kann entgegengewirkt werden, indem die räumlichen Gegebenheiten wie auch die organisatorischen Abläufe in öffentlichen Einrichtungen und der weiteren Umgebung von Menschen mit Demenz in einem hohen Maß vorhersehbar und nachvollziehbar gestaltet werden. Gerade Menschen mit traumatischen Erfahrungen sind in solchen Situationen besonders verletzbar.

Auf organisatorischer Ebene bedeutet diese Forderung, dass Unterstützungs- und Versorgungsangebote sich vorrangig an den Bedürfnissen der Betroffenen ausrichten; dabei sind persönliche Wertschätzung und Kontinuität der Ansprechpartner und Bezugspersonen für Demenzbetroffene von Bedeutung. So wird eine Voraussetzung für die Ritualisierung von Abläufen geschaffen. Derartige Ritualisierungen vermitteln den Betroffenen die Erfahrungen von Vertrautheit und damit Sicherheit.

Architektonische und sozialräumliche Gestaltung in den Kommunen

Architektonisch bedeutet eine demenzfreundliche Umgebung, auf dunkle Ecken, Zwielicht und spiegelnde Flächen in öffentlichen Gebäuden zu verzichten und stattdessen mit einer klaren Farbgestaltung, Kontrasten und eindeutigen Signalen Klarheit zu schaffen.

Neben den Gemeinschaftsorten braucht es Rückzugsorte für die Betroffenen und eine Ausstattung dieser Orte, die verständlich und handhabbar ist.

Dann ist beispielsweise ein altes Radio, welches auch von Menschen mit Demenz noch bedient werden kann, sinnvoller als ein neues High-Tech-Gerät.

Kleine und überschaubare Lebensbereiche ermöglichen eher die Erfahrung, ein Teil der Gemeinschaft zu sein als große und unpersönliche Wohnbereiche.

Unterstützende Interaktionserfahrungen für Menschen mit Demenz und/oder Traumafolgestörungen in Betreuung und Pflege

In den persönlichen Beziehungen ist es die Art und Weise des Umgangs, die entscheidend dafür ist, ob ein Mensch mit traumatischen Erfahrungen Gegenerfahrungen machen kann oder im schlimmsten Fall retraumatisiert wird. Die wesentlichen Prinzipien eines wertschätzenden Umgangs wurden bereits beschrieben und gelten allgemein für Menschen mit Demenz und in besonderer Weise für Menschen mit Demenz und Traumafolgeschäden.

Im Alter lässt die Leistungsfähigkeit nach; das, was die traumatischen Erinnerungen über viele Jahre in Schach gehalten hat, funktioniert nicht mehr vollständig. Die hohe Leistungsbereitschaft nach dem Krieg und der Wiederaufbau können, wie erwähnt, für viele Menschen mit Traumafolgestörungen als – lange funktionierender – Versuch gesehen werden, traumatischen Erinnerungen durch Aktivität entgegenzuwirken. Sich nun versorgen zu lassen und Hilfe anzunehmen ist für viele Betroffene fremd und erzeugt Skepsis und Abwehr. Ein kooperatives Miteinander in der Pflege wird auf diese Weise erschwert. Es birgt darüber hinaus die Gefahr neuer traumatisierender Erfahrungen, etwa durch übergriffiges Verhaltens von pflegenden Angehörigen oder von Pflegekräften (s. hierzu auch Kap. 2.4.2). Hilfs- und Unterstützungsangebote müssen sich auf diese besonderen Bedingungen einstellen. Sie sollten sich fragen lassen, ob sie den Betroffenen genügend Raum geben, sich als aktiv und handelnd zu erleben. Sie sollten sich daraufhin prüfen, ob die angebotenen Hilfen verstehbar sind und dem Menschen mit Demenz ausreichende Möglichkeiten der Mitgestaltung geben.

Sie sollten sich fragen lassen, ob sie die Lebensleistungen der Betroffenen kennen und dann auch würdigen können. Das Wissen um traumatische Erfahrungen in der Biografie alter Menschen fordert Helfende heraus, adäquat damit umzugehen Es bildet die

Grundlage späterer Biografiearbeit. Neben spezifischen Angeboten, die weiter unten dargestellt werden, brauchen Menschen mit Demenz und Traumafolgestörungen Erfahrungen von Selbstwirksamkeit. Auf dem Gefühl der Selbstwirksamkeit gründet sich die Resilienz der Betroffenen. So können sie sich wieder als Mitglieder der sie umgebenden Gemeinschaft erleben. Die Erfahrung, als mitgestaltendes Wesen an einer Gemeinschaft teilzuhaben, bildet die zentrale Gegenerfahrung zur Ohnmacht und Hilflosigkeit der traumatischen Situation. Sie ist die Grundlage von Resilienz und Salutogenese.

Resilienzerfahrungen können im Sinne Antonovskys (1997) auch als salutogenetische Erfahrungen beschrieben werden. In seinem Salutogenesekonzept beschreibt er das Kohärenzgefühl als den wesentlichen Faktor psychischer Gesundheit.

> Das Kohärenzgefühl setzt sich aus folgenden Erfahrungsqualitäten zusammen:
> - Verstehbarkeit,
> - Handhabbarkeit,
> - Sinnhaftigkeit.

Umgebungsbedingungen, die derartige Erfahrungen ermöglichen, schaffen ein Gegengewicht zum traumatischen Erleben. Sie stellen damit einen Beitrag zur Prävention von Retraumatisierungen in der Folge einer demenziellen Entwicklung dar.

Biografische Aspekte

Soweit Auslösereize für ein traumatisches Erleben, sogenannte Trigger bekannt sind, hat deren Vermeidung oberste Priorität. Einzelne Verhaltens- und Handlungsweisen können auf traumatische Erfahrungen hinweisen, auch wenn die Biografie des Einzelnen unbekannt ist. Im Fall von Frau Naumann kann vermutet werden, dass das Nasswerden des Gesichts beim Waschen die Erinnerung an die

Flussdurchquerung und das tief traumatisierende Gefühl, die Mutter verloren zu haben, triggert, d. h., wieder aktualisiert.

Die biografische Information hilft den Pflegenden, unverständliches Verhalten einzuordnen. Gelang es Frau Naumann über viele Jahrzehnte, die aktuelle Wirklichkeit und frühere Erfahrungen voneinander zu trennen, ist dies in ihrer jetzigen Verfassung nicht mehr möglich. Die Erinnerung an die eigene Person als kompetent und handlungsfähig – auch im Umgang mit Wasser – gerät immer mehr in Vergessenheit. Kaum berührt der Waschlappen ihr Gesicht, wird Frau Naumann wieder zum kleinen, hilflosen Kind, und ihre einzige Möglichkeit, darauf zu reagieren besteht darin, sich zu wehren. Im Vergleich zu dem traumatischen Erlebnis im Fluss ist dies als Fortschritt zu sehen, denn jetzt kann sie sich immerhin wehren.

Den Mitarbeitern sind die Zusammenhänge klar und es besteht Einigkeit im Team, dass tägliches Waschen des Gesichts nicht erforderlich ist. Aber ganz darauf verzichten? Dies scheint keine Lösung zu sein. Es ist auch nicht davon auszugehen, dass Frau Naumann sich dann wohl fühlen würde. Die Mitarbeiter stellen sich diesem ethischen Konflikt und überlegen, wie sie das Waschen so gestalten könnten, dass Frau Naumann neue Erfahrungen macht. Hierzu ist es hilfreich, auf die Erfahrungen zu schauen, die Frau Naumann in der traumatischen Situation ihrer Kindheit gemacht hat. Dem kurzfristigen Alleinsein und der Angst vor dem Ertrinken bei der Flussdurchquerung war sie hilflos ausgeliefert. Selbst wenn sie verstanden hat, wie alles passierte, nutzte ihr dieses Verstehen nicht, und es war kein Sinn in dieser Situation zu finden. Keines der das Kohärenzgefühl konstituierenden Elemente war in der damaligen Situation vorhanden. Wenn es nun gelingen soll, das Waschen erträglich und akzeptabel zu gestalten, dann muss das Vorgehen darauf abzielen, Frau Naumann eine salutogenetisch korrigierende Erfahrung zu ermöglichen.

Nach diesen Vorüberlegungen nimmt sich ein Mitarbeiter daher vor, beim nächsten Waschen besonders die Aspekte von Verstehbarkeit, Handhabbarkeit und Sinnhaftigkeit der Situation zu beachten. Um die abstrakt formulierten Begriffe auf konkretes Handeln zu übertragen, werden Elemente des Marte-Meo-Konzepts (Aarts,

2013; Berther u. Loosli, 2015; Hawellek, 2005, 2012, 2017) genutzt, die im Folgenden beschrieben werden. Die Waschsituation wird gefilmt und kann somit im Nachhinein Schritt für Schritt analysiert werden.

Frau Naumann liegt im Bett. Alle Utensilien liegen bereit. Mit einem »Guten Tag, Frau Naumann!« wird sie begrüßt. Dabei beugt sich der Mitarbeiter zu ihr und berührt sie an der Schulter. Er wartet einen Moment, Frau Naumann schaut ihn an und murmelt etwas Unverständliches in einem ruhigen, entspannten Tonfall. Erst nach dieser Begrüßung teilt ihr der Mitarbeiter mit, was er vorhat: »Ich möchte sie gleich waschen.« Dabei ist sein Tonfall ruhig und entspannt.

Anschließend benennt er jeden Schritt, den er tut, in einfachen Worten und wartet, bis er sieht, dass Frau Naumann verstanden hat. Während er wartet, schaut er sie an und nimmt wahr, wie sie die Situation erlebt. Auch diese Wahrnehmung fasst er in Worte. So sagt er beispielsweise: »Das ruckelt ein wenig« als das Bett beim Hochfahren in der Tat ruckelt.

Bereits zu diesem Zeitpunkt hat Frau Naumann viele kleine Momente erlebt, die Gegenerfahrungen zu der traumatischen Situation ihrer Kindheit sind:
- Sie wurde gesehen, war als Person bedeutsam – das macht nicht nur Sinn, das konstituiert Sinn. Je weniger sich Sinn über bestimmte Handlungen erschließt, desto bedeutsamer wird Sinnstiftung über eine wertschätzende Beziehung. Dies erfolgte, indem sie vom Mitarbeiter zunächst freundlich begrüßt wurde, bevor die Pflegehandlung startete, und auch, indem er sein Tempo ihrem Tempo anpasste.
- Frau Naumann konnte sich auf jeden nächsten Schritt einstellen. Der Mitarbeiter kündigte jeden seiner Handlungsschritte an und machte sich dadurch vorhersehbar. Auf diese Weise erlebte sie Verstehbarkeit und Handhabbarkeit. Handhabbarkeit wird auch dadurch erfahrbar, dass wir gedanklich Handlungen folgen können. Hier kommt das Element »Benennen, was ich tue« zur Anwendung.

- Ihre Wahrnehmungen wurden bestätigt und damit wertgeschätzt – das schafft Sinn und Verstehbarkeit und wird mit dem Element »Initiativen wahrnehmen, folgen und benennen« umgesetzt.

Dabei erhielt sie über Mimik, Gestik und Tonfall des Pflegers immer wieder die Information, dass keine Gefahr droht. Ob sich einer schwer dementen Frau noch der Sinn des Waschens erschließt, sei dahingestellt. Was sie erlebt hat, war Sinn durch die Beziehung. Eine wertschätzende Beziehung schafft Sinn, indem sie das Gegenüber als eine einmalige und bedeutsame Person behandelt.

Auf diese Weise gelingt es, Frau Naumann die Hände zu waschen, aber sobald sich der Pfleger ihrem Gesicht nähert, wehrt sie ab. Und er nimmt diese Abwehr wahr und respektiert sie.

Jetzt erlebt sich der Pfleger in einem Dilemma: Frau Naumanns Abwehr respektieren versus ihr Gesicht waschen.

Er nimmt sich einen Moment Zeit, denkt nach und schlägt Frau Naumann vor, sie im Sitzen zu waschen.

Damit gelingt es, eine Verbindung der unvereinbar erscheinenden Aspekte herzustellen. Im Videobild wird deutlich, welch wesentlicher Perspektivenwechsel sich durch die Veränderung der Körperposition für Frau Naumann ergibt. Sie ist auf Augenhöhe mit dem Mitarbeiter; sie kann den Raum ganz normal sehen und hat dadurch die Chance, bekannte Dinge wiederzuerkennen (ganz im Gegensatz zur liegenden Position). Auch wenn sie in ihrer Beweglichkeit erheblich eingeschränkt ist, könnte sie jetzt wesentlich leichter aufstehen als aus der liegenden Position heraus. Nähe und das Erleben von Beziehung wird dadurch ebenfalls leichter möglich; der Pfleger kann seinen Arm um Frau Naumann legen und ihr dadurch die nötige Nähe geben. Durch den Blickkontakt erhält er permanent Rückmeldung darüber, ob ihr dies auch angenehm ist. Er braucht keine Fragen zu stellen, er erhält die Antwort, indem er wartet und aufmerksam beobachtet. Der Mitarbeiter hat Frau Naumann also durch den Positionswechsel in eine deutlich sicherere, verstehbare und handhabbare Situation gebracht.

In dieser veränderten Position, den Arm um Frau Naumann gelegt und mit dem Blick bei ihr, schlägt er ihr nun vor, sich selber zu waschen. Hierzu bietet er ihr den Waschlappen an. Frau Naumann, die bisher nur unverständlich gesprochen hat, sagt plötzlich ganz klar: »Das ist noch viel schlimmer.« Damit zeigt sie ganz deutlich – trotz ihrer erheblichen Einschränkungen –, was möglich ist und was nicht.

Der Pfleger hat nun die Handlung eingebettet in eine Situation von Nähe, Beziehung, Vorhersehbarkeit und Wahrnehmung – und dies in einer für beide Seiten recht entspannten Situation. Frau Naumanns Gesicht, ihre Stimme und ihre Körperhaltung zeigen keine besondere Anspannung.

Dem Mitarbeiter ist es gelungen, sie in der gemeinsamen Situation zu halten und diese als »ungefährlich« zu vermitteln. Das ist im Vergleich zu den früheren Waschsituationen eine deutliche Verbesserung. Gleichzeitig macht Frau Naumann unmissverständlich klar, dass der Waschlappen nicht ins Gesicht kommen sollte.

Die bisherige Betrachtung nimmt die Pflegehandlung »Waschen« und ihren Ablauf in den Blick. Frau Naumann als Person war dabei mit im Blick, indem sie persönlich begrüßt wurde, der Pfleger Körper- und Blickkontakt herstellte und ihre Wahrnehmungen benannt wurden. Damit ist der Blick pflegezentriert. Gerade das Video stellt eine wunderbare Möglichkeit dar, diesen Blick stärker auf den Menschen als Mittelpunkt des Geschehens zu lenken. Frau Naumann hat mehrfach »gesprochen«. Die Worte waren bis auf eine Ausnahme (s. o.) nicht verständlich. Allzu leicht wird sie als jemand beschrieben, der sich nicht mehr äußern kann. In der Marte-Meo-Arbeit werden alle Äußerungen eines Menschen als Ausdruck dieser Person gesehen und sie verdienen es, wahrgenommen und beantwortet zu werden.

Mit diesem Blick fällt im Video auf, dass der Pfleger auf die Lautäußerungen von Frau Naumann fast jedes Mal »antwortet« – indem er nickt, in ähnlichem Tonfall reagiert. Diese unscheinbaren

Momente sind bedeutsam. Denn jedes Mal erlebt Frau B., dass sie – unabhängig von pflegerischen Notwendigkeiten – als Person wahrgenommen wird und dass ihr Bedürfnis nach Kommunikation und Austausch beantwortet wird.

Im Film wird deutlich, wie der Mitarbeiter dieses Bedürfnis intuitiv nutzt, um eine Lösung zu finden.

Er legt seinen linken Arm um Frau Naumann, kommt ihr sehr nahe und hält intensiven Blickkontakt. Mit der rechten Hand nimmt er den Waschlappen und tupft ganz vorsichtig Frau Naumanns Gesicht ab. Sie wirkt entspannt. Während des Abtupfens »unterhalten« sich die beiden. Frau Naumann gibt weiterhin entspannte Laute von sich, der Mitarbeiter antwortet, spricht in sanftem Ton und hat »nur Augen für Frau Naumann«. Das Gesicht ist gewaschen und Frau Naumann hat Beziehung erlebt.

Bei der Betrachtung des Videos kann nachvollzogen werden, was hier passiert ist. Über einen längeren Zeitraum ist es dem Mitarbeiter gelungen, Frau Naumann in der gemeinsamen Situation zu halten. Damit konnte er die Spanne dessen, was sie ohne Angst ertragen kann, ein wenig vergrößern. Das Waschen des Gesichts blieb dabei tabu. Frau Naumann zeigt aber einen Weg auf. Den gut gemeinten und häufig sehr hilfreichen Vorschlag, dass sie sich selber waschen könne, lehnt sie in diesem Moment deutlich ab. Was sie hier braucht ist, gesehen und gehört zu werden. Je kritischer die Situation ist, desto mehr braucht sie es. Der Mitarbeiter nimmt dies intuitiv wahr und folgt Frau Naumanns Initiativen immer mehr, bis das Waschen nebensächlich wird.

In einer gemeinsamen Fallbesprechung kann nun das Video gezeigt und damit die Information über das, was Frau Naumann an konkreter Unterstützung benötigt, geteilt werden. Häufig werden Bedenken gegen die videobasierte Arbeit in der Betreuung und Pflege mit dem Einwand vorgetragen, dass diese Form der Hilfe Zeit koste.

Am Beispiel von Frau Naumann sind die Mitarbeiter und Mitarbeiterinnen eingeladen, darüber nachzudenken, ob ein solches

Vorgehen wirklich mehr Zeit braucht. Mit Blick auf die Uhr stimmt das nur teilweise, denn der Umgang mit Menschen, die sich gegen eine Handlung wehren, kostet zusätzliche Zeit. Die Pflegenden sehen, dass das Waschen in diesem Fall von einem Mitarbeiter anstelle von zweien durchgeführt werden konnte und dass die Zeit, sich von solch schwierigen Situationen zu erholen, wie sie bis vor Kurzem bestanden, wegfällt. Am Ende sind nämlich beide entspannt.

Der Mitarbeiter, der bereit war, sich filmen zu lassen und diese Form des Umgangs auszuprobieren, kann jetzt aus der Beobachterperspektive sehen, was und wie er es getan hat. Er kann sich nochmals über diesen Erfolg freuen und die Bilder in seinem Kopf bewahren.

Es ist davon auszugehen, dass die Pflege von Frau Naumann zunehmend leichter wird, wenn die Mitarbeiter konsequent darauf achten,
- Frau Naumann wahrzunehmen, d. h., sie mit Namen anzusprechen, Blickkontakt und Körperkontakt anzubieten; Frau Naumanns Wahrnehmungen zu benennen, d. h., in Worte zu fassen und ihre Signale aufzugreifen;
- sich vorhersehbar zu machen, d. h., alle Handlungen in einfachen Worten und passenden Gesten anzukündigen und zu schauen, ob Frau Naumann schon bereit ist;
- zu warten – um das Tempo von Frau Naumann zu erkennen und zu respektieren.

Sowie sie erlebt, dass dieses Vorgehen sich wiederholt, kann sie nach und nach Vertrauen entwickeln.

Das Beispiel enthält eine Vielzahl unterstützender Momente, die auch in traumatherapeutischen Ansätzen wie dem von Reddemann (2017) beschrieben werden.

Reddemann unterscheidet bei psychotherapeutischen Hilfen für Traumapatienten verschiedene Phasen; die Stabilisierungsphase, die Bergung verletzter Anteile und die Konfrontationsphase und die Phase der Neuorientierung und Integration.

Für Menschen mit Demenz sind in der Hauptsache die Phasen der Stabilisierung und die Bergung verletzter Anteile zentral. Die Phasen der Konfrontation, Neuorientierung und Integration sind wegen der demenziellen Einschränkungen für die Betroffenen selber kaum noch von Bedeutung. Im Unterschied zu nicht demenziellen betroffenen Personen geht es bei Menschen mit Demenz zumeist nicht mehr um das Ziel, sich aus eigener Kraft stabilisieren zu können, sondern um eine Stabilisierung durch aufmerksame und wertschätzende Beziehungen. Gleiches gilt für die Bergung verletzter Anteile.

Übertragen auf die besonderen Bedürfnisse von Menschen mit Demenz und Traumafolgestörungen können diese somit folgendermaßen formuliert werden:

Stabilisierung: Alles, was Menschen mit Demenz dazu verhilft, sich als bedeutsam, liebenswert und in Beziehung zu erleben, trägt zu deren Stabilisierung bei. Auf dieser Basis kann die gemeinsame Situation als »ungefährlich« erlebt werden. Das Anknüpfen an persönliche Ressourcen und positiv besetzte Erinnerungen hilft, das eigene Bild hilfreich zu verändern. Wenn Reddemann schreibt, dass 95 % der Traumatherapie auf die Stabilisierung ausgerichtet sein sollen, dann kann dies für Menschen mit Demenz und Traumafolgestörungen umso mehr postuliert werden.

Daneben bemühen sich die Menschen in ihrer Umgebung, Lärm zu vermeiden. Wenn abrupter Lärm nicht vermeidbar ist, z. B. beim Föhnen der Haare oder beim Schließen der Autotür, kündigen sie ihn an und ermöglichen, sich darauf einzustellen.

Bergung verletzter Anteile: Trotz aller Bemühungen zur Schaffung eines haltgebenden Umfelds können ganz unterschiedliche Reize als Trigger für Flashbacks funktionieren; das laute Knallen einer Tür, eine dunkle Ecke, eine unangenehme Stimme, ein bestimmter Geruch und Ähnliches können Auslöser dafür sein, dass das alte Trauma wieder aktualisiert wird. Dann brauchen Menschen mit Demenz zeitnah Gegenerfahrungen zu den damaligen traumatischen Erfahrungen. Zuallererst brauchen sie die Erfahrung, dieses Mal nicht allein zu sein. Ebenso brauchen sie die Erfahrung, dass ihre Gefühle wahrgenommen, bestätigt und damit validiert werden (Frick-Baer, 2013). Dies geschieht, wenn Sorgende bei dem Betroffenen bleiben und das im Erleben des Betroffenen schier Unerträgliche anteilnehmend aushalten.

Wenn sie durch ihre Wortwahl eine Distanzierung vom traumatischen Erleben schaffen, indem sie benennen, dass jetzt ein anderer Zeitpunkt ist als damals, schaffen sie die Möglichkeit, die Situation neu zu bewerten. Wenn das geschieht, können Menschen mit Demenz solche Momente neu erleben und mit einer veränderten Bedeutung versehen.

Wenn Mitarbeiter erleben, dass Frau Naumann zittert und sich verkriecht, dann gehen sie auf sie zu und nehmen sehr fein wahr, wie viel Nähe sie braucht und erträgt. Sie sprechen leise mit vielen Pausen mit ihr. Meist möchte sie zu Beginn keinen Körperkontakt, macht sich klein und schaut zu Boden. Wenn Frau B. den Kopf langsam hebt, den jeweiligen Mitarbeiter anschaut, dann kommt dieser näher und legt vorsichtig den Arm um sie. Schritt für Schritt beruhigt sich Frau Naumann.

Da nicht immer bekannt ist, durch welche Auslöser traumatische Erfahrungen reaktiviert werden, ist eine überschaubare Gestaltung der Umgebung und der Alltagsabläufe von großer Bedeutung. Eine Tagesstruktur mit ritualisierten Elementen und genügend Freiraum für die Betroffenen gibt Orientierung und die Erfahrung, in die Gemeinschaft eingebunden zu sein.

Neben den allgemeinen Prinzipien, die allen Menschen in verunsichernden Lebenssituationen zugutekommen, gibt es spezifische Möglichkeiten und Angebote für demenziell erkrankte Menschen mit traumatischen Erfahrungen in ihrer Biografie. Die nachstehend beschriebenen Angebote eignen sich besonders für Menschen in den Anfangsstadien der demenziellen Entwicklung.

Weitere Möglichkeiten von Hilfe und Selbsthilfe

Baer (2016) zufolge haben sich sogenannte Wertschätzungsgruppen – ressourcenorientierte Gesprächsrunden – als hilfreich erwiesen. Die Teilnehmer werden anhand biografisch bedeutsamer Gegenstände und anderer Anreize, z. B. Musik, dazu eingeladen, sich an damit verknüpfte positive Erfahrungen zu erinnern und sich mit anderen darüber auszutauschen.

Den eigenen Ressourcen wird dadurch mehr Raum gegeben. Kreative Angebote wie Musik, Malen und Gestalten ermöglichen es, dem Unaussprechlichen Ausdruck zu geben, es aktiv zu gestalten und wenn möglich in Worte zu fassen. Damit wird auf nonverbaler Ebene eine Gestaltung und Veränderung einer ehemals unbeherrschbaren und nicht zu beeinflussenden Situation ermöglicht.

Imaginationen – in der Traumatherapie ein etablierter Bestandteil – sind zum Teil auch bei Menschen mit Demenz anwendbar. Voraussetzung dafür ist die Schaffung einer guten tragenden Beziehung (Reddemann, Kindermann u. Leve, 2013).

In frühen Stadien der Demenz kann im Erzählen als therapeutischem Mittel die narrative Exposition und die Life-Review-Technik (Maercker u. Müller, 2004) hilfreich sein. Die Erfahrung, das damals Unaussprechliche nun aussprechen zu können, Worte dafür zu haben und nun – im Rückblick – die Stärke des Überstehens wahrzunehmen, hat heilsamen Charakter.

In der Testimony-Technik, d. h. der Zeugenschaft für andere, werden traumatische Erinnerungen verschriftlicht und die Erzählerin erhält auf diese Weise die Autorenschaft über ihre Geschichte zurück. Bei dieser Technik steht nicht die Auseinandersetzung mit den traumatisierenden Erfahrungen im Vordergrund, sondern deren Einordnung in zeitgeschichtliche Kontexte. Ziel ist es, Zeugnis abzulegen, »zu einer konsistenten Erzählung« (Maercker u. Müller, 2004, S. 46) zu gelangen und die Erfahrung auf diese Weise mit anderen zu teilen. Damit verliert das traumatische Erleben die ausschließlich individuelle Qualität und wird Teil eines gemeinschaftlichen Wissens und Verstehens.

In einer zwischen 2013 und 2016 in NRW durchgeführten Studie »Alter und Trauma« (Ministerium für Gesundheit, Emanzipation, Pflege und Alter des Landes NRW, Stiftung Wohlfahrtspflege NRW, 2014) wurde das Thema aus unterschiedlichen Perspektiven beleuchtet und es wurden Materialien für die Fortbildung entwickelt. Die Autoren beschreiben hierbei sechs Wege, wie sich Betroffene in den Anfangsstadien demenzieller Entwicklungen im Sinne einer Selbsthilfe unterstützen können. Dazu gehören:

Reden und mitteilen: Erzählcafés, Schreibwerkstätten, Selbsthilfegruppen, Gespräche mit vertrauten Menschen eröffnen Möglichkeiten, in einem geschützten Rahmen alte traumatische Erlebnisse mitzuteilen. Die Erfahrung, dass es Worte für das eigentlich Unaussprechliche gibt, dass die Erfahrungen wahr-genommen und damit bezeugt werden und dies in einem Sicherheit gebenden Beziehungskontext erfolgt, ist für viele Betroffene heilsam. Damit schaffen sie eine Gegenerfahrung zu dem Zeitpunkt, als ihre Not nicht wahrgenommen wurde, sie diese nicht teilen konnten und sich allein gelassen fühlten.

Kreative Angebote: Gefühle in Worte zu fassen fällt vielen Menschen mit traumatischen Erfahrungen schwer. Nichtsprachliche Angebote wie Musik- und Kunsttherapie ermöglichen einen neuen Zugang zum Erleben. Belastende Gefühle können ausgedrückt und im Prozess des Gestaltens verändert werden. Pflegende und Sorgende können Menschen mit Demenz stellvertretend Worte für ihre Gefühle geben. Im Prozess des Benennens werden Gefühle handhabbar; es gibt Worte dafür. Gleichzeitig signalisieren Mimik und Tonfall, dass diese Gefühle auszuhalten sind, und eröffnen damit eine neue Perspektive.

Sicherheiten schaffen: Wenn Menschen infolge einer demenziellen Erkrankung die Fähigkeit verlieren, Sinneswahrnehmungen aus der Umwelt adäquat einzuordnen, brauchen sie, wie schon weiter oben beschrieben, sowohl räumlich als auch organisatorisch und emotional ein Umfeld, das Sicherheit schafft. Im persönlichen Umgang sind Menschen mit Demenz und traumatischen Erfahrungen ganz besonders auf eine gute, wertschätzende Atmosphäre angewiesen. Sie brauchen Menschen, die ihr Tempo respektieren und sich selber in ihren Handlungen vorhersehbar machen.

Ein gutes Körpererleben fördern: Viele Menschen mit Demenz erleben kaum noch Körperkontakt und wenn, dann meist in Form von Pflegemaßnahmen. Dies jedoch schafft keine ausreichende Gegenerfahrung zur traumatischen Erfahrung, bei der der eigene Körper oft unvorhergesehen und/oder schmerzhaft wahrgenommen wurde. Wenn es Pflegenden gelingt, allgemeine pflegerische

Maßnahmen in einer Atmosphäre der Zugewandtheit, der Vorhersehbarkeit und auch des Genießens umzusetzen, können sie solche Gegenerfahrungen ermöglichen. Hierzu tragen auch positive Bewegungs- und sensorische Erfahrungen bei.

3 SYSTEMISCHE KONZEPTE

3.1 SYSTEMISCHE BERATUNG
3.1.1 Beratungsformate

Es gilt, innerhalb aller Arten von psychosozialer Beratung die verschiedenen Beratungsformate zu unterscheiden (Hoff u. Zwicker-Pelzer, 2015). Wir haben es einerseits zu tun mit der *Krisenberatung* bei emotional-sozialen Engpässen, mit Sinnfindung, Sinngebung, Sinnsuche und ihrem Wandel; andererseits geht es in speziellen Fragen und Anliegen der Lebensbewältigung darum, kognitive, körperliche, emotionale und soziale Prozesse anzuregen.

Vom Format her gilt es ebenso, Unterschiede zu bilden zwischen *formellen* und *informellen* Beratungskonstellationen (Beispiel: die offizielle Beratung als formelle und die Selbsthilfe als informelle).

Daneben haben sich *formalisierte* und *halbformalisierte* Beratungszusammenhänge herausgebildet. Für die gesundheits-, erziehungs-, sozial- und medizinbezogenen Berufe dürften die halbformalisierten Formen meist im Vordergrund stehen (Zwicker-Pelzer, Rose u. Geyer, 2011). Dies trifft dann zu, wenn die pflegerische Handlung z. B. zum Anlass für ein gutes Gespräch und schließlich zur Beratung wird. Die formalisierten Beratungen verstehen sich meist als Pflegeberatung und werden dabei eher unter dem Aspekt der Wissensberatung über z. B. geeignete Hilfen bei der Lebensbewältigung unter Einschränkungen verstanden. Oft leisten die Krankenkassen, die Versicherungen und die Pflegestützpunkte diese Beratung als zugehende/aufsuchende Beratung. Sie sind nicht von vorneherein von einer neutralen Haltung geprägt.

> Wenn systemische Kernkompetenzen von Beratung auf ein systemisches Pflegeverständnis treffen, dann gilt:
> - Der Umgang mit Krisen ist eine der zentralen menschlichen Kompetenzen. Damit ist sowohl Krisen*bewusstsein* wie auch Krisen*intervention* gemeint. Aufgrund ihrer gesundheitlichen Situation mag es für Menschen mit Demenz Einschränkungen in ihrer autonomen Lebensbewältigung geben. Der Umgang mit diesen Einschränkungen benötigt Verständnis und Einfühlungsvermögen von Seiten der Beratenden sowie die Kompetenz für geeignete Interventionen.
> - Beratungskompetenz braucht die Erweiterung der Perspektiven, d. h., es geht um die Fähigkeit, mit dem zu Beratenden eine Multiperspektivität einnehmen zu können.
> - Beratung im Alter braucht unbedingt die Mehrgenerationenperspektive.
> - Beratungskompetenz ist die »Ziel- und Auftragsklärung«, ganz nach dem Motto: »Repariere nicht dort, wo nichts kaputt ist und alles funktioniert ...«
> - Beratung braucht *Prozessbegleitungs*kompetenz: das richtige Tempo, die richtige Intervention zur richtigen Zeit.
> - Beratung in der Pflege braucht *Prozesssteuerungs*fähigkeiten, d. h. methodische und Gesprächsführungskompetenzen.
> - Beratungs*kompetenz* ist es auch zu erkennen, wann »Beratung« am Ende ist und andere dran sind, welche anderen Beratungsdienste möglicherweise hilfreicher sein können.
> - Beratung braucht geschützte Orte, Räume, Zeiten, sowohl in der stationären Pflege und Betreuung wie auch in den aufsuchenden Diensten.
> - Systemische Beratung im Alter, in Betreuung und Pflege braucht den Blick auf die Meso-Bezugssysteme; die soziale Vernetzung der Menschen und der Dienstleistungen.

Während des Pflegeprozesses gliedert sich die Pflegeperson zeitweise als Subsystem der Familie ein und nimmt dessen Energien, Rhythmen und Muster in sich auf. Abwechslungsweise soll sie sich jedoch als außenstehende Beobachterin des Geschehens aus dem System bewegen. Außerdem bewegt sie sich je nach Bedarf vom Familiensystem zu einzelnen Personen, ohne dabei ihre objektive Identität zu verlieren. Die professionelle Beziehung zu und mit einer Familie zu erreichen, ähnelt der Beziehung zu einer Einzelperson. Die Familie profitiert davon, wenn Pflegende zuhören und Anteil nehmen anstatt Ratschläge zu erteilen. Pflegende und Beratende profitieren davon, wenn sie sich selbst sorgfältig beobachten und hinterfragen, wie wohl sie sich selbst im Gespräch und als Teil der Familie fühlen. Sie erleben direkt und sehr konkret eine Spiegelung der Gefühle der Familienmitglieder in der neuen und meist ungewohnten Situation. Sich Zeit zu nehmen für ein scheinbar bangloses Gespräch und etwas Humor einzubringen ist wichtig, um auftauchende Spannungen zu lockern.

Im Unterschied zu Therapie stellt Pflege die Unterstützung des oft schon vorhandenen Gesundheitsprozesses dar. Die Familie bleibt während des ganzen Prozesses aktiv und bestimmt ihre Richtung selbst. Sobald sie versteht, wie sie selbst weitere Lösungen finden kann, kann sie alleingelassen werden in ihrem Bestreben nach Gesundheit. Die Pflegeperson löst sich zu diesem Zeitpunkt aus dem temporären Interaktionssystem.

Je nach der Situation mag ein Erfolg der Pflege leicht zu erreichen sein oder es braucht interdisziplinäre Unterstützung. Von großer Bedeutung ist für Pflegende das Erkennen ihrer Grenzen. Wo bittere Anschuldigungen, Hass oder Hoffnungslosigkeit das Familiengespräch beherrschen, müssen andere Wege eingeleitet werden. Vielleicht gelingt es, solche Familien zu einer Therapie zu bewegen. Die Beurteilung der Einzelfälle beruht auf dem sachkundigen Erkennen der Fähigkeiten und Grenzen der Pflegenden.

Es kommt oft vor, dass professionell Pflegende den Mut nicht aufbringen, sich an die Pflege der Familie zu wagen. Die systemische Pflege ist eine deutliche Erweiterung im Bereich der Gesundheitspflege. In der Zusammenarbeit erwarten sowohl Einzelpersonen als auch Familien ein offenes Ohr und schöpfen Mut, wenn ihre Anstrengungen anerkannt werden.

3.1.2 Pflege und Betreuung verlangen vom Familiensystem eine Systemänderung

Für die professionelle Pflege haben Friedemann und Köhlen (2010) die systemisch relevanten Zusammenhänge beschrieben. Es geht um:

- Wertänderung
  - situationsbedingte Änderung
  - Änderungen in menschlichen Beziehungen
  - Rollenänderungen
  - Umweltänderungen
  - Wertänderungen bei den Angehörigen
- Ressourcen für Anpassung
  - flexible Ansichten/Lebenseinstellung
  - unterstützende Mitmenschen
  - starke Kohärenz
  - materielle Mittel
  - Bildung/Lernfähigkeit
  - bewährte Anpassungsstrategien
  - Glaube/Halt/Zuversicht
- Probleme mit Systemänderungen
  - unbeugsame Werte der Systemerhaltung
  - rigide Rollen und Einstellungen der Angehörigen
  - Verlust von Kohärenz und Selbstvertrauen
  - fehlende Individuation
- Angst um die Stabilität
  - Inkongruenz mit der Umwelt/Mitmenschen

Krankheit, nachlassende physische, psychische und kognitive Fähigkeiten bringen die Familienstrukturen heftig, wenn auch unterschiedlich in der Dynamik, aus dem gewohnten Gleichgewicht:

- hinsichtlich der Homöostase, dem Ringen um Gleichgewicht: zwischen Veränderung und Bewahren/Erhalten;
- hinsichtlich der Offenheit oder Geschlossenheit nach außen;
- intergenerationelle Schieflagen können entstehen;
- es wird versucht, »alte Rechnungen« zu begleichen;
- die alten Regeln und Muster des Füreinander-Sorgens und Füreinander-Daseins müssen geprüft und neu justiert werden.

3.2 SYSTEMISCHE BERATUNG BEI DEMENZ

Beim Stichwort »Beratung bei Demenz« fällt den meisten zunächst die Angehörigenberatung ein. Nicht selten aber verstellt der Blick auf die Angehörigen den Blick auf die Betroffenen. In Gesprächen wird viel über sie, aber kaum *mit* ihnen gesprochen. Dieses Buch möchte dazu einladen, Menschen mit Demenz stärker in den Beratungsprozess einzubinden, und geeignete Wege dazu aufzeigen. Hierzu eignen sich die systemische Therapie und Beratung ganz besonders. Johannsen und Fischer-Johannsen (2011) schreiben: »Die Systemische Therapie ist besonders geeignet, weil es in einem Mehrpersonensystem erfahrungsgemäß häufig zu dysfunktionalen Kommunikations- und Verhaltensmustern kommt. Solche Muster zwischen dem Erkrankten und seinen Angehörigen und/oder in den Beziehungen zu den Unterstützungssystemen im Umfeld können die Symptomatik begünstigen und die Belastung aller Beteiligten erhöhen« (S. 296).

Wenn diese Einbindung gelingen soll, dann braucht es nicht nur Kenntnisse in der systemischen Gesprächsführung, sondern auch die Anpassung an die besonderen Bedürfnisse Demenzkranker. Basierend auf Johannsen und Fischer-Johannsen (2011) und ergänzt um eigene Erfahrungen aus der beraterischen Praxis werden an dieser Stelle einige Besonderheiten dieses speziellen Beratungskontextes herausgearbeitet:

Setting: Nur in den wenigsten Fällen werden Menschen mit Demenz den Erstkontakt zu einer Beratungsstelle oder Ähnliches anregen. Umso wichtiger ist es, sie bereits zum Erstgespräch mit einzuladen und einzubeziehen. Auch wenn es für Berater einfacher ist, Beratungsgespräche in den eigenen Räumlichkeiten durchzuführen, sind Hausbesuche in der Familie der Menschen mit Demenz oft hilfreich. Sie ermöglichen zu sehen, wie die Familie lebt und wie sich das Miteinander der Beteiligten gestaltet. Menschen mit Demenz fühlen sich in ihrem eigenen Haushalt sicherer und sind dadurch eher in der Lage, sich an einem Gespräch zu beteiligen.

Joining: Über den Wert des Joinings, des Aufbaus von Kontakt zu Beginn des eigentlichen Gesprächs, herrscht in allen Beratungskontexten, besonders in der systemischen Arbeit, Einigkeit. Gerade Menschen mit Demenz sind in hohem Maße darauf angewiesen, wertschätzend und deutlich wahrgenommen zu werden. Andernfalls sind sie kaum in der Lage, einem Gespräch zu folgen. Sie brauchen diese Erfahrung nicht nur zu Beginn, sondern kontinuierlich im Verlauf des Gesprächs. Werden die Gesprächsbeiträge eines Menschen mit Demenz von der Beraterin deutlich beachtet, so wirkt dies der tiefgreifenden Verunsicherung, die die Krankheit auslöst, entgegen und vermittelt Sicherheit. Ein solches Vorgehen erleichtert es auch Angehörigen, die Sichtweise des Erkrankten besser wahrzunehmen. Dies bedeutet, dass die Gesprächsführung ggf. aktiver und strukturierter sein sollte als üblich, denn gerade stark belastete Angehörige tendieren dazu, das Gespräch zu bestimmen.

Auftragsklärung: Keine Beratung ohne Auftrag – das gilt auch hier. Allerdings fällt es Menschen mit Demenz oft schwer, ihre Erwartungen an die Beratung zu formulieren. Sie brauchen dafür Zeit und es kann hilfreich sein, Vorschläge zu formulieren. Pausen sind wertvoll – um den Druck im Familiensystem zu reduzieren und um dem Menschen mit Demenz auf diese Weise zu vermitteln, dass sein Tempo respektiert wird. Auftragsklärung kann aber auch bedeuten zu verstehen und zu akzeptieren, dass zunächst getrennte Gespräche mit den Beteiligten geführt werden, sodass allzu belasteten Angehörigen eigens Raum zur Verfügung gestellt wird, ihre Belastungen zu verdeutlichen, ohne den Erkrankten zu beschämen. Hilfreich ist die Konkretisierung des Beratungsziels im Sinne von »Woran würden Sie merken, dass Sie auf einem guten Weg sind?« oder »Woran würden Sie merken, dass das Ziel erreicht ist?«. Es lohnt sich auch, frühzeitig auf »ausreichend gute« Lösungen hinzuweisen bzw. Zwischenziele zu formulieren.

Zuweisungskontext: Meist kommen Ratsuchende auf Empfehlung zu einer Beratungsstelle. Zur Klärung des Zuweisungskontextes gehören Fragen wie: »Wer hat diese Empfehlung ausgesprochen? Mit welchen Erwartungen?« Welche Befürchtungen bringen die Ratsuchenden mit? Es lohnt sich, an dieser Stelle die Frage nach der Diagnose und den damit verbundenen Erwartungen, Befürchtungen zu stellen (s. auch Kap. 2.1).

Problemkontext: Es erfordert eine Gratwanderung der Beratenden, dem Problemkontext einer oft einseitig medizinischen Sicht eine neue Sichtweise hinzuzufügen. Fragen nach Ausnahmen im Sinne von »Wann erleben Sie das auffällige Verhalten Ihres Vaters seltener?« oder »Wann erleben Sie Ihre Mutter nicht als dement?« helfen, das starre Bild aufzuweichen. Hilfreich ist ein »und« anstelle von »aber«. Es macht Uneindeutigkeit fassbarer; Hypothesen zu formulieren erleichtert es Ratsuchenden, ihre jeweilige Sichtweise nicht als die einzig richtige zu verstehen.

Wirklichkeitskonstruktionen: Johannsen und Fischer-Johannsen (2011) schreiben in diesem Zusammenhang: »Der systemische Therapeut fokussiert im Gespräch mit dem Demenzkranken und seinen Angehörigen weniger auf die Krankheit, auf deren Ätiologie und Nosologie, sondern vielmehr das Verhalten aller Beteiligten. Er lotet aus, wie die Anwesenden das problematische Verhalten und seine Bedingtheit einschätzen. Können sie es mitgestalten oder stehen sie dem machtlos gegenüber? Er fragt danach, was wer beeinflussen könnte. Wie? In welcher Situation vor allem?« (S. 303).

Reframing: Wenn es Beratern und Beraterinnen gelingt, Ratsuchenden anzubieten, Verhaltensweisen und Bewertungen in einem neuen »Frame« (Rahmen) zu sehen, dann laden sie damit ein, auch andere Perspektiven und damit Verstehenszugänge in Erwägung zu ziehen. Familien, in denen ein Mensch an Demenz erkrankt ist, stehen vor der Herausforderung, das nicht (mehr) Verstehbare besser einzuordnen. Dies betrifft alle Beteiligten. Dem Bedürfnis nach Verstehbarkeit und Sinnhaftigkeit folgend, werden viele Reaktionen und Verhaltensweisen so erklärt, dass sie sinnvoll erscheinen (s. Fallbeispiel Frau Döring und Tochter Frau Heine in Kapitel 1.1.5). Wenn Angehörige Sätze sagen wie »Mein Vater war schon immer ein Egoist. Aber jetzt lässt er sich überhaupt nichts mehr sagen«, dann ergibt das aus ihrer Sicht Sinn. Dieser beruht auf langjähriger Erfahrung und Einordnung, die sich nun anscheinend wiederholt. Ob eine solche Einordnung dem Betroffenen gerecht wird (und früher wurde) und zu einem besseren Miteinander führt, kann kritisch gefragt werden.

Ressourcenorientierung: Die Diagnose »Demenz« führt leicht zu einer ausgeprägten Problemsicht – sowohl in Bezug auf die Gegenwart als auch auf die Zukunft. Der Blick auf vorhandene Ressourcen sowohl im Umgang miteinander als auch die Berücksichtigung eines Unterstützungsnetzes können dazu beitragen, die verloren gegangene Balance zwischen Ressourcen und Defiziten wiederherzustellen.

Lösungsorientierung: Demenz ist derzeit nicht heilbar und Familien, die mit dieser Situation konfrontiert sind, brauchen meist zunächst Anerkennung dessen, was ist. Eine »richtig gute« Lösung erscheint nicht mehr möglich. Im Bereich des Möglichen kann es nur zweit- und drittbeste Lösungen geben. Dies zu akzeptieren, fällt nicht nur Ratsuchenden, sondern auch Beratern oft schwer. Was Familien mit einem Demenzerkrankten viel nötiger als schnelle Lösungsangebote brauchen, ist die Erfahrung, dass ihr Leid wahrgenommen und ausgehalten wird. Ein Beispiel für eine solch akzeptierende Haltung ist das in der Altenpflege angewandte Konzept der Validation (Feil, 2017, Richard, 2016). Validieren, d. h. für gültig erklären, bedeutet, die emotionale Wahrnehmung eines anderen Menschen zu respektieren und sie für ihn zu akzeptieren, ohne ihn zu einer Lösung zu drängen.

Das systemische Handwerk hat einen reichen Methodenkoffer, der dazu dient, Wirklichkeitskonstruktionen zu erweitern und sichtbar zu machen. Viele dieser »systemischen Werkzeuge« können auch gut im Gespräch mit Menschen mit Demenz eingesetzt werden, bei anderen ist eher Vorsicht geboten.

Sagen statt fragen: Systemiker bevorzugen Fragen, um den Möglichkeitsraum im Bewusstsein der Klienten zu erweitern. Menschen mit Demenz jedoch fühlen sich durch Fragen leicht unter Druck gesetzt, weil ihnen die Antwortmöglichkeiten nicht mehr uneingeschränkt zur Verfügung stehen. Die von Maria Aarts geprägte Devise »Sagen statt fragen« (mündliche Aussage) erleichtert die Kommunikation mit Menschen in Entwicklung (z. B. Babys und Kleinkindern) und mit Menschen, deren Kommunikationsfähigkeiten eingeschränkt sind (z. B. Menschen mit Demenz und Menschen mit Behinderung). Aarts zeigt einen alternativen Weg auf, die Bedürfnisse und Anliegen dieser Menschen wahrzunehmen. Das reicht in der systemischen Beratung von der einfachen Umstellung der Frage »Was wäre denn für Sie ein gutes Ergebnis dieses Gesprächs?« in »Ich frage mich, was für Sie ein gutes Ergebnis dieses Gesprächs wäre«; das bedeutet, auch nonverbale Zeichen aufzugreifen und als Ausdruck wahrzunehmen, z. B. »Als ihre Tochter gerade gesagt hat, dass …, fiel mir auf, dass Sie die Stirn gerunzelt haben. Ich glaube, das ist keine so gute Idee für Sie.« Und das bedeutet, Menschen mit Demenz Zeit zu lassen zu verstehen.

Linking up: Ziel systemischer Beratung ist es, die Beteiligten miteinander in Beziehung zu bringen. Für Menschen mit Demenz ist es schwierig, Gesprächen zu folgen, an denen sie nicht direkt beteiligt sind. Um dieser Schwierigkeit zu begegnen, empfiehlt es sich, das, was der gesunde Partner sagt, in einfachen Worten an die erkrankte Partnerin gerichtet zu wiederholen. Diese Wiederholungen verlangsamen das Gespräch und geben auch dem nicht betroffenen Partner die Möglichkeit, Pausen zu machen und sich neuen Gedanken zu öffnen. Wenn die Beraterin beispielsweise in einem Paargespräch zum erkrankten Partner sagt: »Ihre Frau ist ja eine ganz Schnelle und jetzt lernen Sie beide gemeinsam, dass es auch langsamer gehen kann. Ich glaube, das ist für Sie beide nicht ganz einfach«, dann kann sie in Tonfall und Wortwahl Schärfe aus manchen Bemerkungen herausnehmen und eine Verbindung zwischen den Partnern herstellen. Aarts bezeichnet diese Gesprächstechnik als »Linking up« (Aarts, 2013). Mit der Bemerkung »Ich glaube, das ist für Sie beide nicht ganz einfach« wird die Befindlichkeit des Menschen mit Demenz für die Ehefrau sichtbarer gemacht und er kann sich eingeladen fühlen, sich dazu zu äußern. Hierzu braucht er ein wenig Zeit. Wiederholt bzw. paraphrasiert die Beraterin anschließend auch seine Antwort, so gibt sie ihm die Sicherheit, gehört und verstanden zu werden, und lädt seine Partnerin wiederum dazu ein, auf ihn einzugehen. Damit kann der Gefahr begegnet werden, dass die nicht betroffene Partnerin das Gespräch einseitig steuert. Um im Gespräch auf Augenhöhe dabei zu sein, tut es Menschen mit Demenz gut, einen Berater zu haben, der darauf achtet, dass Tempo und Verstehen an die veränderten Verarbeitungsmöglichkeiten des Menschen mit Demenz angepasst sind.

Skalierungen: Skalierungen sind ein hilfreiches Tool in der Beratung. Sie aktivieren intuitives Wissen, das auch bei Menschen mit Demenz noch lange erhalten bleibt. Für sie ist es hilfreich, wenn Skalierungen zu einfachen Aspekten nicht einfach als Frage, sondern als Aufstellung anhand einer Linie oder Ähnliches durchgeführt werden. Diese dann in Worte zu fassen, ist ein leichterer Schritt, als abstrakte Fragen zu beantworten. Möglichkeiten der Anwendung der Skalierungsscheibe (Natho, 2013, 2017) werden im Fallbeispiel in Kapitel 4.2.1 beschrieben.

Zirkuläre Fragen: Zirkuläre Fragen stellen eine gute Möglichkeit dar, Ratsuchende einzuladen, die Sichtweise anderer Beteiligter zu sehen und zu verstehen. Menschen mit kognitiven Einschränkungen tun sich oft schwer damit. Es empfiehlt sich daher, solche Fragen mit Vorsicht einzusetzen. Eine andere Möglichkeit, sowohl Angehörigen als auch Menschen mit Demenz die Perspektive anderer nahezubringen, ist die Videoberatung, wie sie in Kapitel 3.3 als Marte-Meo-Beratung beschrieben wird.

Erlebnisorientierte Methoden: Friedrich-Hett (2015) beschreibt die Anwendung erlebnisorientierter Methoden bei älteren Menschen im therapeutischen Gruppensetting. Er verweist dabei auf gute Erfahrungen mit Sinnes- und Wahrnehmungsübungen. Inwieweit sich diese Erfahrungen auch auf Menschen mit Demenz übertragen lassen, bleibt noch abzuwarten. Es lohnt sicher, solche Methoden im Repertoire zu haben und behutsam anzubieten.

Eine wahre Hilfe systemischer Natur ist die Anregung, die eigenen Anteile, Erfahrungen und Prägungen im Umgang mit Krankheit zu verstehen. Die Leidenschaft von Systemikern, die passenden Fragen zu stellen, ist herausgefordert: Schwing und Fryszer (2013) regen für die Weiterbildung an, die eigene Herkunftsfamilie, bezogen auf die deren Umgang mit Krankheit, zu reflektieren. Die von den Autoren formulierten Fragen wurden ergänzt und im Projekt EDe als Gesprächsleitfaden genutzt:

- Wie gingen Ihre Eltern mit Schmerz und Stress um? Was haben sie Ihnen über den Umgang mit Schmerz und Krankheit vermittelt?
- Welche Beispiele guter Bewältigung oder eines guten Umgangs mit Krankheiten kennen Sie aus Ihrer Familie? Was davon ist hilfreich, ein gutes Vorbild?
- Was hat sich in Ihrer Familie verändert, wenn Krankheiten aufgetreten sind? Was waren schmerzhafte Veränderungen, was waren wichtige Lernerfahrungen?
- Wie wurden Sie vom Partner oder anderen Angehörigen unterstützt, wenn Sie krank waren? Wer hat die Angehörigen während der Krankheit unterstützt?
- Welche nicht unmittelbar zur Familie gehörenden Personen waren wichtig? Welche Unterstützung und Hilfe haben Sie von diesen Personen erfahren?
- Welche Erfahrungen haben Sie im Laufe Ihrer Erkrankung mit Ärzten, Pflegepersonal etc. gemacht? Was war unterstützend? Was hätten Sie sich anders gewünscht?
- Wie haben Sie oder Ihre Familie sich in der Vergangenheit von

einer Krankheit erholt? Was brauchen Sie dazu? Wer kann unterstützen?
- Wie können Sie dafür sorgen, dass ihr Leben auch mit der Krankheit lebenswert ist?
- Am Genogramm: Wie ging wer mit Krankheit in der Familie um?
- Wie ging wer mit Alter und Altwerden um?
- Wer nimmt eher »fremde« Hilfe an?
- Was müsste geschehen, bis jemand fremde Hilfe annimmt?

(Schwing u. Fryszer, 2013; erweitert von Zwicker-Pelzer)

3.3 SYSTEMISCHES ARBEITEN MIT MARTE MEO

Die nachstehenden Überlegungen widmen sich dem Verhältnis von Marte Meo und systemischer Beratung bzw. Therapie. Die Bezeichnung »systemisch« ist in der Beratungs- und Therapielandschaft vermutlich diejenige Bezeichnung, die sehr häufig gebraucht wird und genauso häufig unverstanden ist. Es ist an dieser Stelle nicht möglich, alle theoretischen Bezüge des systemischen Denkens und seiner Entwicklungen auch nur annähernd auszuleuchten. Dies bleibt umfangreichen Lehrbüchern (z. B. von Schlippe u. Schweitzer, 2006; von Schlippe u. Schweitzer, 2012; Levold u. Wirsching, 2014) oder auch neueren Arbeiten zu einer integrativen systemischen Gesamtschau (Kriz, 2017) vorbehalten.

3.3.1 Marte Meo – ein systemisches Werkzeug

An dieser Stelle mag es genügen, auf einen Kernbegriff systemischen Denkens hinzuweisen, den des *Sinns:* »Luhmann importierte den Begriff des Sinns aus Edmund Husserls ›Phänomenologie‹ und stiftete damit eine Ehe aus einer eher ›geisteswissenschaftlichen‹ Denktradition und dem aus der Kybernetik und Biologie stammenden Systembegriff: psychische und soziale Systeme sind beides sinnverwendende Systeme. Für das Verständnis dieses Sinnbegriffs muss man […] ihn von *einer* Differenz her verstehen: gemeint ist die Differenz zwischen Aktualität und Möglichkeit. […] Alles Aktuelle hat Sinn nur im Kontext anderer Möglichkeiten« (Schwanitz, 1990, S. 71 f.). Demnach zielt systemisches Arbeiten angesichts psychosozialer Problemlagen immer auf die Vergrößerung des Möglichkeitshorizontes für diejenigen, die am Problem teilhaben, sei es nun als »Problemträger« oder »Problemveränderer« bzw. Helfer.

In Lehrbüchern, die das Grundlagenwissen systemischer Beratung und Therapie gebündelt darstellen, werden seit den 1950er Jahren bis heute 15 unterschiedliche Modelle der systemischen Beratungs- und Therapiepraxis voneinander unterschieden (von Schlippe u. Schweitzer, 2012). Damit wird deutlich, dass sich viele unterschiedliche Arbeitsformen unter dem Dach der Bezeichnung »systemisch« versammeln. Unter der Kategorie »neue Entwicklungen« steht in dem zitierten Lehrbuch zum Schluss auch das Stichwort »Integration«. Die dazugehörigen Konzepte sind: »gesamter Methodenkoffer der systemischen Therapien« und die dazugehörigen Methoden sind: »alle verfügbaren, je nach Angemessenheit« (von Schlippe u. Schweitzer, 2012, S. 35). Diese vorläufig neueste Beschreibung entspricht wohl am besten dem polypragmatischen Vorgehen der meisten Praktiker im weiten Feld der psychosozialen Hilfen. »Wir sind neugierig auf alles, was uns in der praktischen Arbeit weiterhilft, und benutzen die unterschiedlichsten Werkzeuge, um zu unserer und zum Wohl der Klienten zu arbeiten« ist ein Zitat aus einem Gespräch mit einer erfahrenen Kollegin aus einem klinischen Arbeitsbereich. Daran wird klar, dass die jeweiligen praktischen Erfahrungen und nicht etwa theoretische Erwägungen den Prüfstein für die Angemessenheit einer Methode sind.

Inzwischen hat auch die beobachtungsgeleitete Arbeit mit der Marte-Meo-Methode einen Platz unter dem systemischen Dach gefunden. So wird die Methode als »systemisches Coaching« (Hawellek u. von Schlippe, 2005) eingeordnet und in einem Handbuch unter dem Stichwort »videobasierte Beratung und Therapie« (Hawellek, 2014b) geführt.

Eine verbreitete Schwierigkeit, den Systembegriff angemessen zu erfassen, ist dessen Unanschaulichkeit und Abstraktheit. Im Sinne der Luhmann'schen Theorie sozialer Systeme besteht ein System aus fortlaufenden Kommunikationsprozessen. Es ist sodann die Kommunikation, die von einem Beobachter in einem bestimmten Moment beobachtet und erfasst wird. »Das Wort ›System‹ bezeichnet demnach kein Ding, sondern eine Abfolge von Verläufen: Diese Abfolge besteht auch nicht, sondern sie ereignet sich fortwährend. Der Begriff ›bestehen‹ enthält das Wort ›stehen‹, meint also etwas Stabiles und Festes. Wenn wir sagen, dass ein System aus Interaktion und Kommunikation besteht, dann ist das eine begriffliche Festschreibung, die es nur dadurch gibt, dass wir darüber sprechen. Unsere Sprache ist so aufgebaut, dass sie zur Verständigung Festschreibungen benötigt. Interaktionen und Kommunikation dagegen sind soziale Prozesse, die sich fortlaufend verändern. Wenn beispielsweise ein Kind ein Problem hat oder auch bereitet, dann ist das Problem, systemisch gesehen, nicht im Kind, sondern zwischen dem Kind und seiner Umgebung. Ein Problem wird somit als Ereignis zwischen Personen und nicht als die Eigenschaft eines Menschen verstanden« (Hawellek, 2017).

Mit der Einführung der Videotechnik und ihrer Nutzung in Beratung und Therapie sind neue Möglichkeiten entstanden. Es ist inzwischen möglich, die Kommunikationsprozesse selber, also das aktuelle »System« im o. g. Sinne im Video darzustellen, statt im Nachhinein darüber zu berichten und zu sprechen.

Die traditionellen Beratungsmethoden sind auf die sprachlichen Beiträge der Klienten bezogen. Diese werden gebeten, in der Rückschau über Probleme und Fragen, die sie bewegen, zu sprechen mit der Idee auf diesem Wege zukünftige Veränderungen oder Problemlösungen mitzugestalten. Damit tragen alle Formen der Beratung[8] der Tatsache Rechnung, dass, wie Kierkegaard einmal formulierte, »das Leben (zwar) rückwärts verstanden, aber vorwärts gelebt wird«.

---

8 In diesem Zusammenhang ist die sozialrechtliche Unterscheidung zwischen Beratung und Therapie nicht bedeutsam. Insofern wird Psychotherapie hier als eine Sonderform von Beratung verstanden.

3.3.2 Merkmale beobachtungsgeleiteter Marte-Meo-Beratung

Die videobasierte Beratung bringt gegenüber den verbalen Methoden, den »Talking Cures«, eine grundlegende Neuerung und Veränderung in das systemische Arbeiten: Es werden Ausschnitte vom »Problemsystem« im Rahmen einer Beratungssituation gezeigt. Das geschieht in den Videoberatungen, den sogenannten Reviews. Damit entstehen neue Möglichkeiten für Berater, Helfer und Klienten:

- Den Klienten wird ermöglicht, sich selber in Interaktion mit anderen zu beobachten. Sie können konkrete Situationen und einzelne Momente, die im Zusammenhang mit ihren Fragen stehen, beobachten.
- Die Beobachterrolle schafft eine Distanz zum Geschehen und einen äußeren Blick auf sich selber wie auf alle anderen an einer Interaktion Beteiligten. Damit werden zugleich neue Möglichkeiten der gemeinsamen Reflexion der jeweiligen Situation geschaffen.
- Videobilder vermitteln die Sicht auf alle Begleitumstände, z. B. alle nonverbalen Aspekte der Kommunikation wie Gestik, Mimik, Tonlage und Körpersprache.
- Auf diesem Wege wird eine unmittelbare Einfühlung in das Erleben der Beteiligten erleichtert. Diese kann in den Beratungsdialogen geteilt und reflektiert werden.
- Die Videobilder ermöglichen die Darstellung von Mikroereignissen, die von den Teilnehmern am Geschehen unbemerkt bleiben oder vergessen werden.
- Videointeraktionsanalysen verdeutlichen Muster von Aktionen und Reaktionen.
- Durch die Darstellung szenischer Abläufe von Moment zu Moment entsteht die Möglichkeit einer genauen situativen Exploration und beim Einsatz von Folgevideos die Möglichkeit einer beobachtungsgeleiteten prozessualen Diagnostik.
- Durch die Präsentation von Gelegenheiten zu konstruktiver Interaktion im Sinne des Beratungsauftrages werden neue

Handlungsoptionen für zukünftige ähnliche Situationen sichtbar.
- Diejenigen, die sich selber in ihre Interaktionen sehen, lernen ihre intuitiven Ressourcen kennen und werden ermutigt, diese zu nutzen.
- Videobilder können Meinungen über Personen und Situationen verändern, besonders dann, wenn die Bilder von geschulten Fachkräften präsentiert werden.
- Videobilder von eigenen Interaktionsmomenten sind für die Beteiligten alltagsnah und damit aussagekräftig.
- Während in Gesprächen neue Verhaltensmöglichkeiten erörtert werden, werden anhand von Videoclips diese konkret: Aus (abstrakten) Möglichkeiten werden (konkrete) Ereignisse und Gelegenheiten.
- Die Präsentation von Interaktionsanalysen ermöglicht eine Orientierung an konstruktiven Leitperspektiven, beispielsweise wie eine demente Person in bestimmten Situationen konkret unterstützt werden kann.
- Auf diese Weise können einfache positive unterstützungs- und entwicklungsorientierte Plots entstehen, z. B. »ich muss in bestimmten Momenten noch lernen, auf die Initiative meines Gegenübers zu warten ...«.
- Bilder, besonders affektiv besetzte Bilder, werden zumeist gut erinnert und bilden so einen Anker für die zukünftige Orientierung in ähnlichen Situationen.
- Die videobasierte Arbeit orientiert sich an konkreten Alltagssituationen und schafft so Einblicke und Einsichten in die Lebenswelterfahrung der Akteure.
- Die beobachtungsgeleitete Beratung verdeutlicht, welche Handlungsfolgen durch die beobachteten Kommunikationsmomente entstehen. Auf diese Weise wird Kommunikation als soziale Handlung verstehbar und umgekehrt das Handeln von Menschen als Kommunikation, z. B. wenn die Botschaft hinter einem (Problem-)Verhalten verstanden wird (Aarts, 2005, s. hierzu auch Kap. 2.4.2).

Wenn ein System als die von einem Beobachter erfasste Kommunikation in einem bestimmten Moment verstanden wird, ist die videobasierte Arbeit ein ausgezeichnetes praktisches Werkzeug, mit »dem System« zu arbeiten: Die Berater und Helfer können sich selber bei ihrer Arbeit mit den Klienten beobachten, die eigenen Handlungen reflektieren und mit supervisorischer Unterstützung evaluieren und neue Handlungsimpulse erhalten. Diese werden in Follow-up-Videos auf ihre Wirksamkeit untersucht und ggf. fortgeführt, erweitert oder modifiziert.

Auf diese Weise schafft die videobasierte Methode ein eigenes Lern- und Entwicklungsfeld und einen erweiterten Zugang zum Verständnis sozialer Interaktionen zwischen Helfern und Klienten.

3.3.3 Marte-Meo-Modellvorstellungen

Marte Meo orientiert sich darüber hinaus an Modellvorstellungen, die sich an den Grundlagen entwicklungsförderlicher Kommunikation orientieren. Die Expertise dazu entstammt zahlreichen Befunden aus der Säuglingsforschung und der Erforschung intuitiven Elternverhaltens (Hawellek, 2012, 2014a, 2014b, 2017).

Das intuitive Elternverhalten unterstützt die Entwicklungs- und Lernprozesse von Babys und Kindern nachhaltig. Es organisiert konstruktive Interaktionen der Fürsorge und Unterstützung. Diese lassen sich auf die Fürsorgehandlungen für demenziell erkrankte und andere unterstützungsbedürftige Personen übertragen (Berther u. Loosli, 2015). Nachfolgend werden die Grundlagen unterstützender Kommunikation nach der Marte-Meo-Methode zusammenfassend dargestellt und deren Bedeutung für Interaktionen herausgestellt, die für demenziell Betroffene Erfahrungsräume für Verstehbarkeit, Handhabbarkeit und Sinnhaftigkeit öffnen bzw. erweitern.

3.3.4 Entwicklungsthemen und die Grundlagen unterstützender Kommunikation

Die menschliche Entwicklung zeigt sich dort, wo sie gelingt, in einer entfalteten Persönlichkeit, also in der Fähigkeit, sich selbst auszudrücken und zu vertreten. Ebenso zeigt sie sich in der Fähigkeit, soziale Situationen zu lesen, zu verstehen und sich in den wechselnden sozialen Situationen passend zu verhalten. Die beschriebenen Kompetenzen werden in Alltagsinteraktionen mit förderlichen Bezugspersonen entwickelt und gelernt. Diese laufen zumeist intuitiv ab und sind durch eine *Passung* (Zentner, 1993) zwischen den interagierenden Personen und der jeweiligen Situation charakterisiert. Im Marte-Meo-Modell werden die Bedingungen, die zu einer derartigen Passung beitragen, beschrieben. Es handelt sich um Kernbestandteile gelingender und förderlicher Kommunikation, die in der jeweiligen Alltagssituation aufeinander abgestimmt sind. Sie entstammen vielfältigen Beobachtungen aus konstruktiven Eltern-Kind-Interaktionen. Solche Interaktionen lassen sich als asymmetrisch kennzeichnen. Es gibt jeweils einen »Caregiver« und einen »Caretaker«. Das trifft sowohl für Eltern-Kind-Beziehungen wie auch für Fürsorgebeziehungen aller Art zu.[9]

Der Grundrhythmus von Kommunikation wird in der Marte-Meo-Literatur vielfach als ein »Turntaking«, ein Wechselspiel zwischen den Interaktionspartnern, beschrieben. Bisweilen wird auch die Metapher eines »sozialen Tanzes« genutzt, um diesen Rhythmus zu charakterisieren. Dabei wechseln bei den Interaktionspartnern die Rollen des Leitens und des Folgens ab, jeweils passend zum Verlauf eines Dialoges sowie zur gemeinsamen sozialen Situation. Der Rhythmus des Folgens und Leitens entspricht der Konzeption des »Pacing« und »Leading«, die im NLP oder in der Hypnotherapie geläufig ist.

In den vorwiegend asymmetrischen Fürsorgebeziehungen obliegt die Verantwortung für die gemeinsame Situation – abhängig vom

---

9 Um die grundsätzliche Betrachtungsweise asymmetrischer Beziehungen zu verdeutlichen, werden die Begriffe »Caretaker« und »Caregiver« anstelle von »Pflegende« und »Pflegebedürftigen« genutzt, wenn allgemeine Aussagen über asymmetrische Beziehungen getroffen werden.

Entwicklungsstand und Unterstützungsbedarf des Caretakers – beim Caregiver. Im Wechselspiel von Folgen und Leiten lernen Kinder unterschiedliche soziale Situationen zu lesen und das eigene Handeln darauf abzustimmen. Es gibt Situationen, in denen es passt zu folgen, und andere, in denen es passt zu leiten. Wenn das soziale Wechselspiel gelingt, können Kinder kompetent handeln.

Ältere Menschen können im Laufe ihres Lebensweges auf einen reichhaltigen Erfahrungsschatz von Situationen des sozialen Wechselspiels zurückgreifen. Im Zuge demenzieller Veränderungen verlieren sie jedoch die Fähigkeit, (soziale) Situationen zu lesen, zu verstehen und in der Folge kompetent, d.h., passend zu handeln. Für sie sind die Grundlagen unterstützender Kommunikation durch die Caregiver eine wertvolle Hilfe zur Bewältigung ihres Alltags und zum Gewinn an Wohlbefinden und Lebensqualität.

Aus diesem Grunde werden die salutogenetischen Merkmale unterstützender Kommunikation nachfolgend eingehender dargestellt. Unterstützende Kommunikation lässt sich in unterschiedlichen Perspektiven betrachten: dem Wann, Was, Wozu und Wie eines Kommunikationsmomentes.

3.3.5 Zum »Wann« unterstützender Kommunikationsmomente

Ausgangspunkt ist die *jeweilige soziale Situation* und darin das konkrete soziale Ereignis, das beobachtet wird. Es handelt sich um die Momente und Gelegenheiten zu unterstützendem (kommunikativem) Handeln, dem *Wann*, d.h. dem beobachteten Moment einer Interaktion. Videobilder des alltäglichen sozialen Geschehens sind dafür eine geeignete Grundlage, weil sie genaue Interaktionsanalysen ermöglichen. Sie können wiederholt, langsam und von Moment zu Moment, im Blick auf Aktion und Re-Aktion gesichtet und präsentiert werden. Unterschiedliche Situationen im Alltag erfordern unterschiedliches Handeln sowohl vom Caregiver als auch vom Caretaker.

Der Alltag besteht aus einer Abfolge von unterschiedlichen Situationen, die sich anhand ihrer Freiheitsgrade unterscheiden lassen. Es handelt sich um Situationen, die von vorgegebenen Abläufen geprägt sind, z.B. Essenssituationen, Pflegesituationen oder Zu-Bettgeh-Situationen. Sie lassen sich auch als strukturierte Situationen bezeichnen. Diese Situationen benötigen für einen erfolgreichen Ablauf ein Überwiegen gelungener Anleitungsmomente durch die Caregiver.

Dem gegenüber stehen freie Situationen, in denen die Caregiver den Caretakern überwiegend folgen. Diese Momente fördern den freien Selbstausdruck der Beteiligten und dienen dem Erhalt von Selbstwert, Selbstwirksamkeit und der Wertschätzung der Beteiligten als Personen. Ein freier Austausch von Person zu Person ist ein unverzichtbares Signum von Gleichrangigkeit und verleiht allen Dialogen Respekt und die Möglichkeit einer wechselseitigen Wertschätzung, die nicht an Bedingungen geknüpft ist (Rogers, 1973).

Alltagssituationen bestehen aus einem stetigen Wechsel zwischen Momenten des Folgens und des (An-)Leitens. Wenn, wie oben dargelegt, strukturierte und freie Situationen einander gegenübergestellt werden, ist damit gemeint, dass hier unterschiedliche Gewichtungen von Leiten oder Folgen in der unterstützenden Kommunikation erforderlich sind. In Videointeraktionsanalysen wird sichtbar, dass auch strukturierte Situationen nicht ohne Folgemomente und freie Situationen nicht ohne Anleitungsmomente vonstattengehen.

So gelingt eine positive Anleitungssituation, z. B. eine Pflegehandlung, eher und ganz oft nur, wenn zu Beginn der Handlung ein Anschluss an die zu betreuende Person, also ein Folge- oder auch »Kontaktmoment« erfolgt. Menschen mit Demenz sind auf diese Erfahrung in ganz besonderer Form angewiesen. Erst auf dieser Grundlage kann die Pflegehandlung zu einer Kooperation zwischen Caregiver und Caretaker werden. Wenn im Ablauf einer Pflegehandlung Abweichungen vom Handlungsplan entstehen, sind es wiederum die Momente, in denen der Caregiver dem Caretaker zunächst folgt, einen Anschluss an seine Initiativen findet. Wenn der Caretaker sich gesehen und bestätigt sieht und daraufhin gesagt bekommt, was genau als Nächstes geschehen kann, ist eine wichtige Voraussetzung für den ungestörten Fortgang einer kooperativen Pflegehandlung wiederhergestellt.

3.3.6 Zum »Was« und »Wozu« unterstützender Kommunikationsmomente

Wenn die jeweils konkrete Situation der Ausgangspunkt von Beobachtungen ist, geht es im Folgenden um die Frage, welche Handlungsmuster von Caregivern zu einem positiven Verlauf z. B. einer Gesprächs- oder Pflegesituation beitragen.

Des Weiteren stellt sich die Frage nach den in den Videos sichtbaren Effekten einer konstruktiven Beziehungssituation für die Beteiligten. Wie schon an anderer Stelle dargelegt (Hawellek u. Becker, 2018) erscheint es dabei sinnvoll, sich am Modell der Salutogenese (Antonovsky, 1997) zu orientieren und damit der Frage nachzugehen, wie es gelingen kann, das Kohärenzgefühl der Verstehbarkeit, Handhabbarkeit und Sinnhaftigkeit in gemeinsamen Alltagssituationen für demenzbetroffene Personen möglichst lange zu erhalten.

Die Frage danach, was in einem Kommunikationsmoment zu einer gelingenden bzw. unterstützenden Kommunikation beiträgt, ist zugleich die Frage nach den Voraussetzungen und allgemeinen Grundlagen kommunikativen Handelns. Diese erscheinen oftmals als so selbstverständlich, dass es müßig erscheint, sie überhaupt zu erwähnen. Ein Blick auf die Praxis problematischer Kommunikation, wie sie Beratern und Therapeuten geläufig ist, zeigt jedoch, wie bedeutsam die als Marte-Meo-Elemente bezeichneten Muster konstruktiver Kommunikation sind. Beispielhaft sei hier auf die Paarberatung verwiesen. Die sich wiederholenden gegenseitigen Vorwürfe eines in langjährigen Auseinandersetzungen erprobten Paares sind der Regel ebenso raumgreifend wie fruchtlos. Dies ist ein Zeichen dafür, dass Grundelemente konstruktiver Dialoge durchweg fehlen.

Eine wesentliche Voraussetzung ist die Beachtung und die Achtsamkeit für die gemeinsame Situation, die Initiativen des Gegenübers und das eigene Befinden. »Vielleicht ist die einzige Handlungsleitlinie Aufmerksamkeit« (von Schlippe, 2009, S. 11).

Unter diesem Blickwinkel ist zuerst das *aufmerksame Warten* des Caregivers auf die Initiativen des Caretakers eine Einladung zum gemeinsamen Dialog. Aufmerksames Warten ist die Mitteilung an den Anderen, dass er – auch als »Schwächerer« – etwas von gemeinsamer Bedeutung mitzuteilen hat. Es dient dem Erhalt des Vertrauens in die eigenen Reaktionen. Aufmerksames Warten ermöglicht es, auch kleinste Gesten, Laute, mimische Ausdrücke – im Marte-Meo-Konzept als »Initiativen« bezeichnet – zu erkennen und auf diese zu reagieren. Sind keine Initiativen beim Caretaker auszumachen, ist die Ansprache durch den Namen des Betreffenden eine weitere Einladung zum Dialog. Ein Dialog, der an die Initiativen des Caretakers anschließt, ist eine Bestätigung seines Wertes und damit seiner Würde[10] und seiner Bedeutung als Interaktionspartner. So wird auch die Erfahrung vermittelt, dass es *Sinn* ergibt, sich in die Beziehung einzubringen. Ein Anschluss an die Initiative eines Gegenübers ist auch eine Einladung, sich weiterhin mitzuteilen. Wenn die Mitteilung dann bestätigt wird, wird das Gegenüber ermutigt, den Dialog fortzusetzen. Bei demenzbetroffenen Menschen ist es besonders bedeutsam, Anschlussmomente an den Aufmerksamkeitsfokus und die Initiativen des Pflegenden und Sorgenden herzustellen. Dies geschieht, wenn die jeweilige Initiative oder der Aufmerksamkeitsfokus des Sorgebedürftigen bestätigt und benannt wird. Die kommunikativen Handlungen des *Bestätigens* und *Benennens* – nicht etwa die des Fragens – führen dazu, dass sich das Gegenüber gesehen und gespiegelt fühlen kann. In gemeinsamen Situationen mit demenzbetroffenen Personen sind Fragen nur dann sinnvoll, wenn der Betroffene entsprechende Antwortmöglichkeiten hat. Wenn das nicht der Fall ist, führen Fragen zu vermehrter Anspannung und Unruhe bei den Beteiligten.

Fragen werden häufig mit der Absicht gestellt, Autonomie zu ermöglichen. Üblicherweise gilt: Wer gefragt wird, kann sich frei entscheiden. Wenn aber das Verstehen eingeschränkt ist und dem Gegenüber die Antwortmöglichkeiten fehlen, täuschen Fragen Autonomie lediglich vor. Im Gegensatz ermöglicht das Benennen von Initiativen neben der Erfahrung, ein bedeutsamer Interaktionspartner zu sein, auch die Erfahrung, die gemeinsame Situation mit zu gestalten. Dies wiederum dient dem Erhalt einer Erfahrung von

---

10 Der Begriff »Würde« hat seine etymologischen Wurzeln im Begriff des Wertes (Kluge, 2002).

Selbstwirksamkeit. Wenn die Initiativen *benannt* werden, bleibt die gemeinsame Situation eher *verstehbar*. Durch das Benennen von Initiativen kann der Erhalt der Selbstregistrationsfähigkeit gewährleistet werden. Diese wiederum ist eine Voraussetzung für die Möglichkeit, eigene aufkommende Affekte zu regulieren. Im aufmerksamen Warten nach dem Benennen gibt der Sorgende dem Sorgebedürftigen im Sinne einer autonomen Entscheidung die Möglichkeit, den weiteren Verlauf der Kommunikation mit zu gestalten.

In Situationen positiver Anleitung wird der Sorgende initiativ und benennt mit einem klaren Anfangssignal die gemeinsame Situation: »Herr Müller, ich möchte Sie jetzt waschen …« Damit wird die Voraussetzung geschaffen, dass die Situation für den Menschen mit Demenz verstehbar ist. Verstehen ereignet sich in diesem Moment nicht nur über die Worte, sondern auch über den Gesichtsausdruck und den Tonfall des Sorgenden. Signalisiert dieser über den paraverbalen Ausdruck, dass das, was beabsichtigt ist, Sinn ergibt, so kann auf diese Weise Sinn jenseits des Verstehens konstruiert werden. Wird dann der jeweils nächste Schritt, z. B. einer Pflegehandlung, benannt, wird er damit für den anderen vorhersehbar. Hierzu braucht es eine Kleinschrittigkeit im Benennen, die dem Pflegebedürftigen angemessen ist. »Gesicht waschen« ist für Menschen in der fortgeschrittenen Demenz u. U. nicht mehr verstehbar, da es eine abstrakte Beschreibung einer Handlungsabfolge ist. Wenn im Moment der Pflegehandlung und kurz vor jedem Teilschritt dieser benannt und damit angekündigt wird (»Ich fange an den Wangen an – ja, genau – und jetzt die Stirn …«), kann Verstehen möglich werden, weil es jeweils mit der adäquaten Sinneserfahrung verbunden ist.

Ebenso ist das Benennen der eigenen Initiativen des Pflegenden eine Einladung zur Kooperation, z. B.: »Ich nehme jetzt den Waschlappen und Sie können das Handtuch halten …«. Damit bleibt die gemeinsame Situation für die demenzbetroffene Person sowohl *verstehbar* aus auch *handhabbar*. Erhält der Pflegebedürftige am Ende einer jeden (Teil-)Handlung ein bestätigendes und klares Endsignal, so ermöglicht ihm dies, sich auf eine nächste neue Situation einzustellen.

3.3.7 Zum »Wie« unterstützender Kommunikationsmomente

Nachstehend wird der Blick auf die moderierenden Faktoren unterstützender Kommunikation, das *Wie* eines Kommunikationsmomentes gelenkt.

Dabei rückt das weite Feld der analogen Kommunikationsformen in den Blick. In einem frühen Grundlagenwerk haben die Systemtheoretiker der Palo-Alto-Gruppe die analogen Kommunikationsformen wie Gestik, Mimik und Stimmgebung von der digitalen, sprich inhaltlichen Kommunikation unterschieden. Sie führen aus: »Überall, wo die Beziehung zum zentralen Thema der Kommunikation wird, erweist sich die digitale Kommunikation als fast bedeutungslos. Das ist […] in zahlreichen Situationen des menschlichen Lebens […], vor allen im Umgang mit sehr kleinen Kindern oder schwer gestörten Patienten« der Fall (Watzlawick, Beavin u. Johnson, 2000, S. 64).

Pflege- und Betreuungshandlungen beruhen auf einer positiven Beziehung zwischen Caregiver und Caretaker. In dieser Sichtweise sind die Betreuenden zuallererst »Beziehungsarbeiter«. Erst auf dieser Grundlage ist auch eine Durchführung der technischen Handlungsabläufe möglich.[11]

Es liegt auf der Hand, dass die Videotechnik ein hervorragendes Instrument ist, um Situationen und Momente analoger Kommunikation zu studieren. Ebenso ist ersichtlich, dass in Pflege- und Betreuungssituationen mit demenzbetroffenen Menschen die analoge Kommunikation von herausragender Bedeutung ist.

Eine wesentliche Voraussetzung konstruktiver Beziehungen ist eine *positive Beziehungsatmosphäre*. In »Face-to-Face«-Situationen bildet die Wahrnehmung des Gegenübers die Grundlage des wechselseitigen sozialen Geschehens. Wenn der Interaktionspartner als freundlich, zugewandt und aufmerksam wahrgenommen wird, ist

---

11 Die rasante Entwicklung der künstlichen Intelligenz bringt auch Versuche hervor, interagierende Roboter mit Gefühlsäußerungen so zu programmieren, dass sie als »Assistenzroboter« in der Pflege eingesetzt werden. Die dazu fälligen ethischen Auseinandersetzungen stehen noch weitgehend aus, erscheinen aber umso dringlicher.

das die Basis für eine weitere konstruktive Interaktion. Mit Blick auf fürsorgliche Interaktionen – und nicht nur dort – ist die *Stimme* des jeweiligen Gegenübers von tragender Bedeutung. Die Stimme verrät die Gestimmtheit des Menschen und beeinflusst die Stimmung in der gemeinsamen Situation. Sie transportiert die Emotionen dessen, der sich äußert, und markiert durch ihre Intonation den sozialen Kontext. Die Stimme ist ebenso ein unverwechselbares Signum des jeweiligen Beziehungsmomentes, eine jeweils einmalige »Ausdrucksform der Vitalität« (Stern, 2011), die unmittelbar emotional erfassbar ist. Zur Veranschaulichung sei an dieser Stelle ein poetisches Zitat von Joachim Ringelnatz gestattet. Ringelnatz (2009, S. 673) beschreibt seine Erfahrung der Stimme seiner Geliebten nach einem Telefonat mit den Worten: »*[…] ich sauge deiner Stimme Ton / in die Wurzeln meines Mutes.*«

Mit der Wahl dieser Metapher veranschaulicht Ringelnatz die unmittelbare interpersonelle Wirkkraft der Stimme. Hier verleiht sie dem Protagonisten Mut, nach dem er dürstet wie Pflanzen nach Wasser. Die menschliche Stimme kann jedwede Emotion, also auch Trauer, Hass, Verachtung, ebenso wie Mitgefühl, Sorge oder Liebe ausdrücken. In jedem Fall drückt die Stimme die jeweils aktuelle emotionale Gestimmtheit eines Menschen aus.

Die Fähigkeit von Menschen, die Gestimmtheit des Gegenübers schnell zu erfassen, ist ubiquitär und steht im Laufe des gesamten Lebens zur Verfügung. Vermutlich gibt es soziobiologische Gründe dafür, dass sich diese Fähigkeit im Laufe der Evolution entwickelt hat. Die Stimmung der Interaktionspartner schnell zu erfassen, führt auch dazu, dass z. B. Gefahren, die ein Interaktionspartner wahrnimmt, unmittelbar mitgeteilt werden können, sodass entsprechend schnell gehandelt werden kann.

In Pflege- und Fürsorgesituationen erleichtert ein freundlicher und kooperativer Ton der Caregiver die Möglichkeit, eine kooperative Beziehung einzuleiten. Eine freundliche Stimme ist ebenfalls eine Einladung, den Blick auf den Interaktionspartner zu lenken. Wenn der Blick dann auf ein freundliches Gesicht trifft, wird die Einladung zu einem konstruktiven Miteinander verstärkt. Der Ton der Stimme und der Gesichtsausdruck des Gegenübers sind die ersten und stärksten sozialen Signale, die den Ablauf einer sozialen Situation moderieren. Freundliche Gesichter führen zu Verlängerungen von Blickkontakten und damit zu einem vermehrten sozialen Austausch der Interaktionspartner. Umgekehrt ist unmittelbar verständlich, dass aggressive oder depressive Gesichtsausdrücke eher dazu führen, die Blickkontakte zu verkürzen oder auszusetzen. Ähnlich wie der Ton der Stimme bleibt die Fähigkeit, die Stimmung eines Gegenübers an dessen Gesichtsausdruck zu erfassen durch alle Altersgruppen hindurch ein ganzes Leben lang erhalten. Befunde der Babyforschung legen nahe, dass diese Fähigkeit früh und ausdauernd eingeübt wird. Menschliche Gesichter sind für Babys offensichtlich hochinteressante Studienobjekte. Sie verbringen während ihres ersten Lebensjahres hindurch sehr viel Zeit damit, die Gesichter ihrer Interaktionspartner zu studieren (Stern, 1992, 1996). In Dialogen mit Babys stellen ihre Interaktionspartner intuitiv eine Distanz von ca. 25–30 cm zum Gesicht des Babys her. Sie entspricht ziemlich genau den Sehvorlieben der Babys, wird bisweilen auch als »Love-Distance« bezeichnet und wird auch im späteren Leben in Momenten intimer Kommunikation intuitiv aufgesucht. Interaktionspartner von Babys vergrößern ebenfalls ihre mimischen und sprachlichen Ausdrucksformen; d. h., sie benutzen intuitiv den sogenannten Babytalk. Sie helfen den Babys damit, besonders die positiven sozialen Signale genau zu erfassen.

In den Pflegeinteraktionen mit demenzbetroffenen Menschen spielen die oben beschriebenen intuitiven Grundlagen fürsorglicher Kommunikation wieder eine wichtige Rolle. Sie erleichtern den sozialen Austausch mit Menschen, deren Wahrnehmungs- und Verarbeitungsfähigkeiten in sozialen Situationen eingeschränkt sind.

3.3.8 Lernen am eigenen Vorbild

Bei der Marte-Meo-Arbeit werden Alltagssituationen aus der Betreuung und Pflege gefilmt, analysiert und präsentiert. Den Caregivern werden Möglichkeiten gezeigt, ihre eigene Praxis mit videobasierter Unterstützung gezielt weiterzuentwickeln. Alle Begegnungen mit demenzbetroffenen Menschen tragen neben vielen Ähnlichkeiten, die durch die Situation vorgegeben sind, die Signatur von Einmaligkeit. Die Trainees lernen sich selber und die ihnen anvertrauten Personen mit positiven Blicken zu betrachten. Videobilder enthüllen Gelegenheiten und Momente, die – im Nachhinein betrachtet – bisweilen ernüchternd, aber auch lehrreich, ermutigend und genussvoll sein können. Die beobachtungsgeleitete systemische Arbeit mit Marte Meo hat für die Trainees verschiedene positive Effekte, wie u. a. Zwicker-Pelzer, Freise und Kaminski bereits 2008 in ihrer Evaluation belegen. Neben einem effektiven individuellen Lernen ist ein verbreiteter unspezifischer Effekt von Marte Meo eine deutlich erhöhte Aufmerksamkeit und eine positivere Einstellung gegenüber demenzbetroffenen Personen. Die ressourcengeleiteten Blickwinkel, die durch Marte Meo vermittelt werden, ermöglichen eine klare Wahrnehmung und – in der Folge – vermehrte Wertschätzung der Ressourcen demenzbetroffener Menschen und der professionellen Kompetenzen von Helfern.

3.4 GEWALTFREIE KOMMUNIKATION NACH MARSHALL ROSENBERG

Einen in seinen Grundüberzeugungen und seinem Menschenbild vergleichbaren Ansatz stellt die im folgenden beschriebene Methode der gewaltfreie Kommunikation (GfK) dar. Dieser von Rosenberg (2013) entwickelte Ansatz beruht auf einer inneren Haltung der Empathie für sich und für das Gegenüber. Ziel ist es, Bedürfnisse zu erkennen, in ehrlichen Kontakt zueinander zu kommen und auf diese Weise Beziehungen friedfertig gestalten zu können. Die GfK hat große Bedeutung in angespannten oder eskalierten Situationen, trägt aber durch ihre Haltung ganz allgemein zur Öffnung von Gesprächen bei und ermöglicht Perspektivwechsel. Damit ist sie mehr als ein Konfliktlösungstool, sondern stellt eine Lebensanschauung dar. Die Grundlagen der GfK illustriert Abbildung 29.

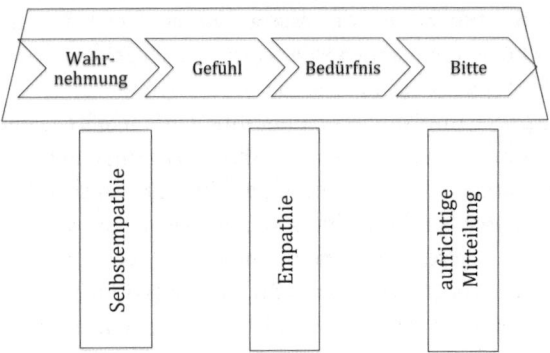

Abbildung 29: Grundlagen der gewaltfreien Kommunikation (nach Rosenberg, 2013)

Die drei Säulen sind: Selbstempathie, Empathie für das Gegenüber und die aufrichtige Mitteilung. Zur Umsetzung dessen hält Rosenberg (2013) folgende Komponenten für erforderlich:
- Die Beobachtung und Wahrnehmung: Was geschieht tatsächlich; was höre ich, was sehe ich (ohne Beurteilung und Bewertung)?
- Die Gefühle: Welche Gefühle nehme ich in mir und bei dem Anderen wahr? Wie kann ich diese Gefühle in Worten ausdrücken?
- Die Bedürfnisse: Welche Bedürfnisse stehen hinter den Gefühlen? Wie kann ich den dahinterliegenden Bedürfnissen Ausdruck verleihen?
- Das Bitten: Was kann mein Gegenüber in der Situation konkret tun, um unser beider Leben zu verschönern und damit einen Beitrag zur Verbesserung der Lebensqualität zu leisten (vgl. Rosenberg, 2013, S. 63 f.)

Bisher wird das Kommunikationsmodell der GfK nach Marshall Rosenberg in Trainings- und Interventionsprogrammen zur Entwicklung der Empathie in Gesundheits- und Krankenpflege kaum angewandt. Altmann (2010) stellt jedoch fest, dass diese Kombination theoretisch gerechtfertigt wäre, und plädiert wie Hirsch (2012) dafür, dies auch zu erproben (Adebamiro u. Stein, 2017). Die bisherigen Studien zeigen, dass das angestrebte Ziel, eine empathische Haltung in Interaktionen zu stärken, auch erreicht wird (Muth, 2010).

Dass die Grundannahmen der GfK tatsächlich geeignet sind, die gewünschten Veränderungen anzuregen, zeigt eine Quer- und Längsschnittstudie von Altmann aus dem Jahr 2010. Darin zeigten GfK-Trainierte im Vergleich mit Nicht-Trainierten:
- »höhere (selbsteingeschätzte) Empathiefähigkeit,
- höhere Empathiewerte (gemäß GfK-Definition) mit höheren Werten für Selbstempathie und der Empathie für andere,
- niedrigere externale Kontrollüberzeugungen hinsichtlich ›mächtiger anderer‹ (Levenson, 1974),
- leichterer Umgang mit negativen Gefühlen« (Altmann, 2013, S. 62 f.).

Neben der Veränderung der Empathiefähigkeit stellt die Verbesserung der kommunikativen Kompetenz ein wesentliches Ziel des GfK-Trainings dar. Auch die Selbstreflexion wird gefördert (Altmann, 2013).

Eine besondere Zielgruppe für das GfK-Training könnten Auszubildende in der Pflege sein. Sie sind nicht nur besonders gefährdet, übergriffig zu handeln, sondern auch Opfer gewalttätiger Übergriffe Pflegebedürftiger zu werden (von Hirschberg, Zeh u. Kähler, 2009). Zudem fühlen sie sich in diesen kritischen Situationen oft alleine gelassen.

Diesem Eindruck entspricht auch der Wunsch Auszubildender in Gesundheits- und Krankenpflege (Nau, 2012): Sie äußern ihren Bedarf an ausführlicher Schulung im Aggressionsmanagement sowie an Raum für die Besprechung verletzender und demütigender Ereignisse in der Praxis und der Entwicklung konstruktiver Alternativen. Konkret äußerten die Befragten Interesse an folgenden Themen:
- Vorläufer eines Aggressionsereignisses und entsprechende Vorbeugungsmöglichkeiten,
- angemessene Interpretation des Ereignisses,
- angemessenes Verhalten beim aggressiven Patienten,
- Bewältigen des erlebten Stresses (Nau, 2012, S. 403).

Aus der Praxis in Schulen, in denen GfK praktiziert wird, sehen Orth und Fritz (2013) fünf Chancen:
1) »GfK stellt eine Umgangsform dar, die auf wechselseitiger Achtung und gegenseitiger Wertschätzung beruht, um im Schulleben Selbstverantwortung zu tragen.
2) GfK ist hilfreich für einen konstruktiven Umgang mit Konflikten, da Schuldzuweisungen durch die Technik (eigene Formulierung von Bedürfnissen und Gefühlen) vermieden werden.
3) GfK bietet die Möglichkeit, Vereinbarungen zu treffen.
4) GfK ist hilfreich zur Wahrnehmung und Reflexion der eigenen Person.
5) GfK bietet eine Basis tragfähiger Beziehungen zwischen Lehrer und Auszubildenden, die sich positiv auf das Lernen auswirken« (Orth u. Fritz, 2013, S. 21).

In dieser Beschreibung wird die umfassende Haltung der gewaltfreien Kommunikation deutlich oder – wie es Kessler und Strohmeier (2009) formulieren: »Der Erwerb von Selbst- und Sozialkompetenz, Kommunikationsfähigkeit, Kooperationsfähigkeit und Teamfähigkeit ist Voraussetzung für ein erfolgreiches gesellschaftliches und berufliches Handeln und ist auch deshalb zentrales Lernziel für Schüler/innen und Lehrer/innen« (Kessler u. Strohmeier, 2009, S. 11).

Wie GfK in der Altenpflege genutzt werden kann, zeigt folgendes Beispiel einer Mitarbeiterin:

In meiner Tätigkeit als Altenpflegefachkraft kam ich nach drei Wochen Sommerurlaub zurück auf den Wohnbereich. Die Kolleginnen des Nachtdienstes berichteten mir, dass Frau A. im Sterben liege und die Tochter jeden Moment vorbeikomme. Sie liefen hektisch zum Bewohnerzimmer und wollten eine Infusion anschließen. Außerdem benötige die Bewohnerin ihre Zahnprothese. Auch wenn Frau A. schon lange nicht mehr verständlich sprechen konnte, lehnte sie beides doch erkennbar ab, indem sie ihre Hand wegzog und den Mund fest schloss. Daraufhin baten mich die Kolleginnen, es zu versuchen, da die Tochter die letzten Wochen »ständig Ärger« machte. Es vergehe nicht ein Tag, an dem sie keine schriftliche Beschwerde einreiche; sie habe bereits die Heimaufsicht sowie den Medizinischen Dienst der Krankenkasse eingeschaltet und beschimpfe das Pflegepersonal.

Ich setzte mich zu Frau A., strich sanft über ihren Arm und schaute sie in Ruhe an. Frau A. wurde ruhiger und fasst auch meinen Arm an. Daraufhin sagte ich ihr: »Ich habe den Eindruck, am liebsten wäre Ihnen, es säße einfach jemand am Bett und ließe Sie nicht allein?« Daraufhin nickte Frau A. und schloss für einen Moment die Augen.

Nach einigen Minuten verabschiedete ich mich von ihr und versprach ihr, bald wiederzukommen. Einige Minuten später kam Frau A.s Tochter auf mich zu und brüllte mich an: »Was sind sie für eine inkompetente Person? Meine Mutter hat kein Gebiss im Mund und die Infusion läuft nicht. Ich werde sie verklagen!«

Ich bot ihr einen Kaffee an und sagte freundlich zu ihr: »Ich sehe, dass Sie Ihre Mutter täglich besuchen und viele gemeinsame Stunden miteinander verbringen. Kann es sein, dass es Ihnen unglaublich schwerfällt, sie ohne Zähne im Mund zu sehen?« Sie schaute mich verblüfft an und nickte. Dann sagte sie: »Ich kann sie so nicht sehen – sie sieht dann aus, als wenn sie sterben würde.« Ich sagte behutsam: »Ja, ich glaube, das haben Sie richtig gesehen. Ich habe den Wunsch Ihrer Mutter respektiert, ich verstehe, dass es Ihnen schwerfällt das auszuhalten«, und öffnete die Arme. In dem Moment begann sie bitterlich zu weinen und ich tröstete sie. Ich bot ihr an, mit ihr gemeinsam zu ihrer Mutter zu gehen. Frau A. lag weiterhin mit geschlossenen Augen und entspanntem Gesicht im Bett. Jetzt – mit mir gemeinsam – nahm sich die Tochter einen Moment Zeit, um das auch zu sehen.

Sie setzte sich zu ihrer Mutter und ließ ihren Tränen freien Lauf. Frau A. öffnete die Augen, sah ihre Tochter liebevoll an und drückte ganz leicht ihre Hand. Dabei weinte auch sie. Frau A. umarmte ihre Mutter. Sie sagte ihr, dass sie ihren Wunsch respektiere und dass sie gern noch etwas für sie tun würde. Nach einer Weile ging Frau A.s Blick zum Kreuz über der Tür, dann zu ihrer Tochter und zu mir. Zu dritt sprachen wir ein Gebet und fassten uns dabei an den Händen. Dann starb Frau A.

3.5 SOZIALE NETZWERKARBEIT: EIN SYSTEMISCHES INSTRUMENT DER DIAGNOSE UND INTERVENTION

Angehörige, ja ganze Familien haben es mit dem zunehmenden Rückgang der Lebensqualität eines lieben Menschen zu tun und in manchen Phasen der Erkrankung ist das Verhalten des Menschen nicht nur nicht zu verstehen, sondern wird als argwöhnisch, misstrauisch und vorwurfsvoll erlebt. In einer psychodynamischen Sicht treten in solchen Situationen neue Aufgaben, neue Herausforderungen auf den Plan. Wenn es viele unbeglichene Rechnungen im gemeinsamen Leben zwischen den beteiligten Menschen gibt, dann können die neuen Herausforderungen sehr anstrengend werden. In diesen Zeiten rücken die sozialen Netze in den Hintergrund. Die eigene Scham und die Angst vor Beschämung führen dann häufig in die soziale Isolation.

In der Geschichte der Sozialen Arbeit widmete man sich diesem Phänomen. In schwierigen Lebenslagen ziehen sich Menschen sozial zurück, und dies aus sehr unterschiedlichen Gründen. Die Hoffnung, dass es sich um einen vorübergehenden Zustand handele, nährt den Rückzug, aber auch die Scham. Ist die Fähigkeit, sich dem eigenen sozialen Umfeld mit den eigenen Beobachtungen und alltäglichen Erfahrungen zu öffnen, wenig entwickelt, wird dies zur Herausforderung.

Soziale Netzwerke sind in diesem Zusammenhang bedeutsam, denn die systemische Denkweise versteht Menschen immer als in sozialen Systemen lebend und diese mitgestaltend – sowohl aktiv als auch passiv. Dabei bedienen sie sich formeller Strukturen und informeller Bezüge. Gerade die Interventionen, die sich auf die Verbundenheit von Menschen richten, sind systemisch gesehen bedeutsam. Die Netzwerkarbeit hat hier einen mächtigen Platz und bietet sowohl als *Diagnoseverfahren* als auch als *Interventionsinstrument* einen ausgezeichneten Rahmen.

Netzwerkarbeit unterstützt bei der Krisenbewältigung, sie leistet einen besonderen Beitrag im Hinblick auf
- *affektive* Unterstützung: Eine hohe Dichte von Beziehungen vermittelt am ehesten hohe emotionale Unterstützung.

- *instrumentelle* Unterstützung: Die Verbesserung der Wirksamkeit von »praktischer Hilfe und Dienstleistung« (Ritscher, 2002, S. 170) kann nachgewiesen werden.
- *kognitive* Unterstützung: Die Verschiedenartigkeit und das Verarbeiten neuerer Information erweitern sich im Sozialkontakt und im sich gegenseitig stützenden Austausch.
- *Aufrechterhaltung der sozialen Identität:* Dies erfolgt durch die Bindung und Aufrechterhaltung von einfachen und stabilen Identitätsmustern.
- *Vermittlung sozialer Kontakte:* Schwache Kontakte können durch Vernetzung gestärkt werden (Ritscher, 2002; Herriger, 2002).[12]

Netzwerkarbeit ist sowohl ressourcenfördernd als auch ressourcenstärkend, denn mittels der sozialen Vernetzung wächst das Gewahrsein der eigenen Fähigkeiten sowie die Energie zu handeln und – sich ermächtigend – die eigene soziale Umwelt mitzugestalten. Handeln wird – quasi intrinsisch – belohnt und verstärkt. Es wächst die Lust und Freude am Mitgestalten der Lebenswelt. Verschüttete oder nicht mehr genützte positive Erfahrungen werden wieder aktiviert. So gewinnt die Netzwerkarbeit einen festen Platz im Konzept des Empowerments. Dieses hat ebenfalls das Ziel, »die Menschen zur Entdeckung ihrer eigenen (vielfach verschütteten) Stärken zu ermutigen, ihre Fähigkeiten zu Selbstbestimmung und Selbstveränderung zu stärken und sie bei der Suche nach Lebensräumen und Lebenszukünften zu unterstützen, die einen Zugewinn von Autonomie, sozialer Teilhabe und eigenbestimmter Lebensregie versprechen« (Herriger, 2002, S. 7). Netzwerkarbeit ermöglicht tiefere persönlichen Erfahrungen:
- Verbundenheit und Zugehörigkeit können konkret erfahren werden.
- Die eigenen Ressourcen können umfassender wahrgenommen und durch Erfahrung von Gemeinsamkeit verstärkt werden, anstatt die Unterschiede zu betonen.

---

12 Nach Herriger (2002) kann Empowerment als »das Anstiften zur (Wieder-)Aneignung von Selbstbestimmung über die Umstände des eigenen Lebens« (S. 8) beschrieben werden.

- Die Selbsttätigkeit handelnder Subjekte in Gemeinschaften wird angeregt.
- Die Netzwerkarbeit hat sich in der Sozialen Arbeit mit Menschen in Krisensituationen und komplexen Lebenslagen sehr bewährt.

Aus systemischer Sicht führt Netzwerkarbeit dazu, die Kompetenzen von Menschen tiefenwirksam und nachhaltig in Bewegung zu bringen. Die soziale Verbundenheit wird konkret erfahrbar, nicht nur in der Krise. Sie lässt eine neue Dimension der persönlichen Lebensqualität spürbar werden.

3.5.1 Die Netzwerk-/VIP-Karte für wertvolle diagnostische Erkenntnisse

Bullinger und Nowak (1998) beschreiben verschiedene Vorgehensweisen und Techniken sozialer Netzwerkarbeit. Über die Erstellung der Netzwerk- oder VIP-Karte (Abbildung 30) können neue diagnostisch wertvolle Erkenntnisse für alle Beteiligten (der an Demenz erkrankte Mensch, der/die Partner, die Angehörigen), aber auch für die professionellen Begleiter gewonnen werden.

Das Instrument regt alle Beteiligten aktiv an, sich neu in den personalen Bezügen zu verordnen, gute – alte – Ressourcen wieder neu

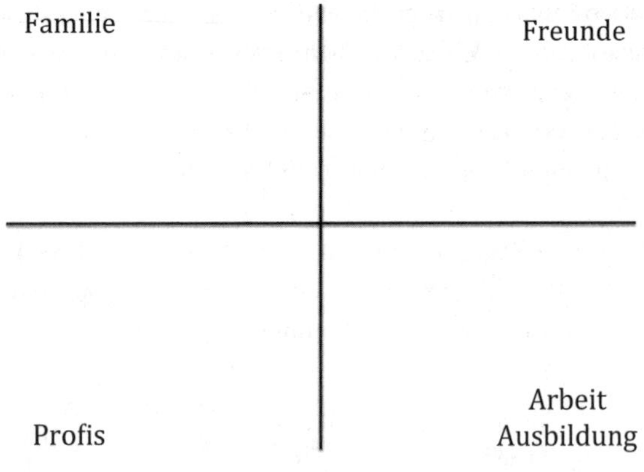

Familie	Freunde
Profis	Arbeit Ausbildung

Abbildung 30: VIP-Karte (nach Herwig-Lempp, 2004)

zu beleben und für neue Netzwerke offen zu werden. Im Ermitteln des Ist-Standes werden alte Geschichten aktiviert und können als Ressource für die Gegenwartsbewältigung und die Gestaltung der neuen Zukunft gefunden werden.

Nach Herwig-Lempp (2004) besteht die VIP-Karte aus vier Feldern, in deren Mitte die Hauptperson (Klient/Klientin) mit Symbol und Namen eingezeichnet wird. Nun wird jedes der Felder einem der vier Bereiche »Familie«, »Freunde/Bekannte«, »Arbeit/Ausbildung« und »Profis« zugeordnet. Bei Bedarf können die Felder auch anders zugeordnet werden. Anschließend sucht man für jeden dieser Bereiche die Menschen, die für die Hauptperson »sehr wichtig« sind, und zeichnet sie ein. Dabei übernimmt man die Symbole des Genogramms (einen Kreis für eine Frau, ein Quadrat für einen Mann) und fügt sie gemeinsam mit dem Namen ein.

Die Bedeutsamkeit der jeweiligen Personen wird durch Nähe oder Ferne, in der sie zu der Hauptperson gezeichnet werden, ausgedrückt: Je näher sie an die Hauptperson gezeichnet werden, desto wichtiger sind sie für diese.

»Einige Vorgehensweisen haben sich bei der Erstellung der VIP-Karte als hilfreich erwiesen:
- Die VIP-Karte zu erstellen ist ein *Angebot* an den Klienten, ich werde ihn *einladen,* mal zu sehen, ›wer die wichtigsten Menschen in Ihrem Leben sind‹. Ich kann noch erläutern, dass ich interessiert wäre, mehr über ihn und sein Umfeld zu erfahren, dass wir anhand der VIP-Karte anschließend gemeinsam überlegen könnten, wie diese VIPs ihn vielleicht unterstützen könnten – und dass er mir nicht mehr zu verraten brauche, als er wirklich will: Es geht nicht darum, ihn auszuhorchen.
- Ich erstelle die Grundskizze und erläutere ihm kurz die Bedeutung und die Vorgehensweise – die vier Felder benenne ich im Uhrzeigersinn, je nach seiner beruflichen Situation benenne ich das dritte Feld mit Schule, Ausbildungsstelle oder Arbeitsplatz.
- Ich lade ihn ein, mir nun die wichtigsten Personen zu nennen, die ich anschließend einzeichne. Die Reihenfolge ist willkürlich, ich überlasse sie meinem Gesprächspartner (›Mit welchem Feld wollen Sie anfangen?‹, ›Wen soll ich als Erstes einzeichnen?‹). Das

vorgegebene Raster wird uns immer wieder daran erinnern, in welchem Bereich wir noch nach VIPs suchen können.
- Während wir die Skizze mit Symbolen füllen, lasse ich mir erzählen. Der Klient bekommt die Gelegenheit, (s)eine Geschichte(n) zu erzählen. Es geht nicht allein darum, die Personen zu benennen und einzuzeichnen, sondern um eine Einladung zum Erinnern, Berichten und Darstellen. Die Struktur der VIP-Karte lässt ihn die Geschichte anders (und damit zugleich auch eine andere Geschichte) erzählen, als wenn er sie anhand seines Problems oder seiner persönlichen Entwicklungsgeschichte darstellen würde.
- Ich habe die Gelegenheit zum Nachfragen. Die Erstellung an der VIP-Karte ist ein guter Anlass dazu (›Was macht sie so wichtig für Sie?‹ ›Was sind seine Stärken?‹ ›Was schätzen Sie an ihr?‹ ›Was würde er sagen, wenn ich ihn frage, was Sie ihm bedeuten?‹ ›Was könnten Sie von ihm lernen?‹). Als SystemikerIn werde ich ressourcenorientiert, lösungsfokussiert und dabei sicherlich auch immer mal wieder zirkulär nachfragen.
- In der Regel schlage ich vor, die Zahl der einzuzeichnenden Personen auf 5 bis 7 Personen je Feld zu beschränken: zum einen aus Gründen der Übersichtlichkeit, sonst wird die Karte kaum mehr lesbar. Zum anderen erinnert dies uns daran, dass es gar nicht möglich ist, ›wirklich alle‹ bzw. ›alle wirklich wichtigen‹ Personen zu erfassen. Wer wen als wichtig einschätzt, ist eine subjektive, momentane Einschätzung und nie vollständig-abschließend zu erfassen.
- Tauchen technische Fragen auf (›In welches Feld soll ich meinen Arbeitskollegen, der auch mein Freund ist, einzeichnen?‹ ›Gehört der Schulsozialarbeiter zum Feld »Schule« oder zum Feld »Profis«?‹), überlasse ich die Entscheidung gern meinen KlientInnen: sie bestimmen, wer wie und wo dazu gehört. Evtl. schlagen sie auch mal eine andere Bezeichnung einzelner Felder vor oder wollen ein Feld mehr zur Verfügung haben.
- Manchmal nehmen wir zunächst Münzen, die wir auf dem Blatt Papier noch herumschieben können, bevor sie fest eingezeichnet werden.

- Verwenden wir zusätzliche Zeichen oder Farben (z. B. für Verstorbene, Tiere, für Zusammenwohnen oder für Menschen, die wichtig sind, aber zu denen die Beziehung schwierig ist), ergänzen wir die Zeichnung noch um eine kleine Legende, um die VIP-Karte evtl. später noch zu verstehen.
- Um die Subjektivität und lediglich momentane Gültigkeit der erstellten Karte in Erinnerung zu behalten (und nicht etwa die Darstellung als dauerhaft gültig zu betrachten), wird die Karte von mir am Ende des Gesprächs mit einem Datum und den Namen derer, die sie erstellt haben (also meinem Klienten und mir) versehen. Ich biete ihm an, sie mit nach Hause zu nehmen – wenn er will« (Herwig-Lempp, 2004, S. 356 f.).

Das soziale Netz von Menschen ist gerade und besonders in Krisen und Umbrüchen bedeutsam. Genau das soll an dieser Stelle besonders hervorgehoben werden und alle an der Begleitung von Demenz erkrankten Menschen dazu anregen, sich mittels dieser Karte zu vergewissern, und Angehörige wie Betroffene dazu anregen, die alten Kontakte wieder neu zu beleben, für neue Kontakte offen zu werden und sich aus dem Getto des »alleine Bewältigens« herauszubewegen. Die Netzwerkkarte ist ein vielfach einsetzbares Instrument und kann mehrfach und prozessbegleitend genutzt werden.

Für Profis kann sie sehr hilfreich sein, um das bisherige Unterstützungsnetz zu würdigen und sowohl das informelle als auch das formelle Versorgungsnetz, aber auch die für den Klienten und die Klientin »bedeutsamen Anderen« im Blick zu behalten. Hierzu ein Beispiel:

Das Ehepaar Körner lebt im ländlichen Bereich selbständig im eigenen Haus. Herr Körner ist 85 Jahre alt, Frau Körner 79 Jahre. Herr Körner leidet an einer demenziellen Erkrankung, Frau Körner achtet sehr aufmerksam auf ihn. Die 100 km entfernt wohnende 55-jährige Tochter hat in Absprache mit ihren Eltern um ein Pflegeberatungsgespräch durch den örtlichen Pflegestützpunkt gebeten. Es findet als häuslicher Besuch statt.

Dieses Gespräch bietet allen Beteiligten Gelegenheit, die Situation aus ihrer Sicht zu beschreiben. Besonders für Frau Körner geht es um kleinere und größere Einschränkungen des Alltags und ihren Umgang mit der Erkrankung ihres Mannes.

Für Frau Körner hat sich in der letzten Zeit viel verändert. Sie war immer ein sehr geselliger Mensch und hat sich über viele Jahre in der örtlichen Frauengruppe sowie der Pfarrei engagiert. All das hat sie mittlerweile aufgegeben bzw. erheblich reduziert. Ihr Mann, der früher im Dorf aufgrund seiner Arbeit nur wenig präsent war, bleibt auch jetzt am liebsten zu Hause. Frau Körner lässt ihn ungern allein, nachdem sie ein paarmal erlebt hat, dass er in ihrer Abwesenheit große Ängste entwickelte. Außerdem möchte Herr Körner nicht, dass sie mit anderen Menschen über seine Erkrankung spricht.

Die Beraterin nutzt die Netzwerkkarte, um sich ein Bild über die soziale Vernetzung zu machen. Alte Kontakte werden sichtbar gemacht, neue soziale Begegnungsflächen können erschlossen werden. Sie kann das Paar ermutigen, sich zu überlegen, wem gegenüber sie sich am ehesten über das Tabu der Erkrankung hinwegsetzen könnten. Die Tochter erlebt diese Überlegungen als sehr entlastend, wird doch dadurch deutlich, dass es mehr als das kleine familiäre Netz gibt, welches ihre Eltern trägt.

Mit dem Blick auf die vier Felder erläutert die Beraterin auch Möglichkeiten der professionellen Hilfe und weist auf Cafés, Gesprächskreise für Betroffene und weitere Angebote hin.

Das Ehepaar Körner kann sich in der Folgezeit mehr öffnen. Frau Körner nimmt wieder Einladungen aus der Frauengruppe an. Außerdem geht sie zu Angehörigentreffen für von Demenz betroffene Menschen. Wenn sie weg ist, kommt ihre Tochter oder ein Nachbar zu ihrem Mann. Herr Körner genießt die Zeit mit seiner Tochter allein, aber auch die Gespräche »von Mann zu Mann« mit dem Nachbarn. Diese Form sozialer Kontakte ist für ihn sehr passend.

Vor Kurzem hat Frau Körner darüber gesprochen, dass sie gern eine Kur in Anspruch nehmen würde. Ihr Mann müsste in dieser Zeit zur Kurzzeitpflege. Herr Körner sagte zunächst nichts dazu, aber ein paar Tage später fragte er nach, wo es denn solche Kurzzeitpflegeplätze gebe …

Die Einbeziehung des familiären und sozialen Netzwerks erfolgt bisher meist zufällig und unsystematisch. Der Caritasverband des Kreises Olpe e. V. hat dies in der Tätigkeitsbeschreibung seiner »Krisenstelle Pflege« systematisch hinterlegt.

Ergibt sich bei einem der von der Caritas betreuten Menschen ein höherer Pflege- und Unterstützungsbedarf als aktuell mit Profis abdeckbar, werden die Mitarbeiterinnen dieser Krisenstelle aktiv und klären vor Ort im Gespräch mit der Familie, welche Unterstützung durch das vorhandene Netzwerk und ggf. andere Unterstützungssysteme geleistet werden kann, um diesen Engpass zu überbrücken.

3.5.2 Das »Neun-Felder-Modell« als hilfreiches Instrument des Neu-Verstehens

Graf und Rieforth nutzen das Neun-Felder-Modell als Navigator, der zur Orientierung im helfenden Prozess beiträgt (siehe Tabelle 2).

Vergangenes spielt eine bedeutsame Rolle mit all den unerledigten wie auch den schönen und wertvollen Dingen, die Gegenwart ist der Ort des handelnden Geschehens und nicht ohne eine Option für die Zukunft (der Verbesserung wie der Verschlechterung) denkbar.

Tabelle 2: Das Neun-Felder-Modell (nach Rieforth u. Graf, 2014)

Wunsch/ Bedürfnis (Ebene 3)	Wie haben Sie Ihren Wunsch/Ihr Bedürfnis damals erlebt?	Welche Veränderungen wünschen Sie sich?	Was würde die gewünschte Veränderung für Sie bedeuten?
Ressource (Ebene 2)	Welche Fähigkeiten waren damals hilfreich – und was haben Sie damals getan?	Was wäre für Sie jetzt hilfreich? Was wollen Sie jetzt dafür tun?	Wie wollen Sie dies auch in Zukunft sicherstellen – und was wollen Sie für diese Veränderung tun?
Problem (Ebene 1)	Welche Erfahrungen haben Sie mit diesem Problem?	Was genau erleben Sie momentan als Problem?	Wie, glauben Sie, wird sich das Problem in der Zukunft entwickeln?
	Vergangenheit (Ebene 4)	Gegenwart (Ebene 5)	Zukunft (Ebene 6)

Auf der anderen Achse geht es basal um die Problembeschreibung der Beteiligten, deren Ressourcen der Lebensbewältigung und schließlich um die tieferliegenden Bedürfnisse und Wünsche an das Gelingen und gute Abschließen dieses Lebens. Alle neun Felder bilden ein gemeinsames Ganzes und sind durch Fragen zu erkunden; sie betreffen die erkrankten Menschen ebenso wie ihre Angehörigen, deren Muster des Verstehens und Begleitens an ihre Grenzen gekommen sind.

4 BERATUNG IN DER PRAXIS

4.1 FORSCHUNGSPROJEKTE UND -ERGEBNISSE

4.1.1 Aufsuchende/zugehende Beratung im Projekt EDe

Von April 2006 bis April 2009 fand im Kreis Minden-Lübbecke das Modellprojekt »Entlastungsprogramm bei Demenz« (EDe) statt. Das Projekt zur Weiterentwicklung der Pflegeversicherung hatte zum Ziel, die häusliche Lebens- und Pflegesituation von Familien, in denen demenzerkrankte pflegebedürftige Menschen leben, zu stabilisieren. Die Stärkung der Angehörigenpflege sollte durch eine Verbesserung der Inanspruchnahme von Leistungen der Pflegeversicherung sowic durch eine zielgerichtete Bündelung von Beratungs- und Schulungsleistungen und zeitlichen Freiräumen erreicht werden. Im Zentrum der Interventionen standen neun Gesundheitsberaterinnen, speziell qualifizierte Pflegefachkräfte, die 300 Familien über 18 Monate in deren häuslicher Umgebung beraten, geschult und begleitet haben. Dabei war ein systemisch-lösungsorientierter Beratungsansatz Grundlage für die zentrale Intervention der zugehenden, d. h. aufsuchenden Beratung. Die wissenschaftliche Begleitung erfolgte durch das Deutsche Institut für angewandte Pflegeforschung (dip); der Abschlussbericht ist online verfügbar (Deutsches Institut für angewandte Pflegeforschung e. V., 2010).

Die Arbeit der Gesundheitsberater war in diesem Projekt gekennzeichnet durch ein breites und umfassendes Aufgabenfeld, eine hohe Komplexität der häuslichen Pflegesituation sowie durch eine Unvorhersehbarkeit der einzelnen Beratungsverläufe. Die Fähigkeit, individuell passende Unterstützung zu leisten und/oder zu vermitteln, kennzeichnet individuelle Fallarbeit, die im Zentrum professionellen Handelns steht (Weidner, 1995). Die benötigten Kompetenzen richteten sich insbesondere auf die Bedarfseinschätzung und Hilfeplanung, die Beratungsintervention in häuslicher Umgebung, Schulung und Anleitung sowie die emotionale Verbundenheit in der Beratungsbeziehung. Als strukturelle Gesprächsgrundlage diente der in Kapitel 3.2 bereits vorgestellte Leitfaden.

Das zugrunde liegende Beratungskonzept beruht auf einem systemisch-lösungsorientierten Beratungsansatz, welcher der gesamtfamiliären Betrachtung der Demenz Rechnung trägt (z. B. Bamberger, 2005; Zwicker-Pelzer, 2010). Im Kern geht es darum, Veränderungsprozesse in den Familien anzustoßen und zu begleiten bzw. zunächst einmal das Bewusstsein für die Notwendigkeit von Veränderungen zu stärken. Dabei steht die Autonomie der Familien im Vordergrund.

Der systemisch-lösungsorientierte Beratungsansatz hat sich insgesamt als hilfreich und effektiv erwiesen. Dabei zeigte sich, dass die Komplexität der häuslichen Situation hohe Anforderungen an eine lösungsorientierte Gesprächssteuerung stellt. Situative Erleichterung und emotionale Entlastung der Angehörigen waren dabei vielfach eine unabdingbare Voraussetzung für eine vertrauensvolle Zusammenarbeit und eine erfolgreiche Beratung. Die Ergebnisse des Projekts zeigen insbesondere, dass die pflegenden Angehörigen

- sich nach der Intervention besser imstande sahen, mit demenzbedingten Verhaltensänderungen des Erkrankten im Alltag umzugehen,
- einen besseren Zugang zu Unterstützungsangeboten der Region sowie einen Wissenszuwachs über ihre leistungsrechtlichen Ansprüche erworben hatten,
- trotz bleibender Verantwortung »rund um die Uhr« zeitliche Freiräume als gewinnbringend und entlastend empfanden und für persönliche Bedürfnisse nutzten und
- durch die konkrete Unterstützung häufig situative Erleichterungen erlebten und sich dadurch emotional unterstützt sahen.

Ein Teil der Angehörigen sah sich zudem zu Projektende in der Lage, nun länger zu Hause pflegen zu können.

Eine besondere Herausforderung war für die beteiligten Beraterinnen der aufsuchende, häusliche Kontext. Das Setting beeinflusst eindeutig das Beratungsgeschehen, ebenso die Präsenz der Betroffenen in oder während der Beratung. Von sehr vielen – oft ungeahnten – Faktoren wird das Beratungsgeschehen unterstützt oder auch manchmal verhindert.

Für die Gesundheitsberater waren die begleitenden Fallkonferenzen sowie die Supervisionen, die ebenfalls systemisch-lösungsorientiert ausgerichtet waren, im Laufe des Projekts notwendig, um eine entsprechende Grundhaltung beizubehalten und auf dieser Basis Sicherheit im Beratungshandeln gewinnen und halten zu können.

4.1.2 AMEO-FTD – ein neues Bild ermöglichen

Das Deutsche Zentrum für neurodegenerative Erkrankungen (DZNE) – Standort Witten führte von Mai 2015 bis April 2017 eine Studie (AMEO-FTD) zur Machbarkeit der »**A**nwendung der Marte-**M**eo®-Methode bei Menschen mit der verhaltensbetonten Variante der **F**rontotemporalen **D**emenz (englisch: behavioral variant Frontotemporal Dementia: bvFTD) und deren pflegenden Angehörigen« durch (Berwig, Dinand, Becker u. Halek, 2017; Dinand, Becker u. Berwig, 2017). Das Haupt- und Frühsymptom dieser Demenzform geht mit dem allmählichen Verlust sozial-kognitiver Fähigkeiten und des Selbst einher. Daher ist es häufig schwierig, mit Menschen mit bvFTD in Kontakt zu kommen bzw. zu bleiben. Für Partner und andere Angehörige wird damit ein konstituierender Teil der Beziehung in Frage gestellt.

In dieser Studie wurde im Rahmen der Intervention mit Hilfe der in Kapitel 3.3 beschriebenen Marte-Meo-Methode pflegenden Angehörigen die Möglichkeit gegeben, in insgesamt fünf Sitzungen ein neues Bild des bzw. der Erkrankten zu entwickeln und dadurch die sensitive Anpassung des Kommunikationsverhaltens einer Hauptbezugsperson an die beeinträchtigten sozial-kognitiven Fähigkeiten ihres/ihrer erkrankten Angehörigen zu fördern. Dies beruht auf der Annahme, dass eine gute und reziproke Beziehung Voraussetzung für die Entwicklung und Erhaltung sozial-kognitiver Fähigkeiten und des Selbst ist. Projektziel war es, durch eine anschließende Prozess- und Ergebnisevaluation die Nützlichkeit der Marte-Meo-Methode für diese Zielgruppe zu bewerten, ein optimales Format für die Intervention zu bestimmen und mögliche Effekte zu untersuchen. Die Beratungen fanden im Wesentlichen aufsuchend im häuslichen Setting statt. Es nahmen fünf Familien, in erster Linie (Ehe-) Paare, teil.

Während der Beratungen wurden die pflegenden Angehörigen mit Hilfe der Bilder eingeladen, genau hinzuschauen und dadurch einen neuen Blick auf den Erkrankten zu entwickeln. Dadurch wird eine Wahrnehmung zwischen den Polen der Trauer und Wut, z. B. »Warum ist er nicht wie früher? Ich glaube, er will mich ärgern!« und der Enttäuschung im Sinne von »Er kann gar nichts mehr, er interessiert sich überhaupt nicht mehr für mich!« ermöglicht. Durch die bildlich nachvollziehbare Verbindung zwischen ihrem eigenen Handeln und den Reaktionen ihres Angehörigen kann wieder ein Gefühl von Wirksamkeit und Handlungsfähigkeit entwickelt werden. Das Verhalten des Menschen mit Frontotemporaler Demenz kann so besser verstehbar werden und ergibt dann aus dieser Verstehbarkeit heraus häufiger Sinn. Die Teilnehmenden können beispielsweise sichtbar erfahren, dass ablehnendes Verhalten nicht zwangsläufig als Beziehungsinformation verstanden werden muss und so den darin enthaltenen Krankheitsaspekt verstehen. Gleichzeitig werden sie eingeladen, anhand der Bilder den Blick auch auf noch erhaltene Fähigkeiten zu lenken.

Die Videos dienen nicht nur zur Analyse vorhandener Ressourcen und Verluste, sondern ermöglichen in Verbindung mit der entwicklungsorientierten Information auch neues Handeln. Hierzu ein Beispiel:

Herr Büding klagt darüber, dass er seine Frau nur noch ganz selten erreicht. Wenn er ihr etwas sagt oder etwas von ihr will, reagiert sie meist nicht, sondern verharrt in der aktuellen Beschäftigung.

Im Video sieht er, dass sich seine Frau in der Tat schwertut, aufmerksam für ihn zu sein. Aber er sieht auch Ausnahmen: Immer wenn er sich ihr zuwendet und zunächst offen ist für das, was sie gerade tut (Marte-Meo-Element »Anschließen«), kann sie sich anschließend auf ihn konzentrieren.

Herr Büding wird eingeladen, dies im Alltag zu überprüfen, und stellt überrascht fest, dass er seine Frau auf diese Weise in der Tat fast immer erreichen kann.

Durch die Akzeptanz ihrer Einschränkung – die soziale Wahrnehmung von Frau Büding ist deutlich reduziert – wird der Weg bereitet, sie unterstützend zu begleiten. Sie ist aufgrund ihrer Erkrankung darauf angewiesen, dass die Menschen in ihrer Umgebung zunächst sie und ihr aktuelles Interesse wahrnehmen. Geschieht dies, kann sie auch noch sozial aufmerksam sein.

Die Ergebnisse der begleitenden Machbarkeitsstudie (werden an anderer Stelle publiziert) weisen auf eine Besserung sowohl der Beziehungs- als auch der Lebensqualität der teilnehmenden pflegenden Angehörigen hin (Berwig et al., 2017) und ermutigen dazu, die Hinweise in einer weiterführenden Studie wissenschaftlich zu festigen. Zu berücksichtigen ist allerdings, dass die Erfahrung, einen geliebten Menschen im Bild zu sehen, Erinnerungen und Reflexionen hervorrufen kann, die im Vergleich zum aktuellen Bild Trauer auslösen und verstärken können. In der beschriebenen Studie traf dies auf eine Ehefrau zu. Die kleinschrittige Betrachtung verdeutlichte ihr mehr als zuvor den Unterschied zu dem Ehemann, der er noch vor wenigen Jahren gewesen war. Eine wichtige Schlussfolgerung aus dieser Erfahrung ist, Marte-Meo-Beratung nicht als Standardinstrument zu sehen, sondern sich in guter systemischer Tradition am Anliegen zu orientieren – und im Einzelfall eine Beratung anzubieten, die auch Trauerbegleitung mit beinhaltet, bzw. den Fokus der Beratung flexibel zu verlagern. Dies entspricht auch der Marte-Meo-Philosophie (Aarts, 2013; Becker, 2014; Berther u. Loosli 2015; Hawellek, 2012, 2017).

Ein wichtiger Aspekt der AMEO-FTD-Studie war die Einbeziehung von Betroffenen – ein Schritt in Richtung Stärkung von Menschen mit Demenz. Einige Teilnehmer nahmen dieses Angebot an und erhielten basierend auf kurzen Filmausschnitten eine an ihren kognitiven und sprachlichen Möglichkeiten orientierte Information. Im Fall von Frau Büding wurde ihr gezeigt, dass sie auch in Situationen mithilft, in denen ihr Mann Handlungen eigentlich übernimmt (z. B. Anziehen). Dies zu sehen und sich damit selbst handelnd zu erleben führte bei ihr in der Folge zu einem beeindruckenden Aktivitätsschub.

4.2 PRAXISBEISPIELE

4.2.1 Familie Tauber – eine gute Lösung für alle

Frau Tauber ruft an und bittet um einen Beratungstermin. Ihr Ehemann leidet an einer fortgeschrittenen Demenz und lebt zu Hause. In der Versorgung wird sie von einer osteuropäischen Hilfskraft unterstützt. Zweimal wöchentlich kommt eine Demenzbegleiterin für zwei Stunden zu Herrn Tauber. Zur Familie gehören noch zwei Töchter, die sich verantwortlich fühlen, allerdings beide mehrere Hundert Kilometer entfernt wohnen. Diese sind der Meinung, dass Frau Tauber mehr Entlastung benötigt. Frau Tauber sieht das gar nicht so.

Es wird ein Termin in der Häuslichkeit des Ehepaars Tauber vereinbart zu einem Zeitpunkt, zu dem auch die Töchter anwesend sein werden.

Worum geht es? Die Töchter von Frau Tauber machen sich Sorgen um ihre Mutter. Trotz der sogenannten 24-Stunden-Hilfe ist sie sehr beansprucht. Besonders nachts steht sie regelmäßig auf, um nach ihrem Mann zu schauen und – da er Inkontinenzmaterialien kategorisch ablehnt – mit ihm auf Toilette zu gehen bzw. das Bett frisch zu beziehen, wenn er eingenässt hat. Sie möchten, dass Frau Tauber noch mehr Hilfe in Anspruch nimmt. Frau Tauber sieht das Ganze nicht so dramatisch, für sie gehört es zu einer Partnerschaft, auch in solchen Momenten für ihren Mann da zu sein. Gerade nachts fühlt sie sich ihm sehr verbunden. Dann ist er auch immer sehr liebevoll zu ihr. Das tut ihr gut.

So könnte der Ausgangspunkt eines Familiengesprächs aussehen. Unterschiedliche Standpunkte, die Beteiligten wollen sich gegenseitig von der »Richtigkeit« ihrer Einschätzung überzeugen. Je stärker die eine Seite ihren Standpunkt betont, desto stärker ist die Gegenreaktion. Wie kann systemische Beratung in einem solchen Kontext aussehen?

Die folgende Beschreibung des Beratungsablaufs orientiert sich in Haltung und Ablauf im Wesentlichen an den Grundgedanken systemischer Beratung, wie sie beispielsweise Brüggemann, Ehret und Klütmann (2016) in ihrem Buch »Systemische Beratung in fünf Gängen« beschrieben haben.

Erster Schritt: Beziehung aufbauen – Joining

Eine Beratung im häuslichen Setting hat Vor- und Nachteile. Im vorliegenden Fall bedeutet dies, dass auch Herr Tauber anwesend sein kann. Seine fortgeschrittene Demenz ermöglicht ihm nicht mehr, aktiv am Gespräch teilzunehmen, aber es wird deutlich, dass er mehr ist als »das Objekt der Versorgung«. Daneben kann eine aufsuchende Beratung auch als sehr wertschätzend wahrgenommen werden.

Was ist bereits da, was kann wertgeschätzt werden?
- Die Situation ist für alle so bedeutsam, dass sie bereit sind, dafür zu investieren.
- Die Beteiligten haben sich die Zeit für ein Gespräch genommen.
- Die Töchter haben eine weite Fahrt auf sich genommen.
- Alle fühlen sich für das Wohlergehen von Herrn Tauber verantwortlich.
- Das Wohlergehen ihrer Mutter ist den beiden Töchtern wichtig; sie denken nicht nur an ihren Vater.
- Alle sind daran interessiert, im Gespräch zu bleiben.
- Alle sind bereit, Hilfe von außen (die osteuropäische Pflegekraft, eine Demenzbegleiterin und aktuell Beratung) in Anspruch zu nehmen.

In welchem Kontext findet die Beratung statt?
- Es handelt sich hier um eine besondere Situation, die besondere Maßnahmen erfordert (z. B. Hausbesuch zur Beratung); Patentlösungen sind nicht passend, sonst hätte sie die Familie längst genutzt.
- Die bisherigen Herausforderungen hat die Familie gut gemeistert.
- Die Krankheit von Herrn Tauber wird fortschreiten; eine heute gefundene Lösung wird möglicherweise nicht dauerhaft tragfähig sein.
- Die Beraterin unterstützt den Prozess; das Finden einer angemessenen Lösung liegt in der Hand der Familie.

Mit welchen Erwartungen gehen die Beteiligten in das Gespräch?
- Töchter: bessere Lösung für die nächtliche Versorgung des Vaters finden, Mutter entlasten.
- Frau Tauber: am liebsten nichts verändern, mal darüber sprechen.
- Herr Tauber: (vermutet) am liebsten nichts verändern, seine Frau soll immer bei ihm sein.
- Osteuropäische Hilfe (nimmt nicht am Gespräch teil, vermutet): keine nächtlichen Aufgaben, am liebsten nichts verändern.

Die Thematisierung der Besonderheit dieser Situation hilft Angehörigen bei der Normalisierung. In einer außergewöhnlichen Situation ist es normal, zu außergewöhnlichen Maßnahmen – hier der Beratung – zu greifen. Viele der ratsuchenden Familien haben wenig bis keine Erfahrung mit externen Hilfesystemen. Dies gilt es zu berücksichtigen und wertzuschätzen.

Was will die Familie, wie sieht der Auftrag an die Beraterin aus?
- Worum geht es der Familie? Was ist ihr wichtig?
- Wollen sie einen Schiedsrichter oder ein gutes Ergebnis?
- Können sie sich vorstellen, mit einem einigermaßen guten Ergebnis zufrieden zu sein?
- Woran würden die Beteiligten merken, dass das Ergebnis passt?
- Unter welchen Umständen müsste ein heute gefundenes Ergebnis erneut überprüft werden?

- Gibt es zukünftige Entwicklungen, die mit bedacht werden sollten?

Zweiter Schritt: Anliegen konkretisieren

Nicht immer fällt es der Familie leicht, einen konkreten und gemeinsamen Auftrag zu entwickeln. Die Bitte um Unterstützung kommt oft in einer Krisensituation und beinhaltet zunächst nur ein »Bitte helfen Sie uns!«. Manchmal sind es auch ganz konkrete – und ganz unterschiedliche – Erwartungen, wie die Lösung aussehen soll.

Systemische Beratung versteht sich als allparteilich (Levold u. Wirsching, 2016) und sieht ihre Aufgabe nicht darin, parteiisch Stellung zu beziehen. Eine solche Erwartung Einzelner kann allerdings als Ausgangspunkt angesehen werden – zunächst mit der Wertschätzung, dass in dieser Bitte das Interesse steckt, miteinander im Gespräch zu bleiben, dass allen die Beziehung der Angehörigen untereinander wichtig ist. Hieraus ließe sich eine erste Auftragsidee ableiten, der zufolge es wichtig wäre, eine Lösung zu finden, die die Beziehung eher stärkt, als in Frage stellt. Divergierenden Erwartungen, wie eine solche Lösung aussehen könnte, steht häufig ein gemeinsames Anliegen, nämlich das Wohlbefinden des Menschen mit Demenz und dessen Bezugsperson(en), gegenüber.

Wie sehen die Beteiligten die Situation? Was ist ihnen wichtig?
- Herr Tauber nimmt an dem Gespräch nicht teil, hält sich aber im Wohnzimmer, wo auch das Gespräch stattfindet, auf. Während des Gesprächs kann die Beraterin die Beteiligten immer wieder auffordern zu überlegen, was er dazu sagen würde. Da er Stimmungen sehr gut wahrnimmt, wird er sich möglicherweise durch sein Verhalten ausdrücken.
- Frau Tauber: Die emotionale Beziehung zu ihrem Mann ist ihr wichtig; alles andere ist erst einmal zweitrangig. Sie sieht auch, dass das nächtliche Aufstehen anstrengend ist, kann sich aber keine Alternative vorstellen.
- Tochter 1: Sie hat ihren Vater in den letzten Jahren mehrmals für ein paar Wochen zu sich in ihr Ferienhaus genommen. Das war

eine große Entlastung für Frau Tauber und es hat der Tochter gutgetan, den Kontakt zum Vater auf diese Weise fortführen zu können. Beim letzten Aufenthalt wurde allerdings deutlich, dass sich der Vater in dem ihm eigentlich vertrauten Ferienhaus nicht mehr zurechtfindet und seine Frau sehr vermisst.
- Tochter 2: Ihr Kontakt zum Vater war eher distanziert, sie fühlt sich beiden Elternteilen gegenüber verantwortlich und möchte ihren Teil beitragen.

Mittels Skalierungen kann genauer erfasst werden, wie belastend die aktuelle Situation von den Beteiligten erlebt wird. Hierbei wird zunächst deutlich, was auch im vorhergehenden Gespräch anklang: Frau Tauber erlebt die aktuelle Situation auch als belastend, aber nicht in gleichem Maße wie ihre Töchter. Beim Betrachten der Skalierung kommt sie ins Nachdenken und erzählt, wie kostbar das nächtliche Aufstehen gleichzeitig für sie ist. Herr Tauber ist dann besonders liebevoll zu ihr, bedankt sich und gibt ihr mit Worten und Gesten zu verstehen, wie wichtig sie für ihn ist. In diesen Momenten fühlt sich Frau Tauber ihrem Mann ganz nah und erlebt sich viel stärker als Paar, als ihr dies am Tag möglich ist. Damit bringt sie einen neuen Aspekt in das Gespräch mit ein – die Beziehung zu ihrem Mann als Kraftquelle.

Aus diesen Überlegungen heraus wird als gemeinsames Anliegen der Wunsch formuliert, eine Veränderung anzustreben, die weiterhin Raum für Beziehungsmomente lässt. Die Beraterin hält dies fest und verweist auf die besondere Lebenssituation der Familie, den uneindeutigen Verlust bei Demenz, die oft nur eine »zweitbeste« Lösung (Boss, 2008) zulässt. Nach einer Pause stimmen die Beteiligten diesem Gedanken zu und sind bereit, sich unter dieser Prämisse auf Überlegungen einzulassen.

Dritter Schritt: Bearbeitungs- und Lösungsebene finden

Mit Hilfe von Skalierungen und der Idee der zweitbesten Lösung wird die Familie früh im Gespräch dazu eingeladen, von einer Idee des »Entweder-oder« zu einer Idee des »Sowohl-als-auch« zu kommen (Boos u. Bopp-Kistler, 2014). Der uneindeutige Verlust wird greifbar.

Um die unterschiedlichen Lösungsideen zu visualisieren, eignet sich die von Natho (2013, 2017) entwickelte Skalierungsscheibe (Abbildung 31). Auf einer Skala von 1–7 werden Unterschiede in der Wahrnehmung der Beteiligten anhand unterschiedlicher Fragestellungen sichtbar und besprechbar gemacht. Die Einschätzungen von Herrn Tauber und der osteuropäischen Pflegekraft können mit Hilfe zirkulärer Fragen erfasst werden.

Im vorliegenden Fall wäre es möglich, mit diesem Tool die ursprünglich angedachte Lösung der Töchter – die osteuropäische Hilfe soll die nächtliche Begleitung zur Toilette von Herrn Tauber übernehmen – zu visualisieren.

Abbildung 31: Skalierungsscheibe nach Natho (2013, 2017) (© Frank Natho, FST Halberstadt)

Fragestellung: Wie geht es Ihnen aktuell mit der Situation und was würde sich ändern, wenn die nächtlichen Toilettengänge von der osteuropäischen Pflegekraft übernommen würden? Auf einer Skala von 1–7: Wo stehen Sie heute? Wo würden Sie stehen, wenn diese Lösung umgesetzt würde? 1 bedeutet »sehr schlecht«, 7 »sehr gut«. Tabelle 3 zeigt die Antworten der Beteiligten auf.

Tabelle 3: Skalierungsscheibe – Einschätzung zur Übernahme der Toilettengänge durch die osteuropäische Pflegekraft

Wer?	Einschätzung aktuell	Einschätzung zukünftig
Frau Tauber	2–3	1–2
Herr Tauber (vermutet)	7	1
osteuropäische Pflegekraft (vermutet)	5	1
Tochter 1	1	6
Tochter 2	1	5

1 = sehr schlecht, 7 = sehr gut

Den Töchtern wird deutlich, dass sie unter Berücksichtigung dessen, was Frau Tauber erzählt, mit einer solchen Lösung nicht rundum zufrieden wären. Frau Tauber, Herr Tauber und die osteuropäische Pflegekraft wären sehr unzufrieden. Für alle ist nachvollziehbar, dass dies wohl keine gute Lösung wäre. Gleichzeitig bleibt der Wunsch nach einer Verbesserung der Situation für Frau Tauber. Auf die Frage hin, wie lange sie die nächtlichen Störungen wohl noch durchhalten könne, ohne selber krank zu werden, antwortet sie nicht, wird aber sehr nachdenklich.

Bisher blieb der Blick verengt auf das präsentierte »Problem«. Eine Lösung ist nicht in Sicht. Eine Erweiterung des Blicks kann hilfreich sein. Hierzu wird zunächst eine Analyse der aktuellen Herausforderungen erstellt, die von Frau Tauber zu bewältigen sind (Abbildung 32).

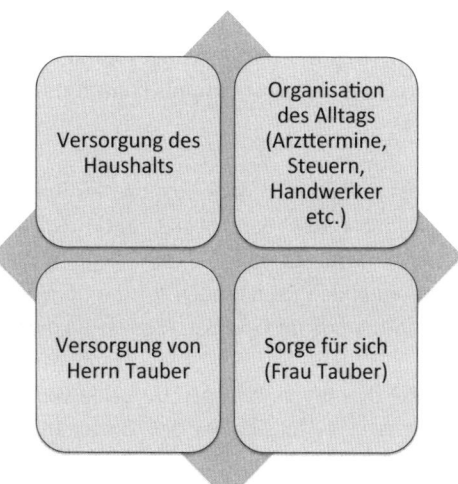

Abbildung 32: Aktuelle Herausforderungen Frau Tauber

Der Analyse der Herausforderungen werden die Ressourcen ihres Umfelds in Form einer VIP-Karte (Abbildung 33) gegenübergestellt.

Abbildung 33: Netzwerk von Frau Tauber

Vierter Schritt: Impulse geben

Durch die Erweiterung des Blicks gelingt es, die Problemfokussierung zu unterbrechen. Ein neuer Impuls kommt nun ausgerechnet von Frau Tauber:

Sie berichtet, dass sie sich gern öfter tagsüber ausruhen würde, was auch gut möglich wäre. Aber dann fiele ihr Blick rasch auf die unerledigten Aufgaben auf dem Schreibtisch – die Belege für die Steuererklärung, die einzureichenden Rechnungen für die Krankenkasse – und bei jeder Autofahrt werde ihr bewusst, dass sie bald ein neues Auto bräuchte.

Als die Töchter dies hören, schlagen sie beide vor, ihre Mutter in diesen Aufgaben zu unterstützen. Eine der Töchter arbeitet bei einem Automobilunternehmen und will sich gern um ein neues Auto für die Mutter kümmern, die andere ist bereit, die Steuerunterlagen zu sortieren und Rechnungen bei der Krankenkasse einzureichen. Das sind Aufgaben, die sie gut auch zu Hause umsetzen kann.

Frau Tauber hört zu, was ihre Töchter sagen, schaut ganz verwundert und ist sofort einverstanden. Sie stellt sich vor, wie sie sich – frei von diesen ungeliebten Aufgaben – nun häufiger nach dem Mittagessen ohne schlechtes Gewissen ausruhen kann. Da ihr Mann ebenfalls gern einen Mittagsschlaf hält, könnte sie die osteuropäische Pflegekraft bitten, in dieser Zeit ggf. für ihren Mann da zu sein.

So ganz nebenbei hat sich eine Lösung entwickelt, an die zu Beginn des Gesprächs niemand gedacht hat. Ein Blick auf die Einschätzungen auf der Skalierungsscheibe anhand der Frage »Wie geht es Ihnen aktuell mit der Situation und was würde sich ändern, wenn die besprochenen Aufgaben von beiden Töchtern übernommen würden?« zeigt deutlich die Auswirkungen:

Tabelle 4: Skalierungsscheibe – Einschätzung zur Übernahme von Aufgaben durch die Töchter, keine Veränderung des nächtlichen Settings

Wer?	Einschätzung aktuell	Einschätzung zukünftig
Frau Tauber	2–3	5
Herr Tauber (vermutet)	7	7
osteuropäische Pflegekraft (vermutet)	5	6
Tochter 1	1	5
Tochter 2	1	6

1 = sehr schlecht, 7 = sehr gut

Auch wenn diese Lösung in keiner Weise den ursprünglichen Vorstellungen der Töchter entspricht, sind diese rasch bereit, ihr zuzustimmen. Zu erleben, wie ihre Mutter plötzlich engagiert Ideen entwickelt, tut beiden gut. Frau Tauber ergänzt noch mit Blick auf all die zu bewältigenden Herausforderungen, dass sie sich nach einer Hilfe für den Garten umsehen wolle. So lieb ihr immer die Gartenarbeit war, jetzt empfindet sie sie nur als Last und möchte den Garten nicht mehr als Arbeitsfeld, sondern als Entspannungsort nutzen.

Die Töchter werfen nochmals einen Blick auf die VIP-Karte und fragen, ob Frau Tauber nicht auch einige Freunde der Familie bitten könnte, gelegentlich für Herrn Tauber da zu sein.

Frau Tauber berichtet, dass sich viele Freunde zurückgezogen hätten und anscheinend mit Herrn Taubers Erkrankung nicht gut klarkämen. Andere hätten allerdings ihre Unterstützungsbereitschaft signalisiert, was Frau Tauber bisher aber nicht in Anspruch genommen hat. Zögerlich überlegt sie, dies in Zukunft doch mehr zu tun und ihrem Mann dadurch auch wieder »ganz normale« freundschaftliche Kontakte zu ermöglichen.

Die Beraterin lenkt den Blick der Familie auf die letzte Aussage von Frau Tauber. Indem sie ihre Grenzen akzeptiert und Unterstützung durch Freunde in Anspruch nimmt, ermöglicht sie ihrem Mann wieder ein Stück Normalität. Systemisch gesprochen hat Frau Tauber ihr eigenes Verhalten reframt, d. h., einen neuen Rahmen gegeben, in welchem sie sich sehen kann.

Zum Schluss bringt die Beraterin noch eine Beobachtung ein. In hitzigen Phasen des Gesprächs kam Herr Tauber sehr häufig in die Nähe der Gesprächspartner und wirkte unruhig. Jetzt sitzt er ganz entspannt in seinem Lieblingssessel und blättert in einem Fotoalbum. Ob dies vielleicht bedeuten könne, dass auch er dem gefundenen Kompromiss zustimmt?

Mit dieser Beobachtung wird Herr Tauber nochmals fiktiv in das Gespräch mit hineingeholt, und zwar über die Beobachtung seines aktuellen Verhaltens. Menschen mit Demenz haben auch bei weit fortgeschrittener Erkrankung eine hohe Sensibilität für Stimmungen und reagieren ungefiltert darauf (Kastner u. Löbach, 2014). Ihr Verhalten kann folglich mit gutem Grund als persönlicher Ausdruck angesehen werden.

Fünfter Schritt: Gespräch abschließen

Zum Abschluss des Gesprächs würdigt die Beraterin das Engagement der Beteiligten. Mit Blick auf die Visualisierungen wird allen deutlich, wie sehr sie sich um eine gute Lösung bemüht haben. Der Gesprächsabschluss stellt auch eine Verbindung zum Gesprächsbeginn her, indem die Beraterin darauf verweist, dass Herr Tauber unter einer fortschreitenden Erkrankung leidet. Die heute gefundene Lösung wird möglicherweise nicht von Dauer sein, sondern muss von Zeit zu Zeit überprüft werden. Es wird verabredet, sich in vierteljährlichen Abständen zu treffen.

Rückblickend wird deutlich, dass die gefundene Lösung noch weitere Facetten hat, die im Gespräch nicht zur Sprache kamen, von Frau Tauber aber möglicherweise sehr wohl empfunden werden. Eine aus dieser Vermutung erwachsende Hypothese könnte lauten, dass der ursprüngliche Wunsch der Töchter, die nächtliche Belastung von Frau Tauber zu reduzieren, die Töchter nicht konkret mit einbezog. Bei der nun gefundenen Lösung bringen sie sich persönlich mit ein, und zwar mit ihren ganz eigenen Fähigkeiten.

Und Herr Tauber? War er beteiligt? Er befand sich während des Gesprächs im Raum. Bis auf die erwähnten Phasen der Unruhe war er meistens ruhig und mit der Betrachtung alter Fotoalben beschäftigt. Zweimal kam er zum Tisch, an dem das Gespräch stattfand, schaute alle Beteiligten kurz an und wendete sich wieder seinen Bildern zu.

Möglicherweise können wir dieses Verhalten als seine Form des indirekten Ausdrucks sehen, wie es die Beraterin in vorliegendem Fall auch der Familie vorschlug. Herr Tauber nimmt Spannungen sofort wahr und reagiert häufig äußerst aggressiv darauf. Für die Beteiligten kann sein Verhalten als wichtiger Hinweis gesehen werden, dass er sowohl die Spannung, die zeitweilig spürbar war, als auch die Entspannung und liebevolle Beziehung der Angehörigen untereinander wahrgenommen hat. Im Sinne des Satzes »Beziehung macht Sinn« ist eine gute Beziehung zwischen den Menschen, auf die er angewiesen ist, für ihn möglicherweise wichtiger als Inhalte.

4.2.2 Ehepaar Sander – Zukunft besprechbar machen

Allzu schnell geschieht es, dass Menschen mit Demenz die Fähigkeit abgesprochen wird, sich im Gespräch zu äußern; es wird über sie anstatt mit ihnen gesprochen – und das auch in ihrer Anwesenheit. Dieses und das folgende Kapitel möchten eine Lanze dafür brechen, Menschen mit Demenz auch in fortgeschrittenen Stadien der Erkrankung auf ihre ganz eigene Weise ins Gespräch mit einzubeziehen.

Eine allgemeine Betrachtung der Paarbeziehung bei Demenz findet sich in Kapitel 2.2. Der folgende Text beschreibt einen Beratungsprozess am Beispiel des Ehepaars Sander:

Das Ehepaar Sander kommt zum Erstgespräch in eine Beratungsstelle. Bei Herrn Sander wurde vor einigen Monaten eine Demenz diagnostiziert. Sein Kurzzeitgedächtnis ist beeinträchtigt, aber er hat schon ganz gute Strategien entwickelt. Zu Hause liegt ein Heft neben dem Telefon, in dem er alles notiert, was er als wichtig empfindet. War er früher sehr sprachgewandt, so fehlen ihm jetzt oft die Worte. Das macht ihn manchmal richtig ärgerlich.

Die Ehefrau fühlt sich von der Situation überrollt. Herr Sander, 66 Jahre alt, war viele Jahre als Projektentwickler in einer mittelständischen Firma tätig und ist seit zwei Jahren berentet; Frau Sander arbeitet halbtags als Anwältin in einer Kanzlei. Eigentlich hatten beide sich auf einen schönen Ruhestand gefreut …

Schnell wird deutlich, dass der Leidensdruck bei Frau Sander deutlich höher ist als bei ihrem Mann. Das Paar hat immer eine Partnerschaft auf Augenhöhe gelebt. Literatur, Wandern und Reisen waren gemeinsame Hobbys. Herrn Sanders Spezialität war die Planung der gemeinsamen Wanderungen und Urlaube. Das überfordert ihn jetzt. Routen und Unterkünfte zu vergleichen und auszuwählen fällt ihm schwer. Ein neues Miteinander muss gefunden werden.

Darüber hinaus schätzten beide den gemeinsamen Austausch über ihre Erlebnisse und Pläne. Jetzt merkt Frau Sander, dass sie ihr Sprechtempo anpassen muss. Spricht sie so schnell wie früher, versteht ihr Mann vieles nicht. Auch wenn sie häufig das Thema wechselt, kommt ihr Mann nicht mehr mit. Im Beruf dagegen wird weiterhin das gewohnte Tempo von ihr erwartet. Gerade das Umschalten stellt eine tägliche Herausforderung für sie dar.

Im Gespräch wird rasch deutlich, dass Frau Sander »Druck ablassen« muss. Eine zu frühe Lösungsorientierung wäre vermutlich kontraproduktiv. Das Bedürfnis, gehört zu werden, steht zunächst im Vordergrund. Gleichzeitig ist darauf zu achten, dass Herr Sander als derjenige, der zunächst mehr zuhört, als sich selber zu äußern, nicht in die Rolle dessen gelangt, der an »allem schuld« ist. Manchmal kann es in solchen Fällen sinnvoll sein, dem sorgenden Partner zunächst ein Einzelgespräch anzubieten, um die Wucht der Klagen im Paargespräch abzumildern. Um im Gespräch Symmetrie in einer asymmetrischen Beziehung herzustellen und das Tempo zu verlangsamen, stellt Linking up (siehe Kap. 3.2) ein hilfreiches Handwerkszeug dar.

Auf die Klage von Frau Sander hin, dass ihr Mann so langsam geworden sei, könnte die Beraterin im oben beschriebenen Fall beispielsweise zu Herrn Sander sagen: »Ihre Frau ist ja eine ganz Schnelle und jetzt müssen Sie beide lernen, dass es auch langsamer gehen kann und gehen muss. Ich glaube, das ist für Sie beide nicht ganz einfach.« Dann kann sie in Tonfall und Wortwahl Schärfe aus Frau Sanders Bemerkung herausnehmen und stellt eine Verbindung zwischen den Partnern her. Damit »reframt« sie die Aussage der Ehefrau, d. h., sie gibt ihr einen neuen Rahmen und damit, ein neues Verstehensangebot der eingetretenen Veränderungen.

Mit der Bemerkung »Ich glaube, das ist für Sie beide nicht ganz einfach« werden die Partner eingeladen, sich dazu zu äußern, ohne sich unter Druck gesetzt zu fühlen. Menschen mit Demenz fühlen sich durch Fragen leicht unter Druck gesetzt. Gerade Herr Sander, der so oft erlebt, dass er Zeit braucht, um das Gehörte zu verstehen, wird viele Fragen als Prüfung empfinden. Erhält er ein Angebot, sich zu äußern, anstelle einer Frage, so setzt ihn dies weniger unter Druck. Wiederholt bzw. paraphrasiert die Beraterin anschließend auch seine Antwort, so gibt sie ihm die Sicherheit, gehört und verstanden zu werden, und lädt seine Partnerin dazu ein, ihm genauer zuzuhören. Damit kann der Gefahr vorgebeugt werden, dass die nicht betroffene Partnerin das Gespräch einseitig steuert. Um im Gespräch auf Augenhöhe dabei zu sein, braucht Herr Sander jemanden, der ihn »anwaltlich« vertritt; jemanden der darauf achtet, dass Tempo und Verstehen an seine Bedürfnisse angepasst sind. In diesem Fall übernimmt die Beraterin diese anwaltliche Funktion.

Gerade die notwendigen Verzögerungen erleichtern es auch der Beraterin, mögliche Ressourcen wahrzunehmen und nachzufragen. Im vorliegenden Fall bilden die Hobbys einen guten Ausgangspunkt und Herr Sander erzählt ganz stolz, dass er seit vielen Jahren einmal jährlich mit Freunden auf Segeltörn geht. Die Freunde wissen um seine Einschränkung und an Bord unter Männern ist viel reden nicht wichtig – ein passendes Setting für ihn!

Frau Sander beschreibt, wie sich ihre Reisen verändert haben: weniger Eindrücke, langsameres Tempo, viel Natur. Durch die Beschreibung und das Nachfragen der Beraterin wird sie eingeladen, ihre Ressourcen und ihre kreative Kompetenz im Umgang mit der Situation wahrzunehmen.

Das systemische Repertoire besticht durch die vielfältigen Möglichkeiten der Visualisierung (Schwing u. Fryszer, 2013). Für einen Menschen mit eingeschränkter Sprachfähigkeit stellt dies ein hilf-

reiches Medium dar. Folgende Fragen zeigen beispielhaft Möglichkeiten der Skalierung auf:
- In welchem Ausmaß erleben Sie sich als gesund, in welchem als krank?
- Erleben Sie sich eher als selbständig oder als unterstützungsbedürftig? Wie ist das Verhältnis dieser beiden Pole zueinander?
- Erleben Sie sich eher als Sorgende oder als Mensch mit eigenen Bedürfnissen?
- Bis zu welchem Punkt können Sie Ihre Rolle als … (z. B. Planerin, Organisator, Gesprächspartnerin) gut aushalten? Wann wird es kritisch? Woran merken Sie das?
- Bei welchem Grad der Belastung können Sie als Sorgende sich nicht mehr vorstellen, die Betreuung zu Hause zu leisten?
- Welche Unterstützung bräuchten Sie, um bis zu diesem Punkt gut durchzuhalten bzw. diesen Punkt ggf. verschieben zu können?
- …

Im Sinne des oben beschriebenen »Sagen statt Fragen« können diese Fragen auch in Einladungen umgewandelt werden. Hierzu werden die Endpunkte auf Karten geschrieben visualisiert und die Ratsuchenden eingeladen, sich an den Platz zu stellen, der passt, bzw. ein Kreuz an der Stelle zu machen.

Erfahrungsgemäß wird die Frage nach der Einschätzung des Verhältnisses gesund/krank von den Beteiligten unterschiedlich gesehen. In der klassischen systemischen Beratung bieten sich an dieser Stelle zirkuläre Fragen an. Diese laden ein, die Sicht des anderen einzunehmen. Zirkuläre Fragen überfordern allerdings viele Menschen mit Demenz und sollten vorsichtig eingesetzt werden. In einer Skalierungsaufstellung wird die Sichtweise des Partners stattdessen ganz konkret erlebt.

In der Folge geht es darum, die übereinstimmenden Bereiche zu würdigen und die nicht übereinstimmenden Bereiche anzuschauen. Im vorliegenden Fall wird von der Beraterin aktiv die Frage angeschnitten, zu welchem Zeitpunkt eine Heimaufnahme von Herrn Sander für Frau Sander aktuell würde. Ohne dies in Worte fassen zu können, kann sich Frau Sander sehr rasch an einen bestimmten Punkt stellen und die dort auftretenden Veränderungen registrieren. Auf diese Weise wird ihr ihr innerer Kompass verdeutlicht. Herr Sander kann sich auch vorstellen, dass es »irgendwann nicht mehr geht«, sieht diesen Zeitpunkt allerdings viel später. Für ihn ist wichtig, so lange wie möglich mit seiner Frau zusammen zu sein.

Beide Sichtweisen haben ihre Berechtigung. Je klarer sich Frau Sander das Recht zuspricht, zu einem späteren Zeitpunkt die Betreuung und Pflege abzugeben, und Kriterien entwickelt, die ihr zeigen, wann der passende Zeitpunkt ist, desto belastbarer wird sie in der Zwischenzeit sein. Auf diese Weise kann sie möglicherweise sogar diesen kritischen Zeitpunkt nach hinten verschieben. Dass Herr Sander möglichst lange mit seiner Frau zusammen sein möchte, weil sie der vertrauteste Mensch für ihn ist und er sich bei ihr am wohlsten fühlt, ist nachvollziehbar. Überschreitet Frau Sander allerdings den für sie kritischen Punkt, ohne Konsequenzen zu ziehen, wird sie zwangsläufig nicht mehr so hilfreich für ihren Mann sein können. Er wird spüren (und nicht mehr einordnen können), dass seine Frau ungeduldiger, ärgerlicher, weniger einfühlsam als früher sein wird. Ab diesem Zeitpunkt ist sie nicht mehr wirklich gut für ihn.

Die Möglichkeit, diesen Konflikt frühzeitig anzusprechen, da Herr Sander noch dazu in der Lage ist, sich aktiv zu beteiligen, lässt ihm jetzt den Handlungs- und Entscheidungsspielraum, den er später voraussichtlich nicht mehr haben wird. Jetzt hat das Ehepaar die Möglichkeit, gemeinsam zu überlegen, welche Versorgungsform für Herrn Sander zu einem späteren Zeitpunkt geeignet sein könnte. Die Frage, wann dieser Zeitpunkt gekommen ist, wird Frau Sander als Hauptbezugsperson in erster Linie für sich entscheiden müssen. Hier muss sie Verantwortung übernehmen und akzeptieren, dass ihr Mann infolge der Demenz die Verantwortung für ihr Wohlergehen nicht mehr übernehmen kann. Die Entscheidung über das Wie und Wo kann dagegen im Vorfeld angebahnt werden. Dies wird es Frau Sander im entscheidenden Moment erleichtern, sie umzusetzen. Für Herrn Sander ist es schwer vorstellbar, dass vermutlich irgendwann ein Tag kommen wird, an dem er gern noch bei seiner Frau leben würde und diese das nicht mehr leisten kann.

Ihm ist klar, dass er deren Entscheidung dann vermutlich nicht verstehen wird. Er äußert die Bitte, dass sie ihn dann daran erinnern möge, dass diese Situation besprochen wurde und er sein Einverständnis dazu gegeben hat. Es ist davon auszugehen, dass er sich dann nicht mehr an die heutige Aussage erinnern wird. Aber sie wird trotzdem etwas verändern. Herr Sander braucht jetzt und in Zukunft noch mehr die Erfahrung, sich auf seine Frau verlassen zu können. Je klarer sie für sich Entscheidungen trifft, desto belastbarer wird sie für ihren Mann. Mit dem heutigen Gespräch hat sie das Einverständnis ihres Mannes für eine für beide schwerwiegende Entscheidung erhalten und wird ihm diesen Schritt zum entsprechenden Zeitpunkt in einer relativ klaren Weise vermitteln können. Menschen mit Demenz brauchen emotionale Sicherheit. Sie spüren und hören kleinste Verunsicherungen ihrer Bezugspersonen und reagieren darauf rasch mit Ablehnung. Dies kann vermieden, zumindest reduziert werden.

Neben dem Blick auf Frau Sander als die Sorgende und Herrn Sander als den zu Versorgenden eröffnen gerade Skalierungen die Möglichkeit, den Blick zu weiten. Sieht sich Herr Sander vielleicht auch als Sorgender, wenn er seine Frau möglichst nicht belasten möchte und seine Ängste bezüglich der Zukunft nicht immer mitteilt? Sorgt er in diesem Moment noch gut für sich selbst? Solche Gedanken können meist leichter in einer visualisierten Form besprochen werden als im direkten Gespräch.

Eine andere Form der Visualisierung stellt die bereits erwähnte und beschriebene videobasierte Beratung dar. Diese wird auch dem Ehepaar Sander angeboten. Das Marte-Meo-Konzept fokussiert auf die alltägliche Interaktion in asymmetrischen Beziehungen. Durch die demenzielle Erkrankung ist partiell eine Asymmetrie in diese Paarbeziehung gekommen. Das Paar nimmt das Angebot an und erstellt einen Film von einer Situation beim Frühstück. In dem kurzen Video ist Folgendes zu sehen:

Herr Sander berichtet mit stockender und monotoner Stimme von einem Erlebnis beim Joggen. Während er früher immer einer der schnellsten war, müssen die anderen jetzt teilweise auf ihn warten. Während des

Sprechens schaut er auf den Tisch, nur in zwei kurzen Momenten schaut er seine Frau an. Diese blickt die ganze Zeit zu ihm, hört ihm aufmerksam zu, bis sie nach einigen Minuten aufsteht und ihm mitteilt, dass sie nun die Kamera ausstellen werde.

Eine kurze Momentaufnahme, die aus systemischer Sicht zur Hypothesenbildung einlädt. Herr Sander spricht stockend, schaut seine Frau praktisch nicht an.
- Schämt er sich, weil er nun auch körperlich nicht mehr mithalten kann?
- Ist es die Erkrankung, die seine Sprache so verlangsamt hat?
- Hat er Angst, dass seine Frau ihn nicht mehr ansieht, und schaut lieber gleich weg?
- Braucht er den Blick auf den Tisch, um sich auf das Sprechen zu konzentrieren?
- Denkt Herr Sander nur noch an sich und gibt sich gar keine Mühe, so zu sprechen, dass seine Frau gut zuhören kann?
- Hat Herr Sander die Hoffnung aufgegeben, dass ihm jemand zuhört?

Und bezogen auf seine Frau:
- Ist sie interessiert an dem, was ihr Mann sagt, und will alles mitbekommen?
- Sieht sie es als ihre Pflicht an?
- Tut sie es nur, weil gerade die Kamera läuft?
- Zeigt es ihr deutlich, wie eingeschränkt ihr Mann bereits ist?
- Hofft sie, dass er sie irgendwann doch anschaut?
- Sieht sie es als Zeichen der Ablehnung, dass ihr Mann keinen Blickkontakt herstellt?

Es wird deutlich, dass sich die Hypothesen im Spektrum zwischen Medizin und Interaktion bewegen – da, wo sich Demenz bewegt. Hirnanatomische Veränderungen als Ausdruck einer Demenzerkrankung beeinflussen die Interaktionsfähigkeit und gleichzeitig beeinflusst die Art und Qualität der Interaktion die Ausprägung einer Demenz.

Anstatt Hypothesen weiter zu verfolgen und darüber zu besprechen, lenkt die Marte-Meo-Beratung den Blick auf das, was ist. Das Video bietet den beiden die Möglichkeit, sich neu zu erleben. Herr Sander sieht, dass seine Frau während der gesamten Aufnahme mit der Aufmerksamkeit bei ihm ist. Und er sieht, dass er das Angebot des Blickkontakts fast nicht beantwortet, obwohl es ihm grundsätzlich möglich ist. Mit einem Standbild vom Moment eines kurzen Blickkontakts wird eine Alternative geschaffen. Seine Handlungsmöglichkeiten werden vergrößert. Wenn er dieses erweiterte Spektrum nutzt, wird er in den Momenten, in denen er beim Sprechen seine Frau anschaut, deren Mimik wahrnehmen und auf diese reagieren können. Mit ausgeprägter Mimik ist eine stärkere Stimmmodulation verbunden. Auf diese Weise kann ein kurzes Bild von den eigenen Möglichkeiten und den Reaktionsweisen der Partnerin eine Veränderung bewirken. Weshalb Herr Sander so monoton und mit nach unten gerichtetem Blick spricht, braucht nicht weiter erörtert zu werden.

Auch für Frau Sander ist das kurze Video interessant. Im Gespräch berichtet sie, wie schwer es ihr fiel zuzuhören. Am Ende des Films steht sie auf, um die Kamera auszustellen. Dies teilt sie ihrem Mann mit. Ihr Mann folgt ihr dabei mit dem Blick. An dieser Stelle können die besonderen Bedürfnisse ihres Mannes sichtbar gemacht werden. Wenn sie vom Tisch aufsteht, weiß er nicht immer, weshalb sie das tut. Wenn sie ihre Handlung mit wenigen Worten kommentiert – »Ich mach' gerade mal die Kamera aus.« – dann fühlt er sich beteiligt und kann ihrer Mimik und ihrem Tonfall entnehmen, dass die Situation nicht bedrohlich ist. Mögliche Befürchtungen seinerseits, dass sie ihm nicht mehr zuhören mag, dass er sowieso langweilig geworden ist etc., erübrigen sich. Und Frau Sander sieht, dass sie Situationen beenden kann, wenn diese nicht mehr gut erträglich sind.

Herr Sander braucht keine Ehefrau, die immer für ihn da ist und alles aushält, sondern einen Menschen, der ihn auf dem Laufenden hält und ihm die nötige emotionale Information und Sicherheit gibt. Immer wenn ein relevanter Anderer aufsteht, das Zimmer verlässt, sich aus dem Gesichtsfeld eines Menschen mit Demenz entfernt, wird dies von einem Menschen mit Demenz als Kontakt- und Bindungsabbruch erlebt. Je besser es Angehörigen und besonders Partnern gelingt, diese kleinen Verletzungen zu vermeiden, desto mehr Sicherheit kann geschaffen werden.

4.2.3 Ehepaar Weiler – »Ganz fern und doch so nah«

Das aus Fallbeispiel 2 in Kapitel 2.1 bereits bekannte Ehepaar Weiler kommt zweimal gemeinsam zur Beratung in eine Beratungsstelle für Senioren, bevor sich die häusliche Situation so zuspitzt, dass Frau Weiler sowohl um ihre eigene Sicherheit als auch die ihres demenzerkrankten Mannes fürchtet. Im Nachhinein berichtet sie, dass ihr Mann zunehmend verunsichert wirkte und häufig verbal aggressiv war. Er erkannte seine Frau zwar noch, sprach ihr aber mehrfach die Legitimation ab, sich in der gemeinsamen Wohnung aufzuhalten. Bei gemeinsamen Unternehmungen mit dem Auto griff er seiner Frau unvermittelt ins Steuer. Seine Unsicherheit zeigte sich auch in der Mobilität; beim Begehen der häuslichen Treppe kam es mehrfach zu Beinahe-Stürzen.

In dieser Krisensituation fasst Frau Weiler den Entschluss, ihren Mann in einer gerontopsychiatrischen Klinik vorzustellen – ein Entschluss, den Herr Weiler überraschenderweise mitträgt. Dort wird nach einer Zeit der Beobachtung im therapeutischen Setting die dringende Empfehlung zur Aufnahme in ein Pflegeheim ausgesprochen. Angesichts der zurückliegenden Erfahrungen stimmt Frau Weiler dem zu. Ihr ist klar geworden, dass sie selber nicht mehr die Person ist, die ihrem Mann die Fürsorge, Begleitung und Sicherheit in dem Maß geben kann, die er nun benötigt. Sie sucht mehrere Pflegeheime auf, um ein Gespür dafür zu bekommen, an welchem Ort sich wohl sowohl ihr Mann als Bewohner als auch sie als Besucherin wohlfühlen würde, und entscheidet sich dann für das aus ihrer Sicht geeignetste.

In der Folge kommt Frau Weiler alleine zur Beratung, weil sie sich längerfristige Begleitung wünscht.

In dem nachfolgend beschriebenen Prozess wird deutlich, wie auch dann, wenn ein Mensch mit Demenz im Pflegeheim betreut wird, die Verantwortung für den Partner einerseits bleibt und sich andererseits in ihrer Ausprägung wandelt. Frau Weiler sieht sich mit einer Vielzahl von Aufgaben konfrontiert (siehe Abbildung 34), die sich mit fortschreitender Erkrankung ihres Mannes und seinem Leben im Pflegeheim verändern. Dies wirkt sich auch auf die Paarbeziehung aus und auf die Art und Weise, wie Paarbeziehung (noch) gelebt werden kann, und kann vergleichbar den von Førsund et al. (2016; siehe Kap. 2.2.3) beschriebenen Phasen dargestellt werden.

Vor der Heimaufnahme

Die Zeit vor der Aufnahme ist davon gekennzeichnet, dass zwar äußerlich vieles gegenüber der Zeit vor Herrn Weilers Erkrankung unverändert ist (Wohnsituation, Berufstätigkeit von Frau Weiler, Ruhestand von Herrn Weiler, gemeinsame Interessen), die Uneindeutigkeit der Lebenssituation aber an vielen Stellen spürbar wird. Das Paar sieht sich mit einer Vielzahl von Fragen konfrontiert.
- Welche Entscheidungen kann Herr Weiler noch gut für sich treffen? Ist das immer so oder wechselt es?
- In welchen Situationen darf und ggf. muss Frau Weiler Verantwortung übernehmen?
- Wie verbringt Herr Weiler seinen Tag? Langweilt er sich oder pflegt er noch seine Hobbys? Darf er sich auch langweilen?
- Wie oft und wie lange kann Frau Weiler ihren Mann allein lassen? Sehen das beide gleich oder gibt es da Unterschiede? Gilt das immer oder gibt es Ausnahmen?

Mit dem Blick auf Frau Weiler sieht deren Aufgabenspektrum aus wie in Abbildung 34 dargestellt.

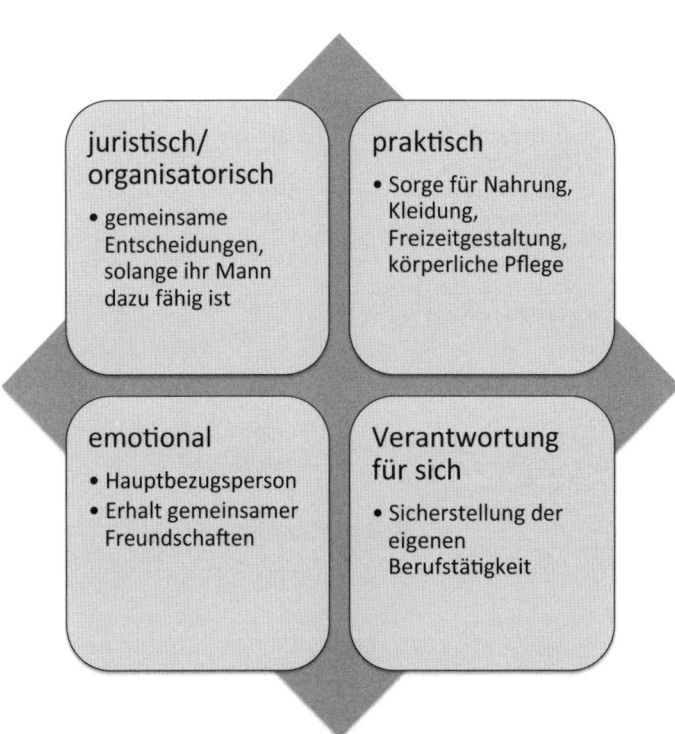

Abbildung 34: Aufgaben von Frau Weiler vor der Heimaufnahme

Die Zeit kurz nach der Heimaufnahme

Mit der Heimaufnahme ihres Mannes sieht sich Frau Weiler in einem deutlich höheren Maße als bisher mit ihrer Funktion als gesetzlich Bevollmächtigte konfrontiert. Das Pflegeheim braucht Klarheit. Gleichzeitig steht sie vor der Herausforderung, Verantwortung für das körperliche und teilweise auch das seelische Wohlbefinden ihres Mannes abzugeben und trotzdem in Beziehung zu bleiben. Erst nach und nach baut sie Vertrauen zu den Mitarbeitern auf; dieser Prozess braucht Zeit. Ihr Mann ist in dieser Zeit ganz besonders auf sie angewiesen. Sie ist seine Brücke zu seinem bisherigen Leben. All das spiegelt sich in der Veränderung ihrer Aufgaben (siehe Abbildung 35).

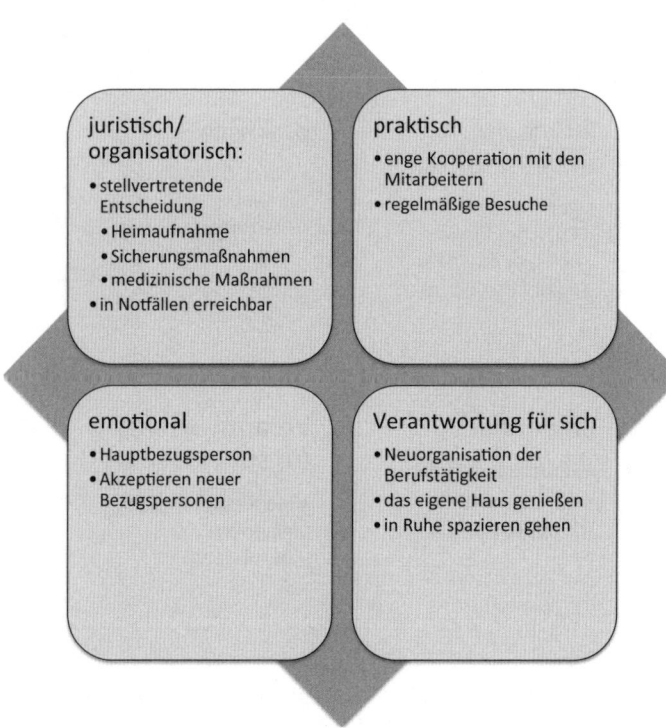

Abbildung 35: Aufgaben von Frau Weiler kurz nach der Heimaufnahme

Häufig hören Angehörige kurz nach der Heimaufnahme, dass sie sich nun ja entspannen könnten. Das Bild macht deutlich, dass dem bei weitem nicht so ist. Eher kann dieser Zeitraum als Krisenzeitraum beschrieben werden, in dem nur langsam und Schritt für Schritt Entspannung und eine neue Normalität einkehren.

Die Anpassungsphase

Indem sie erlebt, dass sich ihr Mann langsam einlebt, dass er gut versorgt ist und dass sie bei den Mitarbeitern und Mitarbeiterinnen mit ihren Sorgen auf offene Ohren stößt, festigt sich das Vertrauensverhältnis zur Einrichtung. Parallel hierzu knüpft Herr Weiler neue Kontakte. Seine Frau freut sich darüber, und in diese Freude mischt sich Trauer.

Zunehmend häufiger nimmt Frau Weiler an Aktivitäten und Veranstaltungen des Pflegeheims teil. Damit lernt sie die neue Welt ihres Mannes kennen. Gleichzeitig stellt sie fest, dass manches davon auch für sie interessant ist. In diesen Momenten wird Herr Weiler vom »Pflegebedürftigen« zum interessanten Partner, vom Nehmenden zum Gebenden. Parallel hierzu beginnt Frau Weiler durch ihre Kandidatur zum Heimbeirat, Fürsorge auf einer anderen Ebene zu leben.

Zu Hause genießt sie nicht nur den Alltag, der nicht mehr von Angst um ihren Mann geprägt ist, sondern beginnt auch, manches umzugestalten – und vieles so zu belassen wie es war. Im Beruf stellen sich Frau Weiler neue Herausforderungen, die sie jetzt als Chance sieht und gern ergreift. Die Verantwortung für sich nimmt sie wahr und gestaltet sie (siehe Abbildung 36).

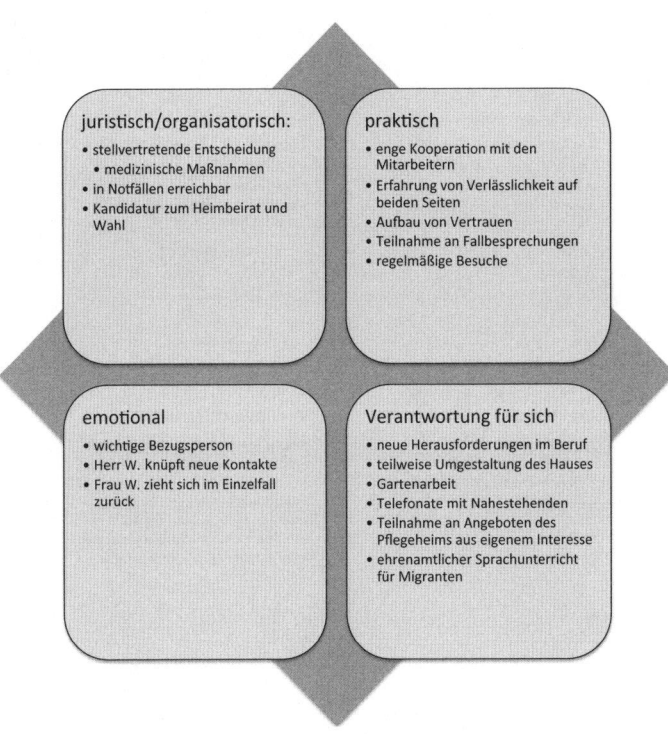

Abbildung 36: Aufgaben von Frau Weiler in der Anpassungsphase

Herr Weiler hat ein neues Zuhause

Der Prozess geht weiter und Frau Weiler erlebt immer mehr, dass ihr Mann ein neues Zuhause hat. Sie unternimmt regelmäßig Ausflüge mit ihm. Wünschte sich Herr Weiler anfangs oft, diese Ausflüge im Haus des Paares zu beenden (was dann auch stattfand), äußert er diesen Wunsch jetzt kaum noch. Stattdessen entdeckt das Ehepaar die Cafés der Region.

Frau Weiler erlebt weitere Schritte des Abschieds von der Paarbeziehung, wie sie früher war, und gleichzeitig ist sie erleichtert, da die gefühlte »24-Stunden-Bereitschaft« endgültig der Vergangenheit angehört. Sie weiß, dass auch in Notfällen für ihren Mann gesorgt ist. Manchmal bleibt das Handy aus. Ihr persönlicher Lebensraum

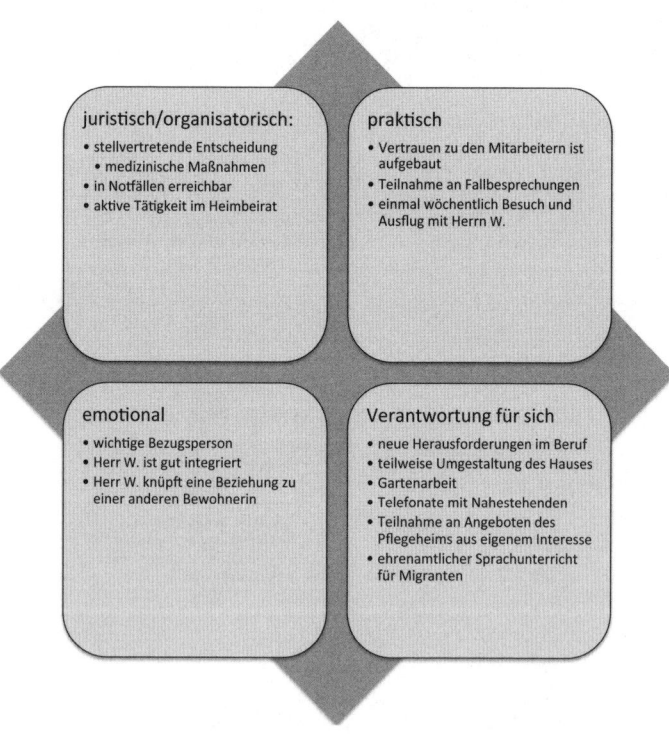

Abbildung 37: Herr Weiler hat ein neues Zuhause – Aufgaben von Frau Weiler

wächst. Sie pflegt wieder häufiger Kontakte zu Freunden und Verwandten und übernimmt ehrenamtlich Sprachunterricht für Migranten. Dies sind für sie äußere Zeichen dafür, dass nun in der Tat und dauerhaft Entspannung eingekehrt ist.

In diese Zeit fallen neue Turbulenzen: Herr Weiler geht eine enge Beziehung zu einer anderen Mitbewohnerin ein. Es entsteht gewissermaßen ein offenes Dreiecksverhältnis. Frau Weiler braucht Zeit, um sich auch mit diesem Prozess zu arrangieren. Das bereits aufgebaute Vertrauensverhältnis zur Heimleitung und den Mitarbeitern erleichtert es ihr, ihre widersprüchlichen Gefühle wahrzunehmen und nach guten Lösungen zu suchen. Es wird deutlich, dass es auch hier keine perfekte Lösung geben kann. Schritt für Schritt kann sie akzeptieren, dass es eine zweite wichtige Frau für ihren Mann gibt. Abbildung 37 zeigt das veränderte Aufgabenspektrum.

Ein neues Leben mit drei neuen Lebensräumen

Mehr und mehr beschreibt Frau Weiler drei Lebensräume (siehe Abbildung 38). Beide Partner haben eigene Lebensräume, die sich noch teilweise aber deutlich weniger als früher überschneiden. Dabei sieht sie es als Herausforderung und Chance sowohl für sich als auch für ihren Mann, einen neuen gemeinsamen Raum zu entwickeln. Gemeinsame Teilnahme an Gottesdiensten und Konzerten im Pflegeheim, aber auch ihr Engagement im Heimbeirat zählen für sie dazu. Wenn sie ehrenamtlich Sprachunterricht für Migranten in den Räumen des Pflegeheims gibt, dann besucht sie das neue Zuhause ihres Mannes und entdeckt es gleichzeitig für sich.

Als festes Ritual hat sich der wöchentliche Ausflug mit ihrem Mann eingespielt. Versuchten die

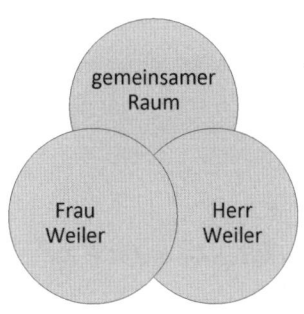

Abbildung 38: Ein neues Leben mit drei neuen Lebensräumen

Mitarbeiter zunächst noch, die neue Freundin von Herrn Weiler an diesen Nachmittagen abzulenken, hat sich Frau Weiler nun entschieden, sie mit einzuladen und die Ausflüge zu dritt zu machen.

In schwierigen Entscheidungssituationen bietet die Heimleitung Fallbesprechungen an. Die Demenz ihres Mannes ist mittlerweile so weit fortgeschritten, dass er an diesen Besprechungen nicht mehr teilnehmen kann. Umso wichtiger ist sie als Vertreterin der Interessen ihres Mannes. Sie fühlt sich ihm dann ganz nah. Abbildung 39 zeigt die sich daraus ergebende Veränderung ihrer Aufgaben.

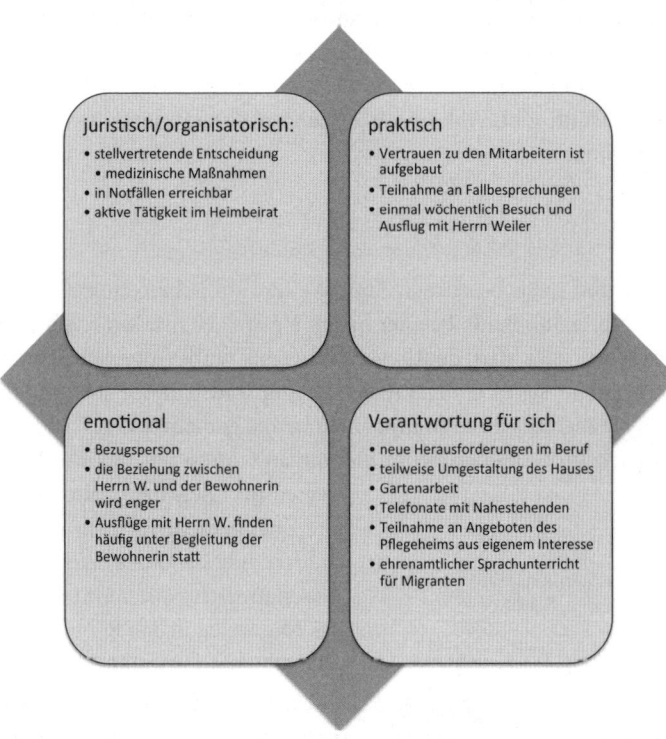

Abbildung 39: Ein neues Leben mit drei Lebensräumen – Aufgaben der Ehefrau

Im Rückblick beschreibt Frau Weiler in Anlehnung an das Buch »Da und doch so fern« (Boss u. Bopp-Kistler, 2014) diese Entwicklung als von »*Da und doch so fern*« zu »*Fern und doch so nah*«.

Die Frage, ob das, was sie jetzt mit ihrem Mann erlebt, noch als Liebe bezeichnet werden kann, bejaht sie eindeutig. Aus ihrer Sicht verändert sich die Liebe und bleibt doch bestehen. Auch in ihrem persönlichen Lebensraum, der für Frau Weiler nun immer mehr an Bedeutung gewinnt, ist ihr Mann weiterhin präsent. Wesentliche Themen der ursprünglich gelebten Paarbeziehung bleiben in veränderter Form lebendig. Hierzu ein paar Beispiele:

- *Sorge für die Gemeinschaft, ehrenamtliches Engagement:* Das Ehepaar war viele Jahre lang gemeinschaftlich ehrenamtlich engagiert. Das ist seit längerem nicht mehr möglich. Jetzt, nach der Heimaufnahme ihres Mannes, hört Frau Weiler von einem Freiwilligenprojekt zur Unterstützung von Migranten im Heim. Sie nimmt Kontakt auf und gibt dort regelmäßig Deutschunterricht. Herr Weiler wiederum nimmt regelmäßig an den Gottesdiensten des Hauses teil und übernimmt dort Lesungen.
- *Menschen groß werden lassen:* Als Frau Weiler ihren Mann kennen lernte, hat er sie beruflich sehr gefördert. Sie schildert dies als einen Wesenszug ihres Mannes. Jetzt, nachdem ihr Mann im Heim lebt, hat sich für sie beruflich die Möglichkeit aufgetan, junge Menschen auszubilden und Mitarbeiter zu fördern. Sie hat diese Möglichkeit ergriffen.
- *Interessen des anderen teilen:* Herr Weiler war viele Jahre politisch engagiert. Dieses Engagement hat seine Frau gern mitgetragen, wird es aber für sich alleine nicht fortsetzen. Jetzt geht sie regelmäßig zum Gottesdienst ins Pflegeheim und besucht gern Veranstaltungen des Hauses. Bei diesen Gelegenheiten sieht und hört sie ihren Mann, wie er in den vielfältigen Veranstaltungen seinen Beitrag leistet.
- *Gemeinsame Momente genießen:* Beide sind gern gemeinsam verreist und konnten schöne Momente genießen. Durch das Ritual des wöchentlichen Ausflugs bleibt noch eine Spur davon erhalten.

An diesen Beispielen wird ein Verständnis von Treue deutlich, welches im Sinne des uneindeutigen Verlusts nach Pauline Boss (Boss, 2008, 2011a, 2011b) beide Seiten zulässt – den Abschied von Körperlichkeit, Austausch, gelebter Gemeinschaft in der Ehe und gleichzeitig das Bewahren dessen, was die Partner beim jeweils Anderen angeregt haben.

4.2.4 Frau Gerten – das eigene Potenzial nutzen

Aus systemischer Sicht ist es erfreulich, dass beim Thema Demenz die Angehörigen sehr im Fokus stehen. Dass auch die Betroffenen individuellen Beratungsbedarf haben und in der Lage sind, Beratung in Anspruch zu nehmen und von dieser zu profitieren, wird dabei rasch vergessen. Wie Betroffene ins Gespräch mit einbezogen werden können wurde in den vorausgehenden Kapiteln beschrieben. In fortgeschrittenen Stadien der Erkrankung braucht es andere Formen der Einbeziehung. Zirkuläre Fragen, dem nicht mehr Teilnehmenden einen Stuhl frei halten sowie Rückgriffe auf frühere Aussagen sind einige Beispiele, wie dies gelingen kann. Die videobasierte Beratung als Chance, ein neues Bild von sich und dem Erkrankten zu entwickeln, wird in diesem Buch mehrfach beschrieben.

Die zunehmende Enttabuisierung der Erkrankung und eine bessere und frühere Diagnostik ermöglichen es immer mehr Menschen, sich in frühen Phasen der Demenz aktiv einzubringen. So haben sich in vielen Bundesländern neben den klassischen Selbsthilfegruppen, die die Angehörigen im Blick haben, auch Selbsthilfegruppen für Betroffene im frühen Stadium der Erkrankung etabliert. Derzeit (Stand November 2017) gibt es alleine in NRW 31 solcher Gruppen im Sinne einer begleiteten Selbsthilfe. Die Begleitung beschränkt sich weitgehend auf die Organisation der Treffen, weitere Unterstützung wird geleistet, sofern die Betroffenen diese für erforderlich halten. Die Inhalte werden von den Teilnehmern selber bestimmt (Demenz Support Stuttgart, 2012).

Die erste und vermutlich wichtigste Hürde, die alle Teilnehmer hierzu überwinden müssen, ist die Scham. Zumindest in diesem Kreis bedeutet Teilnahme, sich zu outen, zu der Erkrankung zu stehen. Geschieht dies, wird viel Energie frei; Energie, die sonst darauf verwendet wird, die Diagnose geheim zu halten, Einschränkungen zu vertuschen etc. Die dafür notwendige Energie ist enorm. Welcher Freiraum dadurch möglich wird, sei an folgendem Beispiel illustriert:

Bei Frau Gerten wurde vor mittlerweile fünf Jahren eine Demenz vom Alzheimer-Typ diagnostiziert. Sie ist jetzt 66 Jahre alt und musste ihren Beruf als Bankangestellte aufgrund der Demenzerkrankung vorzeitig aufgeben. Für sie kam Verheimlichen nie in Frage, und sie engagiert sich mit großem Engagement in der regionalen Selbsthilfegruppe für Betroffene. Im Austausch mit anderen erhält sie immer wieder Anregungen, was trotz Demenz noch möglich ist. Da die Teilnehmer alle noch körperlich mobil sind, gehen sie oft gemeinsam wandern. Aber auch Museums- und Konzertbesuche stehen auf dem Programm.

Frau Gerten ist immer gern mit ihrem Mann verreist; Fernreisen waren das große Hobby der beiden. Seit einigen Jahren leidet Herr Gerten an einer zunehmenden Herzschwäche und ist dadurch körperlich nicht mehr so belastbar. Großen Reisen und längeren Spaziergängen fühlt er sich nicht mehr gewachsen. Nach einem leichten Schlaganfall im Vorjahr hat er auch das Autofahren aufgegeben.

Frau Gerten ist weiterhin gern unterwegs, am liebsten mit dem Auto. Als sich bei ihrem Mann die Frage stellte, ob er nach dem Schlaganfall weiterhin Auto fahren könne und wolle, stand sie vor der gleichen Frage. Das Fahren selber ist ihr noch vertraut, aber sie merkt, wie sie gelegentlich die Orientierung verliert und dann nicht mehr weiß, wo sie ist. Ihr Hausarzt verstand ihr Bedürfnis nach Bewegungsfreiheit und sah gleichzeitig die mit dem Autofahren verbundenen Risiken. Dankbar nahm er die in einem Forschungsprojekt gewonnenen Erfahrungen und Empfehlungen auf, um gemeinsam mit Frau Gerten zu einer gut begründeten Entscheidung zu kommen (Leve, Ufert, Wilm u. Pentzek, 2017).

Für Frau Gerten war es sehr hilfreich, auch in ihrer Selbsthilfegruppe über diese Entscheidung zu sprechen. In diesen Gesprächen entwickelte sich die Idee, ob sie ihre Mobilität nicht auch mit dem ÖPNV aufrechterhalten könne. Jetzt besitzt sie ein Jahresticket für den ÖPNV und ist ganz häufig unterwegs. Die zeitweilige Desorientierung bleibt und es ist zu befürchten, dass Frau Gerten irgendwann in einem Bus sitzt und nicht weiß, wo sie hin will bzw. wie sie wieder nach Hause kommt. Auch hierfür hatte die Gruppe eine gute Idee. Frau Gerten führt immer eine Karte mit sich, auf der steht: »Ich leide an Demenz. Bitte helfen Sie mir und rufen … (Telefonnummer des Ehemanns) an.« Dieses Kärtchen hat sie bei allen Ausflügen dabei. Es hat einen festen Platz, sodass sie auch, wenn sie aufgeregt sein sollte, darauf zurückgreifen kann. Mit ihrem Mann hat sie vereinbart, dass er für den Fall eines solchen Anrufs ein Taxi zu seiner Frau rufen solle, sodass sie auf diese Weise nach Hause komme. Bisher ist dieser Fall allerdings noch nicht eingetreten

Die Beratung des Ehepaares fand auf Initiative des Ehemanns, Herrn Gerten, statt. Nach drei Terminen wurde deutlich, dass Frau Gerten zum aktuellen Zeitpunkt viel mehr von der Selbsthilfegruppe profitierte. Sie schlug daraufhin ihrem Mann vor, zukünftig alleine zur Beratung zu gehen.

4.2.5 Frau Anhalt – sich neu sehen dürfen

Bei Frau Anhalt, 77 Jahre alt, wurde vor ca. acht Jahren eine Frontotemporale Demenz diagnostiziert. Sie lebt zu Hause, wird von ihrem Ehemann versorgt und besucht dreimal wöchentlich eine Tagespflege. Im Kontakt ist sie freundlich und zugewandt, spricht allerdings nicht und widmet sich immer wieder ihrer Lieblingstätigkeit – dem Betrachten von Fotoalben.

Bei den Besuchen der Marte-Meo-Beraterin wirkt sie zugewandt und an deren Tun interessiert.

Bei einem der Reviews, d. h. bei der Beratung des Ehemanns mit Hilfe ausgewählter Szenen aus einer im häuslichen Setting aufgenommenen Videosequenz, wirkt Frau Anhalt interessiert. Die Beraterin beschließt daraufhin, ihr gezielt Momentaufnahmen zu zeigen. Sie setzt sich zu ihr (Frau Anhalt sitzt in ihrem Lieblingssessel) und hat ein Standbild ausgewählt, auf dem sie der Beraterin freundlich zulächelt.

Der Verlust der emotionalen Regulationsfähigkeit führt bei vielen Menschen mit FTD zu häufig mürrischer, ablehnender bzw. indifferenter Stimmung. Bei manchen, wie hier bei Frau Anhalt, ist eher eine durchgehende Freundlichkeit zu beobachten, die kaum Unterschiede zeigt und oft ritualisiert wirkt. Die Beraterin wählte einen solchen Moment aus, um Frau Anhalt in Kontakt mit dem Gefühl zu bringen, welches sie hier zeigt, und ihr dies bewusst zu machen – mit der Idee, das ritualisiert und unreflektiert wirkende Lächeln als bewusste Kompetenz verfügbar zu machen.

Frau Anhalt schaut interessiert auf den Bildschirm. Die Beraterin lässt sich viel Zeit, spiegelt ihre Reaktion, indem sie sagt: »Ja, das sind Sie. Und Sie lächeln mich in diesem Moment an.« Nach einigen Sekunden verschwindet das Bild aus technischen Gründen, der Bildschirm wird schwarz. Frau Anhalt wird tätig und versucht, das Bild wieder sichtbar zu machen. Dies beobachtet ihr Mann und sie sagt: »Ja, das können Sie meiner Frau nicht antun. Erst ein Bild zeigen und dann ist es weg. Aber sie weiß sich zu helfen. Meine Frau hat viele Jahre bei der Bank gearbeitet und kennt sich mit Computern bestens aus!«

Frau Anhalt, die die Sprache fast komplett verloren hat, hat sich ausgedrückt. Sie will mehr sehen. Sowohl das Sehen des Bildes (sie wirkt dabei ganz aufgeregt) als auch dessen Verschwinden haben sie aktiv werden lassen. Mit einem Blick auf ihre Signale ist es möglich, weiterhin mit ihr zu kommunizieren.

Die Beraterin zeigt ihr daraufhin, wie sich der Bildschirm wieder aktivieren lässt. Und sie zeigt ihr noch eine weitere kurze Sequenz, in der ihr Mann ihr hilft, eine Jacke anzuziehen. Obwohl Herr Anhalt das Anziehen für sie übernimmt, hilft sie mit. Frau Anhalt schaut ganz gebannt und mit lebhaftem Blick auf diese Sequenz. Die Beraterin erläutert in einfachen Worten, was gerade passiert.

Frau Anhalt hat auf diese Weise die Möglichkeit erhalten, sich ein neues Bild von sich zu machen. Die Beraterin hat zwei Szenen ausgesucht, in denen sie etwas von ihren noch erhaltenen Kompetenzen zeigt und damit ihre Ressourcen sichtbar gemacht. Beim nächsten Besuch berichtet Herr Anhalt, dass seine Frau seit dieser Videoberatung aktiver ist und mehr mithelfen möchte. Parallel dazu konnte Herr Anhalt als pflegender Angehöriger in den ihm gezeigten Ausschnitten erkennen, dass seine Frau noch in der Lage ist, auf ihn zu reagieren und teilweise mitzuhelfen, wenn er vor jeder Handlung zunächst Kontakt zu ihr aufnimmt und wahrnimmt, womit sie gerade beschäftigt ist. Erst dann ist sie aufnahmefähig und er kann ihr sagen, was sie tun kann. Mit dieser Information werden die krankheitsbedingt besonderen Bedürfnisse von Frau Anhalt für ihren Ehemann sichtbar. Und er sieht den Zusammenhang: Wenn er ihre besonderen Bedürfnisse berücksichtigt, ermöglicht er ihr, ihre vorhandenen Kompetenzen zu zeigen. Frau Anhalt erlebt, dass sie weiterhin gesehen wird und bedeutsam ist.

Damit wird ein Bedürfnis beschrieben, welches lebenslang besteht. Werde ich gesehen? Bin ich liebenswert? Kann ich etwas bewirken? Im Spiegel des Gegenübers erhalten Menschen mit Demenz bis zuletzt Antworten auf diese Fragen, auch wenn die Worte längst verloren gegangen sind. Wenn Sorgende Menschen mit Demenz mit einem guten Gesicht begegnen, sich Zeit nehmen, um deren Signale wahrzunehmen und den Signalen verbal und nonverbal Worte geben, dann tragen sie dazu bei, diese Fragen positiv zu beantworten.

4.2.6 Frau Tusk – Nahrung für die Seele

Frau Tusk lebt seit drei Jahren im Pflegeheim. Sie leidet unter einer weit fortgeschrittenen Demenz. Meist geht ihr Blick »ins Leere«; sie spricht nur noch wenige Worte, die meist nicht verständlich sind. Seit einiger Zeit isst sie nur noch ganz wenig.

Wenn Menschen nicht mehr essen, die Fürsorge der Sorgenden nicht annehmen, dann gerät das Sorgesystem in helle Aufregung. Rechtlich, moralisch, aber auch emotional wird die Verpflichtung erlebt, für Nahrung zu sorgen. Erfreulicherweise setzt sich auch zunehmend eine palliative Sichtweise durch, die danach fragt, ob das, was die Sorgenden für erforderlich halten, auch im Sinne des Betroffenen ist.

Ein wichtiges Hilfsmittel, diese Fragen angemessen zu klären, stellen ethische Fallbesprechungen dar, die die Situation aus der Sicht aller Beteiligten betrachten und als zentralen Fokus die Betroffene im Blick haben, die sich nicht mehr (verbal) dazu äußern kann. Neben der Beachtung eines eventuell früher geäußerten Willens sind es zirkuläre Fragen im Sinne eines »Was würde sie sich wünschen, wenn sie sich heute zu der Situation äußern könnte?«, die helfen, dem vermutlichen Willen dieses Menschen näher zu kommen.

Im hier beschriebenen Fall wurde ein anderer Zugang in Form einer Marte-Meo-Beratung gewählt. Ein erster Film von einer Essenssituation wird erstellt. Darin ist erwartungsgemäß zu sehen, wie Frau Tusk nur sporadisch das Angebot zu essen annimmt und den Mund öffnet. Die sich nun stellende Frage ist: »Was möchte sie vielleicht stattdessen?«. Hier hilft das Video weiter. Es fällt nämlich auf, dass Frau Tusk die Mitarbeiterin lange und häufig anschaut. Und die Mitarbeiterin reagiert, schaut zurück und lächelt Frau Tusk an.

Diese Initiative von Frau Tusk, in der sie möglicherweise aktiv zeigt, was sie braucht, wird zur Basis des weiteren Vorgehens. Die Mitarbeiter werden aufgefordert, nicht nur die ablehnenden Initiativen von Frau Tusk wie bisher zu respektieren und zu akzeptieren, sondern bewusst auf positive Initiativen zu achten.

Im Folgefilm ist das Ergebnis deutlich zu sehen. Frau Tusk zeigt offensichtlich Initiativen und je häufiger diese beantwortet, d. h., gesehen werden, desto größer werden ihre Signale. Hier ein paar Beispiele:

- Sie lächelt die Mitarbeiterin an – diese reagiert, es entsteht positiver Blickkontakt.
- Frau Tusk schaut nach unten und fasst ihre Bluse an – die Mitarbeiterin folgt Frau Tusks Blick, sieht was passiert, benennt dies und berührt Frau Tusks Hand. Bis zum Ende der Mahlzeit bleibt die linke Hand der Mitarbeiterin an Frau Tusks rechter Hand.
- Frau Tusk schaut die Mitarbeiterin intensiv an – diese unterbricht das frustrane Anreichen des Essens, schaut Frau Tusk an, die die linke Hand hebt (mit der rechten ist sie weiterhin mit der Mitarbeiterin verbunden) und die Mitarbeiterin an der Wange berührt – die Mitarbeiterin lächelt ihr weiter zu und hält erkenn-

bar inne – Frau Tusk nimmt ihre Hand wieder zurück und bleibt im Blickkontakt – es entwickelt sich ein kleines Gespräch, in welchem die Mitarbeiterin Frau Tusk fragt, ob ihre Haare in Ordnung seien – diese bejaht (!) und wendet sich dann aktiv dem Essen zu (!).

An diesen Beispielen wird deutlich, dass auch Menschen mit weit fortgeschrittener Demenz noch in der Lage sind, sich zu äußern. Was sie dazu brauchen, ist der offene Blick ihres Gegenübers und dessen Bereitschaft, ihre Wahrnehmung zu teilen – man könnte auch sagen, systemische Qualitäten. Sie brauchen in erster Linie Menschen, die sie erkennbar wahrnehmen und ihnen Zeit lassen, ihre eigene »Lösung« zu finden.

5 ANSTELLE EINES SCHLUSSWORTES

Wir waren uns einig darin: Ein einziges Schlusswort reicht nicht, wir brauchen mindestens ebenfalls drei Kommentare aus unterschiedlichen Perspektiven.

Das Thema der Demenz ist nicht leicht, es forderte uns immer wieder heraus, uns mit den Grenzen des eigenen Lebens auseinanderzusetzen, mit dem Bedrohlichen, das jedem von uns bevorstehen kann. Die Auseinandersetzung mit dem Bedrohlichen bestärkte uns aber auch in der Überzeugung, darin keinen Grund zu sehen, sich lähmen zu lassen. Neben den Belastungen sahen wir auch die Herausforderungen und Chancen, die sich in dieser Situation uns, der Gesellschaft, der Politik, den Institutionen und allen handelnden Akteuren stellen.

Wir haben drei Menschen, die dieses Problem bewusst aufgreifen, um ihre Perspektive auf Demenz und um ein Resümee aus ihrer Sicht gebeten. Es sind:

Helga Schneider-Schelte, Diplom-Sozialpädagogin und Supervisorin (DGSv). Sie ist seit dem Jahr 2000 Mitarbeiterin bei der Deutschen Alzheimer Gesellschaft e. V. Selbsthilfe Demenz und leitet dort das bundesweite Alzheimer-Telefon. Sie engagiert sich für Projekte wie »Allein leben mit Demenz« oder »Demenz und Migration« (www.demenz-und-migration.de). Außerdem hat sie das Handbuch »Demenz – Praxishandbuch für den Unterricht« entwickelt und die Schulungsreihe »Hilfe beim Helfen« – eine Seminarreihe für pflegende Angehörige.

Martina Jakubek, Diplom-Sozialpädagogin (FH), Diplom-Supervisorin (DGSV) und systemische Beraterin (DGSF). Sie arbeitet seit über 20 Jahren als Referentin für Alters- und Generationenarbeit im Amt für Gemeindedienst der Evangelisch-Lutherischen Kirche in Bayern.

Jürgen Voß, Diplom-Sozialarbeiter mit systemischer Weiterbildung. Er leitet im Caritasverband Olpe das Caritas-Zentrum Lennestadt und Kirchhundem. Die Unterstützung von Menschen mit Demenz und ihren Angehörigen ist ein fachlicher Schwerpunkt in den Einrichtungen des Caritas-Zentrums.

Diese Fachleute aus ganz unterschiedlichen Bereichen baten wir, uns in selbstgewählter Form Antworten auf Thesen zu geben, die sich für uns aus der Arbeit an dem vorliegenden Buch ergeben haben.

Hier die Antworten von Helga Schneider-Schelte (DAlzG) und Jürgen Voß (JV):

These: Demenz kann als Störung der Vernetztheit gesehen werden und weist uns auf die mangelnde Vernetzung unserer Gesellschaft hin.

DAlzG: Die Demenz führt uns vor Augen, dass wir aufeinander angewiesen sind. Heute leben in Deutschland 1,6 Millionen Menschen mit Demenz. Die Zahl wird in 2050 auf drei Millionen steigen, wenn kein Durchbruch in der Therapie gelingt. Das bedeutet, dass wir als Gesellschaft wieder näher zusammenrücken sollten, nur gemeinsam können wir die Herausforderung bewältigen. Menschen mit Demenz und ihre Familien gehören mitten in die Gesellschaft und dürfen nicht an den Rand gedrängt werden.

JV: Mit der systemischen Brille ist der Störungsbegriff eher hinderlich. Ich kann Demenz als Einladung verstehen, die Vernetzung in unserer Gesellschaft zu reflektieren. Im Verlauf einer demenziellen Entwicklung zeigt sich oft, dass die aktuellen Formen der heute hoch vernetzten Welt nicht so gestaltet sind, dass sie das Leben von Menschen mit Demenz maßgeblich unterstützen. Vielmehr sind die Vernetzungswege häufig so entfremdet von der Lebenswirklichkeit von Menschen mit Demenz, dass wir die Qualität der Vernetzung verändern sollten. Das ist dann nicht nur für Menschen mit Demenz hilfreich.

Ein anderer Aspekt liegt in der Vorstellung, dass eine bessere personale Vernetzung in den Sozialräumen für Menschen mit ungewöhnlichem Verhalten oder einem höheren Schutzbedürfnis neue Möglichkeiten der Lebensgestaltung schafft. Ein gut vernetzter Sozialraum bietet ein Lebensumfeld, in dem auch Menschen mit Demenz besser leben können. Es braucht nicht nur ein ganzes Dorf, um ein Kind zu erziehen. Es braucht auch ein gut vernetztes Stadtviertel, um in einer Lebensphase mit Demenz integriert mit guter Qualität leben zu können.

These: Demenz stellt den Prototyp eines uneindeutigen Abschieds dar. Wir brauchen Strategien zum Umgang mit Uneindeutigkeit.

DAlzG: Dieser »uneindeutige Abschied« ist für Angehörige oft sehr belastend. »Demenz – Abschied auf Raten« lautet z. B. ein Buchtitel. Wenn jemand an Demenz erkrankt, verändert sich vieles: Angehörige müssen Abschied nehmen von vertrauten Gewohnheiten, sie verlieren eine wichtige Gesprächspartnerin, einen wichtigen Gesprächspartner und sie stehen vor der Herausforderung, zusätzlich immer mehr Aufgaben, auch ungeliebte, zu übernehmen – einerseits. Andererseits ist die Person mit Demenz präsent, hat Ressourcen und manchmal vertieft sich sogar die Beziehung. Es ist daher wichtig, dieses »Sowohl-als-auch«, die Komplexität und Gleichzeitigkeit von Verlust und von Ressourcen, zuzulassen und sich immer wieder bewusst zu machen.

JV: Die Theorie des uneindeutigen Abschieds lässt sich sicher gut auf Demenz anwenden. Mal angenommen, wir hätten eine solche Strategie – was wäre dann anders? Alle, die diese Strategie kennen und anwenden können, würden mehr Sicherheit spüren, da sie ein verändertes Handlungsrepertoire hätten. Mit der Strategie wäre es sicher für viele Menschen mit Demenz und ihre Angehörigen auch eindeutiger, dass Demenz und Abschied zwei Seiten einer Medaille sind. Uneindeutigkeit würde eindeutiger. Die Strategie zum Umgang mit dem uneindeutigen Abschied während einer Demenz würde den Rahmen neu gestalten und neue Möglichkeiten schaffen.

These: Solange wir uns Gedanken um die Versorgung von Menschen mit Demenz machen, werden wir ihnen nicht gerecht. Es geht um Beteiligung.

DAlzG: Noch nicht überall ist eine individuelle und bedarfsgerechte Versorgung von Menschen mit Demenz gewährleistet. Noch nicht überall bekommen Menschen mit Demenz dort, wo sie leben (zu Hause mit ihren Familien oder in einer stationären Einrichtung), die Unterstützung, die sie brauchen. Daher dürfen wir nicht ruhen, uns für eine gute Versorgung einzusetzen und (innovative) Versorgungsmöglichkeiten zu entwickeln.

Gleichzeitig dürfen wir nicht ruhen, immer wieder auf die Ressourcen von Menschen mit Demenz hinzuweisen und uns zu sensibilisieren für deren »Sprache«. Menschen mit Demenz wollen selbstbestimmt bleiben, wollen gefragt und in Entscheidungen einbezogen werden (Ergebnis des Projektes »Allein leben mit Demenz«). Es ist wichtig, sich Zeit zu nehmen, um herauszufinden, was die Person möchte. Auch wenn die Fähigkeit nachlässt, sich mit Worten auszudrücken, so bleiben Mimik, Gestik und auch Verhalten. Dies kann für uns der Schlüssel sein, um herauszufinden, was braucht der Mensch mit Demenz jetzt, was ist ihm angenehm/unangenehm.

Mein Fazit: sich für eine gute Versorgung einsetzen und darüber nicht die Beteiligung vergessen.

JV: Die Hypothese stellt einen Gegensatz von Versorgung und Beteiligung dar. Gegensätze laden häufig zu einem »Entweder-oder« ein. Die Einladung »entweder Versorgung oder Beteiligung« nehme ich nicht an. Ich gehe davon aus, dass Phasen im Verlauf einer demenziellen Entwicklung vom Gegenüber in der Familie, beim professionellen Unterstützer etc. sowohl Versorgung als auch Beteiligung fordern. Wir werden Menschen mit Demenz nicht gerecht, wenn wir Versorgung ohne Beteiligung planen und gestalten. Dies sagt sich sehr einfach, kann im Alltag aber sehr schwer einzulösen sein. Beispielsweise ist die Beteiligung eines sterbenden Menschen mit Demenz an der Versorgung eine solche Herausforderung.

Die bedürfnisorientierte Beteiligung an einer Versorgung ist erforderlich, um dem Einzelnen gerecht zu werden. Nicht selten bewegen wir uns dann in einem Spannungsfeld. Beteiligung wird zu einer besseren Versorgung des Menschen mit Demenz führen, kann aber auch dazu führen, dass das soziale Umfeld nicht zum Recht kommt.

These: »Das Herz wird nicht dement« – Versorgungsangebote, die den Beziehungsaspekt nicht mit einbeziehen, reichen nicht.

DAlzG: Der Aussage »Das Herz wird nicht dement«, was so viel heißt wie: Die Gefühle bleiben bis zum Schluss erhalten – kann ich voll und ganz zustimmen. Wir Menschen sind Beziehungswesen und sind auf andere Menschen angewiesen. Wir brauchen Freunde, ein soziales Netz, wir brauchen Ansprache und Anerkennung – ob mit oder ohne Demenz. Pflege geht nicht ohne Vertrauen. Pflege ist Beziehung.

JV: Diese Hypothese scheint auf den ersten Blick zuzutreffen und es sieht so aus, als ob drei Ausrufezeichen hinter der These als Kommentar ausreichen. Mit dem systemischen Blick ist aber klar, dass Versorgung immer an Beziehung gebunden ist. Beziehung ist laut Duden eine Verbindung oder der Kontakt zwischen Einzelnen oder Gruppen. Versorgung verlangt ein Gegenüber und damit Verbindung oder Kontakt. Dies würde auch für die Versorgung durch Roboter gelten.

Gefühle werden im Verlauf einer demenziellen Entwicklung nicht vergessen. Ja – das Herz wird nicht dement. Gefühle gewinnen vielmehr an Bedeutung und prägen die Kontakte eines Menschen mit Demenz bzw. mit einem solchen Menschen. Daraus folgt, dass der Beziehungsaspekt in jedem Versorgungsangebot wirksam ist.

Hilfreiche Angebote der Unterstützung berücksichtigen die emotionale Seite der Beziehungsgestaltung. Qualitativ hochwertige Versorgungsangebote für Menschen mit Demenz kann ich mir nur vorstellen, wenn klar ist, wie in diesem Angebot die emotionale Seite der Beziehung aktiv gestaltet wird.

These: Die größte Herausforderung für unsere Gesellschaft liegt darin zu erkennen, dass wir genauso auf Menschen mit Demenz angewiesen sind wie diese auf uns. Es gilt, Verlangsamung als Gewinn für uns alle sichtbar und erfahrbar zu machen – von der »Insellösung« zur demenzaffinen Gesellschaft.

DAlzG: Menschen mit Demenz sind Teil unserer Gesellschaft und wenn wir Gesellschaft gestalten, ist es wichtig, auch Menschen mit Demenz zu hören. Wir dürfen sie nicht übergehen. Die größte Herausforderung für unsere Gesellschaft liegt meines Erachtens darin, gerade benachteiligte, weniger leistungsstarke, kranke und fremde Menschen in unserer Mitte willkommen zu heißen. Das bedeutet, dass wir bereit sind, Lernende zu bleiben und uns zu verändern. Menschen mit Demenz halten uns in vielem den Spiegel vor. Wohin führen uns Getriebensein und die einseitige Vorherrschaft des Verstandes und der Logik? Wollen wir in einer Gesellschaft leben, in der das Ziel »immer schneller, immer höher« zum alleinigen Maßstab wird? Menschen mit Demenz zeigen uns, dass guter Kontakt, Füreinander-da-Sein, Vertrauen, Zuneigung, aber auch Angewiesensein und Zeit haben zum Menschsein gehören. Das Streben nach Fortschritt hat seine Berechtigung und bringt uns voran. Doch vielleicht sollten wir – im Kontakt mit Menschen mit Demenz – uns immer wieder bewusst machen: Was ist wirklich wichtig? Und diese Werte bei zukünftigen Entscheidungen mit berücksichtigen. Das könnte uns allen guttun.

JV: Eine Abhängigkeit der Gesellschaft von Menschen mit Demenz sehe ich nicht. Vorstellbar ist durchaus eine Gesellschaft ohne Menschen mit Demenz. Der Umgang mit Menschen mit Demenz ist aber eine bisher wenig genutzte Chance für unsere Gesellschaft. Menschen werden bisher eher als eine gesellschaftliche Last und weniger als gesellschaftliche Ressource gesehen. Wenn Menschen Demenz als Chance betrachten, berichten sie häufig davon, dass gerade eine behutsame und langsame Begegnung ein Gewinn für Menschen mit und ohne Demenz ist. Auch die Bedeutung des emotionalen Zugangs in Beziehungen ist in der Beziehungsgestaltung zwischen Menschen mit und ohne Demenz nicht zu bestreiten. Die Praktiker der Kranken- und Altenhilfe wissen, dass insbesondere die teilstationäre und stationäre Altenhilfe ohne die Erfahrungen in der Demenzarbeit nicht das heutige Qualitätsniveau hätten. Zumindest sind wir auf dem Weg zu einer demenzaffinen Altenhilfe.

Martina Jakubek nahm unsere Thesen zum Ausgangspunkt folgender Überlegungen:

Der 7. Altenbericht der Bundesregierung »Sorge und Mitverantwortung in der Kommune« verweist darauf, dass »Caring Communities« zu einem guten Leben im Alter beitragen und die – in einer Gesellschaft des langen Lebens – zu erwartenden Versorgungsengpässe älterer Bürger mildern können.

Man geht davon aus, dass für die »Baby-Boomer« im hohen Alter wohl kaum ausreichend Pflegefachkräfte zur Verfügung stehen werden. Aufgrund der demografischen Entwicklung und des gesellschaftlichen Wandels wird zukünftig auch die familiäre Unterstützung kaum ausreichen.

Das Leitbild des 7. Altenberichts ist die Idee der geteilten Verantwortung der Bürger, und zwar aller Generationen für alle Generationen. Der Vorsitzende der Altenberichts-Kommission, Prof. Dr. Andreas Kruse (Bundesministerium für Familie, Senioren, Frauen und Jugend, 2017), fasst zusammen: »Mit geteilter Verantwortung ist gemeint, dass sich das Individuum, dessen Familie, dessen nachbarschaftliche Netzwerke, bürgerschaftlich Engagierte, Wohlfahrtsverbände, private Dienstleister und Kommunen Aufgaben teilen, das heißt – aufeinander abgestimmt – Verantwortung übernehmen.«

Ältere Menschen sind dabei ausdrücklich auch Hilfegebende, egal wie sich ihr Alter, ihre Krankheiten und ihre Lebenssituation darstellen. Für sie geht es um Lebensqualität und Inklusion im nahen Umfeld.

Damit verändert der Altenbericht auch den Vorsorgebegriff und das Vertrauen in die zunehmend kommerzialisierte Pflege. Vorsorge heißt nicht länger (nur) finanzielle Vorsorge, sondern bedeutet, sich in von Verantwortung geprägte Beziehungen zu begeben.

In dem »Freiburger Modell – Netzwerk Wohngruppen für Menschen mit Demenz« (Netzwerkverein Freiburger Modell, o. J.) wird die Verantwortung für die Rundumbetreuung der Bewohner gemeinsam durch Angehörige ermöglicht. So kann sich jeder Angehörige – je nach Kompetenz und Möglichkeiten – beispielsweise durch die Übernahme von Einkaufsfahrten, Verwaltungsaufgaben oder Freizeitangeboten in das Projekt einbringen. Diese Wohngruppen sind eine Antwort auf die Überlastung der Angehörigen einerseits und dem Wunsch, ein möglichst gutes Leben für ihren erkrankten Angehörigen zu ermöglichen andererseits.

Interessanterweise adaptiert die evangelische Kirche die Idee des 7. Altenberichts in mehreren Veröffentlichungen mit dem Titel »Sorgende Gemeinde werden« (Evangelische Arbeitsgemeinschaft für Altenarbeit, 2018) und beschreibt die Kirchengemeinde einerseits als »Sorgende Gemeinschaft« für ihre Mitglieder und andererseits als Akteurin, die einen sinnvollen Beitrag zur Gestaltung des Sozialraumes leisten kann.

Die hervorragenden Möglichkeiten der Kirchengemeinden sind die oft über Jahre gewachsenen persönlichen Netzwerke der Mitglieder, ihre örtliche Verankerung, die meist guten und funktionalen Gemeinderäume sowie engagierte, vom Wert der Nächstenliebe überzeugte Ehrenamtliche.

Bereits 2003 veröffentlichte die Evangelische Arbeitsgemeinschaft für Altenarbeit einen 2012 neu aufgelegten Flyer mit dem Titel »Sie gehören dazu! Mit Demenz Gemeinde leben« und fordert demenzsensible Kirchengemeinden als Orte gelebter Inklusion.

Doch das folgende Beispiel zeigt: Gute Konzepte, engagierte Ehrenamtliche, passende Rahmenbedingungen und eine gesicherte Finanzierung reichen nicht aus, um Schritte in Richtung demenzsensible Gemeinde zu gehen.

In einer von der Kirchengemeinde getragenen Mehrgenerationen-Begegnungsstätte sollte eine Demenz-Wohngruppe entstehen. Für den Erhalt des Gebäudes, eine wunderbare alte Villa, bürgt ein Förderverein. Mit dem Argument, dass eine Wohngruppe für an Demenz erkrankte Menschen den Wert der Villa senken würde und man schließlich nicht ständig diesen »Deppen« begegnen will, verhindert der Verein den endgültigen Beschluss für die bereits finanzierte und konzeptionierte Wohngruppe.

Die Begegnung mit Menschen mit Demenzerkrankung – oder auch nur die Vorstellung davon – kann Unsicherheit, Vorbehalte und Ängste auslösen. Schließlich führt sie die eigene, als problematisch konnotierte, mögliche Zukunft vor Augen.

Das Beispiel zeigt: Weniger rigides Agieren hätte der Gemeinde Ärger und den aktiven Ehrenamtlichen Kummer erspart. Das Beispiel zeigt auch, dass Projektideen und Veränderungen nicht unwesentlich von Haltungen, Gefühlen und inneren Bildern abhängen.

Es geht eben nicht um das Entweder (Villa)-oder (Wohngruppe). Vielmehr geht es um Lösungen, die ein »Sowohl-als-auch« zulassen. »Inklusion denken« ist dafür die Voraussetzung. Inklusion ist die Voraussetzung für Teilhabe und Lebensqualität (Miller, 2012, S. 59 ff.). »Inklusion denken« ist die Fähigkeit, für das Ganze zu denken und die verschiedenen Anliegen zusammen zu bringen. Inklusion zu leben heißt, sich auf konkrete Begegnungen und persönliche Beziehungen einzulassen.

Gerade im kirchlichen Kontext können spirituelle Angebote die Hoffnung auf das »Eingebettetsein« in eine gute Weltordnung stärken und zur Akzeptanz der eigenen Endlichkeit beitragen. Sich selbst in seiner Begrenzung annehmen zu können heißt auch, Befremdendes als weniger beängstigend zu erleben. Bildungsangebote können den Blick für Ausgrenzung schärfen, Wertediskussionen ermöglichen oder Schulungen für die Kommunikation mit Demenzerkrankten bieten.

Kirchengemeinden können ihre Gemeinderäume für andere Akteure im Sozialraum öffnen und mit diesen zusammen Gelegenheiten für Begegnung schaffen. Beispiele sind Vernetzungs- und Nachbarschaftsprojekte, Ausstellungen, Demenzcafés, Gottesdienste für alle, Besuchsdienste, Patennetzwerke, Vesperkirche, Projekte zur Unterstützung Angehöriger, Bildungs-, Beratungs- und Begegnungsangebote.

Ein nicht unwesentliches Motiv für ehrenamtliches Engagement im kirchlichen Bereich ist »die Verpflichtung zum Helfen« (Jakubek, 2015, S. 119). Leitend ist also nicht selten der *Für*sorge-Gedanke. Kirchliches und kirchengemeindliches Handeln richten sich demnach primär nach dem (oft mühsam erforschten) Bedarf bestimmter Zielgruppen, die es zu bedienen gilt.

Aus dieser Haltung heraus entstehen einseitige Subjekt-Objekt-Beziehungen. Helfende und Hilfebedürftige begegnen sich auf Dauer in komplementären Rollen. Dieses Muster reduziert Menschen mit Hilfebedarf auf ihre Einschränkung oder ihr vermeintliches Defizit und verstellt den Blick auf Fähigkeiten, Ressourcen und Potenziale. Gleichzeitig ermüden auch die Helfenden, die sich nach Entlastung sehnen.

Erst die (zaghafte) Aufmerksamkeit für das Leitbild »Caring Community« und für die Prämissen der Inklusion schafft Umdenken im kirchlichen Kontext. Die Initiierung und die Beteiligung an »sorgenden Gemeinschaften« werden die Rolle der Kirchengemeinden im Sozialraum verändern und – so wäre es zu wünschen – ein Beitrag zu einer demenzfreundlichen Gesellschaft sein.

DANK

Dieses Buch wäre ohne die vielfältige Unterstützung von unterschiedlichen Menschen – Klienten und Fachleuten – nicht zustande gekommen. Wir bedanken uns an dieser Stelle bei all denen, die sich uns in unterschiedlichsten Beratungskontexten anvertraut haben. Die aus diesen Begegnungen stammenden Fallbeispiele wurden selbstverständlich anonymisiert und verfremdet. Des Weiteren bedanken wir uns bei Heidi Adebamiro und Kerstin Stein, die wertvolle Grundlagenarbeit zu den Kapiteln »Gewalt und Demenz« sowie »Gewaltfreie Kommunikation« geliefert haben. Teilweise stammen diese Texte aus ihrer Feder. Eine Vielzahl hilfreicher Anregungen und Rückmeldungen kamen außerdem von Svenja Becker (psychologische und familiäre Aspekte der Demenz), Hans Jürgen Bernard (Trauma und Demenz), Angela Schäfer-Klar (Angehörigen- und Paarperspektive) sowie – last, but not least – Gerthild Stiens (medizinische, psychologische und familiäre Aspekte der Demenz). Sie alle haben zum Gelingen dieses Buches beigetragen. Vielen Dank!

LITERATUR

Aarts, M. (2005). Von der Botschaft hinter den Problemen. In C. Hawellek, A von Schlippe (Hrsg.), Entwicklung unterstützen – Unterstützung entwickeln. Systemisches Coaching nach dem Marte-Meo-Modell (S. 37–55). Göttingen: Vandenhoeck & Ruprecht.
Aarts, M. (2013). Marte-Meo-Handbuch. Eindhoven: Aarts Productions.
Adebamiro, H., Stein, K. (2017). Gewaltfreie Kommunikation in der Pflegeausbildung. Unveröffentlichte Masterthesis der KatHo NRW Köln.
Alandt, G. (2016). Handout Trauma und Demenz. Zugriff am 18.3.2018 unter www.alterundtrauma.de.
Altmann, T. (2010). Evaluation der Gewaltfreien Kommunikation in Quer- und Längsschnittdaten. Diplomarbeit, Universität Leipzig.
Altmann, T. (2013). Funktionale Empathie: Entwicklung und Evaluation eines Empathietrainings auf Basis eines integrativen Prozessmodells zur Vermeidung empathisch kurzschlüssigen Handelns. Dissertation, Universität Duisburg-Essen. Zugriff am 12.01.2018 unter http://duepublico.uni-duisburg-essen.de/servlets/DocumentServlet?id=32834.
Altmeyer, S., Kröger, F. (2003). Theorie und Praxis der systemischen Familienmedizin. Göttingen: Vandenhoeck & Ruprecht.
Amieva, H., Le Goff, M., Millet, X., Orgogozo, J. M., Pérès, K., Barberger-Gateau, P., Jacqmin-Gadda, G., Dartigues, J. F. (2008). Prodromal Alzheimer's disease: successive emergence of the clinical symptoms. Annals of Neurology, 64(5), 492–498.
Antonovsky, A. (1997). Salutogenese. Zur Entmystifizierung der Gesundheit. Tübingen: DGVT.
Areum, H., Radel, J. (2016.) Spousal caregiver perspectives on a person-centered social program for partners with dementia. American Journal of Alzheimer's Disease & other Dementias, 31 (6), 465–473.
AWMF (2016). S3-Leitlinie Demenzen, Zugriff am 05.03.2018 unter http://www.awmf.org/uploads/tx_szleitlinien/038–013 l_S3-Demenzen-2016–07.pdf.
Baer, U. (2016). Die Zeit heilt keine Wunden. Altenheim Heft 2/2016.
Baer, U., Schotte G. (2009). Das Herz wird nicht dement. Neukirchen-Vluyn: Affenkönig.

Baer, U., Schotte-Lange G. (2017). Das Herz wird nicht dement. Rat für Pflegende und Angehörige. Weinheim: Beltz.
Bamberger, G. (2005). Lösungsorientierte Beratung. Praxishandbuch (3. Aufl.). Weinheim: Beltz.
Barthel, T. (2008). Systemisch orientierte Beratung als Chance für eine bessere Zusammenarbeit zwischen ambulanter Pflege und pflegenden Angehörigen. Diplomarbeit, Hochschule für Angewandte Wissenschaften Hamburg.
Barwinski, R., Fischer, G. (2010). Erinnerung und traumatischer Prozess im Alter. Zeitschrift für Psychotraumatologie, Psychotherapiewissenschaft, Psychologische Medizin, 8 (4), 9–21.
Bauer, J., Stadtmüller, G., Qualmann, J., Bauer, H. (1995). Prämorbide psychologische Prozesse bei Alzheimer-Patienten und bei Patienten mit vaskulären Demenzerkrankungen. Zeitschrift für Gerontologie und Geriatrie, 28, 179–189.
Becker, U. (2013). Marte Meo – Kooperation ermöglichen. Zeitschrift für Seniorenzahnmedizin, 1 (3), 181–185.
Becker, U. (2014). Die kleinen, entscheidenden Momente. pflegen: Demenz, 34, 30–35.
Becker, U., Bollig, G. (2011). Möglichkeiten und Grenzen der Palliativversorgung im Pflegeheim. Zeitschrift für Palliativmedizin, 12, 42–44.
Behr, M. (2013). Das Alter – familiendynamische Aspekte für die Pflege. Kontext, 44 (3), 282–289.
Bernhardt, T., Seidler, A., Frölich, L. (2002). Der Einfluss von psychosozialen Faktoren auf das Demenzrisiko. Fortschritte der Neurologie und Psychiatrie, 70 (6), 283–288.
Bernlef, J. (1989). Hirngespinste. Roman. München: Piper.
Berther, C., Loosli, T. (2015). Die Marte-Meo-Methode. Ein bildbasiertes Konzept unterstützender Kommunikation für Pflegeinteraktionen. Bern: Hogrefe.
Berwig, M., Dinand, C., Becker, U., Halek, M. (2017). Application of MarteMeo® Counselling to people with behavior variant frontotemporal dementia and their caregivers (AMEO-FTD) – A feasibility study. Berlin: Paper, presented at the 27 th Alzheimer Europe Conference.
Bieber, A., Stephan, A., Verbeek, H., Verhey, F., Kerpershoek, L., Wolfs, C., de Vugt, M., Woods, R. T., Røsvik, J., Selbaek, G., Sjölund, B. M., Wimo, A., Hopper, L., Irving, K., Marques, M. J., Gonçalves-Pereira, M., Portolani, E., Zanetti, O., Meyer, G. (2017). Access to community care for people with dementia and their informal carers. Case vignettes for a European comparison of structures and common pathways to formal care. Zeitschrift für Gerontologie und Geriatrie, 1–7.
Biederbeck, M. (2006). Interaktionen zwischen chronisch kranken Menschen und pflegenden Angehörigen. Dissertation, Universität Bremen.
Bisig-Theiler, A. (2013). Wege zu einem besseren Miteinander innerhalb der Mutter-Tochter-Beziehung im Erwachsenenalter Menschen. Masterarbeit, Züricher Hochschule für angewandte Wissenschaften.

Blenkner, M. (1965). Social work and family relationships in later life with some thoughts on filial maturity. In E. Shanas, G. F. Streib (Hrsg.), Social structure and the family: Generational relations. Englewood Cliffs, NJ: Prentice Hall (S. 46–59).

Bode, S. (2017). Die vergessene Generation Die Kriegskinder brechen ihr Schweigen (32. Aufl.). Stuttgart: Klett-Cotta.

Borchelt, M., Wrobel, N., Trilhof, G. (2010). Online-Kodierleitfaden Altersmedizin. Zugriff am 11.02.18 unter http://www.geriatrie-drg.de/dkger/main/multimorb-2010.html#merkmalkomplex02.

Boss, P. (2008). Verlust, Trauma und Resilienz. Die therapeutische Arbeit mit dem »uneindeutigen Verlust«. Stuttgart: Klett-Cotta.

Boss, P. (2011a). Loving someone who has dementia. San Diego, CA: Jossey-Bass.

Boss, P. (2011b). Die ausreichend gute Beziehung. Familiendynamik, 36 (4), 333–335.

Boss, P., Bopp-Kistler, I. (2014). Da und doch so fern: Vom liebevollen Umgang mit Demenzkranken. Zürich: Rüffer & Rub.

Boszormenyi-Nagy, I., Spark, G. (2001). Unsichtbare Bindungen. Die Dynamik familiärer Systeme. Stuttgart: Klett.

Bruder, J. (1988). Filiale Reife: ein wichtiges Konzept für die familiäre Versorgung kranker, insbesondere dementer alter Menschen. Zeitschrift für Gerontopsychologie und -psychiatrie, 1 (1), 95–101.

Brüggemann, H., Ehret, K., Klütmann, C. (2016). Systemische Beratung in fünf Gängen (6. Aufl.). Göttingen: Vandenhoeck & Ruprecht.

Bundesgesetzblatt (2015). Hospiz- und Palliativgesetz. Zugriff am 27.02.2018 unter https://www.bgbl.de/xaver/bgbl/start.xav?startbk=Bundesanzeiger_BGBl&jumpTo=bgbl115s2114.pdf#__bgbl__%2F%2F*%5B%40attr_id%3D%27bgbl115s2114.pdf%27%5D__1519739938053.

Bundesministerium für Bildung und Forschung (2017). Rhapsody. Zugriff am 6.2.2018 unter https://www.gesundheitsforschung-bmbf.de/de/rhapsody-4833.php.

Bundesministerium für Familie, Senioren, Frauen und Jugend (2017). Sorge und Mitverantwortung in der Kommune. Erkenntnisse und Empfehlungen des Siebten Altenberichts. Zugriff am 28.5.2018 unter https://www.siebter-altenbericht.de/fileadmin/altenbericht/pdf/Der_Siebte_Altenbericht.pdf

Chesla, C., Martinson, I., Muwaswes, M. (1994). Continuities and discontinuities in family member's relationships with Alzheimer's patients. Family relations, 43(1), 3–9.

Cordonnier, C. (2017). I still exist – »Ich bin noch da«. pflegen: Demenz, 45, 21–23.

DAK-Pflegereport (2015). Wie pflegt Deutschland? Ergebnisse einer Forsa-Befragung. – https://www.dak.de/dak/download/pflegereport-2015-1701160.pdf, zuletzt abgerufen am 23.2.2018

Damian, M., Hausner, L., Jekel, K., Richter, M., Froelich, L., Almkvist, O., Boada, M., Bullock, R., De Dean, P. P., Frisoni, G. B., Hampel, H., Jones, R. W., Kehoe, P., Lenoir, H, Minthon, L., Olde Rikkert, M. G. M., Rodriguez, G., Scheltens, P. Soininen, H., Spiru, L., Touchon, J., Tsolaki, M., Vellas, B., Verhey, F. R. J., Winblad, B., Wahlund, L.-O., Wilcock, G., Visser, P. J. (2013). Single-domain amnestic mild cognitive impairment identified by cluster analysis predicts Alzheimer's Disease in the European Prospective DESCRIPA Study. Dementia and Geriatric Cognitive Disorders, 36, 1–19.

Deci, E. L., Ryan, R. M. (1995). Human autonomy: The basis for true self-esteem. In M. Kernis (Hrsg.), Efficacy, agency, and self-esteem (S. 31–49). New York: Plenum.

Demenz-Service-Zentrum Region Köln und das südliche Rheinland (o. J.). »dabei und mittendrin« – Gaben und Aufgaben demenzsensibler Kirchengemeinden. Zugriff am 26.3.2018 unter https://www.demenz-service-koeln.de/dabei-und-mittendrin.html.

Demenz Support Stuttgart (2012). Ein Startpunkt. Unterstützte Selbsthilfe von Menschen mit Demenz. Zugriff am 08.03.2018 unter https://www.demenz-service-nrw.de/tl_files/Landesinitiative/A-Meldungen/Startpunkt_FINAL_web.pdf.

Deutsche Alzheimer Gesellschaft e. V. (o. J.). Demenz im jüngeren Lebensalter. Zugriff am 6.2.2018 unter https://www.deutsche-alzheimer.de/die-krankheit/demenz-im-juengeren-lebensalter.html.

Deutsche Alzheimer Gesellschaft e. V. (2015). Allein leben mit Demenz – kann das gut gehen? Alzheimer Info 4/15. Zugriff am 26.3.2018 unter https://www.deutsche-alzheimer.de/unser-service/archiv-alzheimer-info/allein-leben-mit-demenz-kann-das-gut-gehen.html.

Deutsche Alzheimer Gesellschaft e. V. (2016a). Demenz. Das Wichtigste. Ein kompakter Ratgeber.

Deutsche Alzheimer Gesellschaft e. V. (2016b). Die Genetik der Alzheimererkrankung.

Deutsche Alzheimer Gesellschaft e. V. (2017). Patienten mit einer Demenz im Krankenhaus. Begleitheft zum »Informationsbogen für Patienten mit einer Demenz bei Aufnahme ins Krankenhaus«.

Deutsche Alzheimer Gesellschaft e. V. (2017a). »Mit einem gesunden Lebensstil dem Gehirnabbau vorbeugen«. Pressemitteilung zum Welttag des Gehirns.

Deutsche Alzheimer Gesellschaft e. V. (2017b). Europäisches Projekt Rhapsody. Zugriff am 6.2.2018 unter https://www.deutsche-alzheimer.de/ueber-uns/projekte/europaeisches-projekt-rhapsody.html.

Deutsche Alzheimer Gesellschaft e. V. (2017c). Patienten mit einer Demenz im Krankenhaus. Broschüre. Zugriff am 7.4.2018 unter https://www.deutsche-alzheimer.de/fileadmin/alz/broschueren/patienten_mit_demenz_im_krankenhaus_komplett.pdf.

Deutsche Alzheimer Gesellschaft e. V. (2017d). Demenz. Das Wichtigste. Broschüre. Zugriff am 7.4.2018 unter https://www.deutsche-alzheimer.de/fileadmin/alz/broschueren/das_wichtigste_ueber_alzheimer_und_demenzen.pdf.
Deutsche Alzheimer Gesellschaft e. V. (2018). Demenz-Partner. Zugriff am 26.3.2018 unter https://www.demenz-partner.de/index.php?id=34.
Deutsche Gesellschaft für Allgemeinmedizin (DEGAM) (2017). DEGAM-S3-Lelitlinie Multimorbidität. Zugriff am 5.3.2018 unter http://www.degam.de/files/Inhalte/Leitlinien-Inhalte/Dokumente/DEGAM-S3-Leitlinien/053–047 %20Multimorbiditaet/053–047k_Multimorbiditaet_13–11–2017.pdf
Deutscher Pflegerat (2010). ICN-Ethikkodex für Pflegende. Zugriff am 6.4.2018 unter http://www.deutscher-pflegerat.de/Downloads/DPR%20Dokumente/ICN-Ethik-E04kl-web.pdf.
Deutsches Institut für angewandte Pflegeforschung e. V. (dip) (2010). EDe – Entlastungsprogramm bei Demenz. Endbericht EDe – Entlastungsprogramm bei Demenz. Zugriff am 20.3.2018 unter http://www.dip.de/fileadmin/data/pdf/material/Endbericht_EDe_Enlastungsprogramm_bei_Demenz.pdf.
Diamond, N. (1998). Enriching heredity: the impact of environment on the anatomy of the brain. New York: Free Press. In T. Bernhardt, A. Seidler, L. Frölich (2002), Der Einfluss von psychosozialen Faktoren auf das Demenzrisiko. Fortschritte der Neurologie und Psychiatrie, 70(6), 283–288.
Dinand, C., Becker, U., Berwig, M. (2017). Augenblicke der Begegnung. pflegen: Demenz, 45, 24–27.
Domdey, C. (2015). Unterschätzt: Männer in der Angehörigenpflege. Geronymus, 14, 1–3.
Erzbistum Köln (o. J.). Begleiter in der Seelsorge. Zugriff am 26.3.2018 unter https://www.erzbistum-koeln.de/seelsorge_und_glaube/lebensphase-alter/altenheimseelsorge/begleiterin_in_der_seelsorge/.
Evangelische Arbeitsgemeinschaft Altenarbeit in der EKD (2013). »Sie gehören dazu! Mit Demenz Gemeinde leben«. Flyer.
Evangelische Arbeitsgemeinschaft Altenarbeit in der EKD (2018). Das Projekt »Sorgende Gemeinde werden« geht in die zweite Runde. Zugriff am 20.3.2018 unter https://www.ekd.de/eafa/sorgende_gemeinde_werden.html.
Evans, D. (2016). An exploration of the impact of younger-onset dementia on employment. London: Dementia.
Farkas, P. (2013). Acht Minuten. München: BTB.
Feil, N., de Klerk-Rubin, V. (2017). Validation. München: Reinhardt.
Førsund, L. H., Kiik, R., Skovdahl, K., Ytrehus, S. (2016). Constructing togetherness throughout the phases of dementia: a qualitiative study exploring how spouses maintain relationships with partners with dementia who live in institutional care. Journal of Clinical Nursing, 25, 3010–3025.
Førsund, L. H., Skovdahl, K., Kilik, R., Ytrehus, S. (2014). The loss of shared lifetime: a qualitiative study exploring spouss' experiences of losing couplehood

with their partner with dementia living in institutional care. Journal of Clinical Nursing, 24, 121–130.
Forum Altern ohne Gewalt (o. J.). Zugriff am 20.3.2018 unter https://hsm-forum-alternohnegewalt.jimdo.com.
Franke, L. (2005). Demenz in der Ehe – über die verwirrende Gleichzeitigkeit von Ehe- und Pflegebeziehung in der psychosozialen Beratung für Ehepartner Demenzkranker. Dissertation Universität Bielefeld.
Frick-Baer, G. (2013). Trauma – »Am schlimmsten ist das Alleinsein danach«. Sexuelle Gewalt – wie Menschen die Zeit danach erleben und was beim Heilen hilft. Neukirchen-Vluyn: Semnos Verlag.
Friedemann, M.-L., Köhlen, C. (2010). Familien- und umweltbezogene Pflege. Die Theorie des systemischen Gleichgewichts und ihre Umsetzung. Bern: Hans Huber.
Friedrich-Hett, T. (2015). Wenn Gespräche nicht mehr reichen. Familiendynamik, 40 (4), 302–311.
Gennep, A. van, Schomburg-Scherff, M., Schomburg, K. (1999). Übergangsriten/ Les passages de rite. Frankfurt a. M., New York: Campus.
Görgen, T. (2006). Gewalt in engen persönlichen Beziehungen älterer Menschen: Zwischenergebnisse der Studie »Kriminalität und Gewalt im Leben alter Menschen«. In T. Görgen, B. Nägele, Bundesministerium für Familie, Senioren, Frauen und Jugend (Hrsg.), Wehrlos im Alter? Strategien gegen Gewalt in engen persönlichen Beziehungen älterer Menschen. Dokumentation einer Fachtagung und eines Expertenforums am 14. und 15.6.2006 in Hannover.
Gronemeyer, R. (2013). Das 4. Lebensalter. Demenz ist keine Krankheit. München: Pattloch.
Haarmann, C. (2012). Mütter sind auch Menschen – was Mütter und Töchter voneinander wissen sollten. Berlin: Orlanda Frauenverlag.
Hackenbroch, V. (2017). Unterschätztes OP-Risiko. So gefährlich ist es, wenn Patienten plötzlich verwirrt sind. Spiegel, 46, 112–113.
Hammer, E. (2014). Unterschätzt – Männer in der Angehörigenpflege. Was sie leisten und welche Unterstützung sie brauchen. Freiburg: Kreuz Verlag.
Hantel-Quitmann, W. (1997). Beziehungsweise Familie. Arbeits- und Lesebuch Familienpsychologie und Familientherapie. Band 3: Gesundheit und Krankheit. Freiburg: Lambertus.
Hawellek, C. (2012). Entwicklungsperspektiven öffnen. Zu den Grundlagen der Marte-Meo-Methode. Göttingen: Vandenhoeck & Ruprecht.
Hawellek, C. (2014b). Einladung zum Perspektivenwechsel. Die Möglichkeiten der Marte-Meo-Methode in Beratung und Psychotherapie. Familiendynamik, 39 (1), 38–49.
Hawellek, C. (2014a). Videobasierte Beratung und Therapie. In T. Levold, M. Wirsching (Hrsg.) (2014), Systemische Therapie und Beratung. Das große Lehrbuch. Heidelberg: Carl Auer.

Hawellek, C. (2017). Marte Meo im Überblick. Norderstedt: BOD.
Hawellek, C., Becker, U. (2018). Menschen mit Demenz erreichen und unterstützen – die Marte-Meo-Methode. Göttingen: Vandenhoeck & Ruprecht.
Hawellek, C., von Schlippe, A. (Hrsg.) (2005). Entwicklung unterstützen – Unterstützung entwickeln. Systemisches Coaching nach dem Marte-Meo-Modell. Göttingen: Vandenhoeck & Ruprecht.
Hedtke-Becker, A. (1999). Die Pflegenden pflegen. Gruppen für Angehörige pflegebedürftiger alter Menschen – Eine Arbeitshilfe. Freiburg: Lambertus.
Hedtke-Becker, A. (2000a). Deutschlands größter Pflegedienst: Pflegende Angehörige. In A. Karen, A. Hedtke-Becker (Hrsg.), Angehörige pflegebedürftiger alter Menschen – Experten im System häuslicher Pflege. Deutscher Verein für öffentliche und private Fürsorge e. V., 12–18.
Hedtke-Becker, A. (2000b). Angehörigenhilfe als Postulat – ein Aufruf. In A. Karen, A. Hedtke-Becker (Hrsg.), Angehörige pflegebedürftiger alter Menschen – Experten im System häuslicher Pflege. Deutscher Verein für öffentliche und private Fürsorge e. V., 99–103.
Herriger, N. (2002). Empowerment in der Sozialen Arbeit. Eine Einführung. Stuttgart: Kohlhammer.
Herwig-Lempp, J. (2004). Die VIP-Karte – ein einfaches Instrument für die Systemische Sozialarbeit. Kontext, 35(4).
Hilgers, M. (2013). Scham. Gesichter eines Affekts. Göttingen: Vandenhoeck & Ruprecht.
Hirsch, R. D. (2004). Gewalt gegen alte Menschen – aktuelle Traumatisierungen. Psychotherapie im Alter, 1 (3), 111–122.
Hirsch, R. D. (2011). Konflikte in Pflegebeziehungen: Eine Herausforderung für Pflegende und die Gesellschaft. In Th. Schürmann (Hrsg.), Alt und Jung: vom Älterwerden in Geschichte und Zukunft (S. 137–151). Förderverein des Freilichtmuseums am Kiekeberg.
Hirsch, R. D. (2012). Gerontopsychiatrie. Es geht auch ohne Gewalt. Heilberufe/Das Pflegemagazin, Springer Medizin, 64 (9), 18–21.
Hirschberg, K. R. von, Zeh, A., Kähler, B. (2009). Gewalt und Aggression in der Pflege. Ein Kurzüberblick. Hrsg. von der Berufsgenossenschaft für Gesundheitsdienst (BGW). Zugriff am 24.06.2017 unter https://www.bgw-online.de/DE/Arbeitssicherheit-Gesundheitsschutz/Grundlagen-Forschung/GPR-Medientypen/Wissenschaft-Forschung/BGW08–00–113-Gewalt-und-Aggression-in-der-Pflege Kurzueberblick.html.
Hoff, T., Zwicker-Pelzer, R. (Hrsg.) (2015). Beratung und Beratungswissenschaft. Baden-Baden: Nomos.
Hundenborn, G. (2007). Fallorientierte Didaktik in der Pflege. Grundlagen und Beispiele für Ausbildung und Prüfung. München: Urban und Fischer.
Hüther, G. (2017). Raus aus der Demenzfalle. Wie es gelingen kann, die Selbstheilungskräfte des Gehirns rechtzeitig zu aktivieren. München: Arkana.

Jakubek, U. (Hrsg.) (2015). Ehrenamt sichtbar machen. Evaluation der Ehrenamtlichkeit in der in der ELKB und deren Konsequenzen. Nürnberg: Amt für gemeindedienst.
Jellouschek, H. (2003). Die Kunst, als Paar zu Leben. Stuttgart: Kreuz-Verlag.
Jellouschek, H. (2010). Trotzdem: Leben! Wenn ein Partner Krebs hat. Stuttgart: Kreuz-Verlag.
Johannsen, J., Fischer-Johannsen, J. (2011). Systemische Therapie und Beratung für Familien mit einem Demenzerkrankten. Familiendynamik, 36 (4), 296–309.
Kastner, U., Löbach, R. (2014). Handbuch Demenz. Fachwissen für Pflege und Betreuung. München: Elsevier.
Kessler, D., Strohmeier, D. (2009). Gewaltprävention an Schulen. Handreichung des Österreichischen Zentrums für Persönlichkeitsbildung und soziales Leben. Zugriff am 7.4.2018 unter http://www.eduhi.at/sateduhi/dl/gewaltpraevention.pdf.
Kitwood, T. (2013). Der personenzentrierte Ansatz im Umgang mit verwirrten Menschen. Bern: Hans Huber.
Kluge, F. (2002). Etymologisches Wörterbuch der deutschen Sprache (24. Aufl.). Berlin: de Gruyter.
Kojer, M., Schmidl, M. (Hrsg.) (2016). Demenz und Palliative Geriatrie in der Praxis. Heilsame Betreuung unheilbar demenzkranker Menschen (2. Aufl.). Wien, New York: Springer.
Kranz, M. (1995). Sorge. In J. Ritter, K. Gründer (Hrsg.), Historisches Wörterbuch der Philosophie (Bd. 9). Darmstadt: Wissenschaftliche Buchgesellschaft.
Kriz, J. (2017). Subjekt und Lebenswelt. Personzentrierte Systemtheorie für Psychotherapie, Beratung und Coaching. Göttingen: Vandenhoeck & Ruprecht.
Kruse, A. (2017). Grußwort in: ProAlter Sozialraumorientierte Ansätze für ein gelingendes Alter(n), Sonderausgabe Oktober 2017.
KuKuK-TV (2018). »Lebensanker – Film ab! Macht mit!«. Zugriff am 26.3.2018 unter https://www.youtube.com/watch?v=ezRTiaRyRME.
Lakoff, G., Johnson M. (2014). Leben in Metaphern. Konstruktion und Gebrauch von Sprachbildern. Heidelberg: Carl Auer.
Landesinitiative Demenz-Service Nordrhein-Westfalen (o. J.). Zugriff am 26.3.2018 unter https://www.demenz-service-nrw.de.
Langa, K. M., Larson, E. B., Crimins, E. M., Faul, J. D., Levine, E. A., Kabeto, M. U., Weir, D. R. (2017). A comparison of the prevalence of dementia in the United States in 2000 and 2012. JAMA International Medicine, 177(1), 51–58.
Lazarus, R. S., Folkman, S. (1984). Stress, appraisal and coping. New York: Springer.
Leve, V., Ilse, K., Ufert, M., Wilm, S., Pentzek, M. (2017). Autofahren und Demenz. Vorgehen und Empfehlungen für die Hausarztpraxis. Institut für Allgemeinmedizin der Medizinischen Fakultät der Heinrich-Heine-Universität Düsseldorf. Zugriff am 20.3.2018 unter http://www.uniklinik-duesseldorf.

de/fileadmin/Datenpool/einrichtungen/abteilung_fuer_allgemeinmedizin_id304/dateien/PDFs/DeFa/Demenz_EmpfehlungAutofahren_Langfassung.pdf.

Levenson, H. (1974). Activism and powerful others: Distinctions within the concept of internal-external control. Journal of Personality Assessment, 38 (4), 377–383.

Levold, T., Wirsching, M. (Hrsg.) (2016). Systemische Therapie und Beratung – das große Lehrbuch. Heidelberg: Carl Auer.

Liechti, J., Liechti-Darbellay, M. (2011). Im Konflikt und doch verbunden. Der systemtherapeutische Einbezug von Angehörigen – Ressource und Herausforderung. Heidelberg: Carl Auer.

Lützau-Hohlbein, H. von (2006). Geschichte der Alzheimer-Selbsthilfe. Archiv Alzheimer Info 03/2006.

Maercker, A., Forstmeier, S. (Hrsg.) (2013). Der Lebensrückblick in Therapie und Beratung. Berlin u. a.: Springer.

Maercker, A., Müller, J. (2004). Erzähltechniken bei der Therapie posttraumatischer Belastungsstörungen bei älteren Menschen: Life-review und testimony. Psychotherapie im Alter, 1 (3), 37–48.

Maercker, A., Schützwohl, M., Solomon, Z. (Hrsg.) (1999). Posttraumatic stress disorder. A lifespan developmental perspecitve. Seattle: Hogrefe & Huber.

Marks, S. (2013). Scham – die tabuisierte Emotion. Ostfildern: Patmos.

McDaniel, S., Hepworth, J., Doherty, W. (1997). Familientherapie in der Medizin. Ein biopsychosoziales Behandlungskonzept für Familien mit körperlich Kranken. Heidelberg: Carl-Auer.

Medizinischer Dienst des Spitzenverbands Bund der Krankenkassen (2017). Die Selbständigkeit als Maß der Pflegebedürftigkeit. Zugriff am 20.3.2018 unter https://www.mds-ev.de/fileadmin/dokumente/Publikationen/SPV/Begutachtungsgrundlagen/Fachinfo_PSGII_web_neu_Feb_2017.pdf.

Meuser, T. M., Marwit, S. J. (2001). A comprehensive, stagesensitive model of grief in dementia caregiving. The Gerontologist, 41 (5), 658–670.

Meyer, J., McCullough, J., Berggren, I. (2016). A phenomenological study of living with a partner affected with dementia. British Journal of Community Nursing, 21 (1), 24–29.

Miller, T (2012). Inklusion Teilhabe Lebensqualität. Tragfähige Beziehungen gestalten. Systemische Modellierung einer Kernbestimmung Sozialer Arbeit. Stuttgart: Lucius und Lucius.

Ministerium für Gesundheit, Emanzipation, Pflege und Alter des Landes Nordrhein-Westfalen, Stiftung Wohlfahrtspflege NRW (2014). Alter und Trauma. Zugriff am 20.3.2018 unter www.alterundtrauma.de.

Morrison, A. S. (1992). Screening in chronic disease. Oxford: University Press.

Mortimer, J. A., Graves, A. B. (1993). Education and other socioeconomic determinants of dementia and Alzheimer's disease. Neurology, 54 (Suppl 4), 39–44. In T. Bernhardt, A. Seidler, L. Frölich (2002), Der Einfluss von psychosozialen Faktoren auf das Demenzrisiko. Fortschritte der Neurologie und Psychiatrie, 70 (6), 283–288.

Moser, I. (2010). Perhaps tears should not be counted but wiped away. On quality and improvement in dementia care. In A. Mol, I. Moser, J. Pols (Hrsg.), Care in practice. On tinkering in clinics, homes and farms. Bielefeld: transcript Verlag.

Müller, K. D. (1998). »Jeder kriminelle Mörder ist mir lieber …« Haftbedingungen für politische Häftlingen in der Sowjetischen Besatzungszone und der Deutschen Demokratischen Republik und ihre Veränderungen von 1945–1989. In K.-D. Müller, A. Stephan (Hrsg.) (1989), Die Vergangenheit lässt uns nicht los Haftbedingungen politischer Gefangener in der SBZ/DDR und deren gesundheitlicher Folgen (S. 15–137). Berlin: Berlin Verlag.

Muth, C. (Hrsg.) (2010). »dann kann man das ja auch mal so lösen!« Auswertungsinterviews mit Kindern und Jugendlichen nach Trainings zur Gewaltfreien Kommunikation. Stuttgart: ibidem.

Nägele, B., Kotlenga, S., Görgen, T., Leykum, B. (2010). Ambivalente Nähe: eine qualitative Interviewstudie zur Viktimisierung Pflegebedürftiger in häuslichen Pflegearrangements. In T. Görgen (Hrsg.), »Sicherer Hafen« oder »gefahrvolle Zone«? Kriminalitäts- und Gewalterfahrungen im Leben alter Menschen (S. 208–480). Frankfurt a. M.: Verlag für Polizeiwissenschaft.

Natho, F. (2013). Die Lösung liegt im Team. Handbuch zur Arbeit mit der Skalierungsscheibe im Rahmen von Problemlösung und Teamentwicklung. Dessau: Edition Gamus.

Natho, F. (2017). Systemisch geht's! Methoden für die systemische Praxis und Weiterbildung. Oschersleben: Dr. Ziethen Verlag.

Nau, J. (2012). Aggression gegen Auszubildende in Pflegeberufen. In G. Walter, J. Nau und N. Oud (Hrsg.), Aggression und Aggressionsmanagement. Praxishandbuch für Gesundheits- und Sozialberufe. Pflegepraxis Psychiatrische Pflege (S. 400–412). Bern: Huber.

Netzwerkverein Freiburger Modell (o. J.). Freiburger Modell – Netzwerk Wohngruppen für Menschen mit Demenz. Zugriff am 28.3.2018 unter http://www.freiburger-modell.de.

Neuschäfer, A. (2016). Was würde ohne Würde werden!? ALTERnative Anregungen. BiblioTheke. Zeitschrift für katholische Bücherei- und Medienarbeit, 4, 14–16.

Noyes, B. B., Hill, R. D., Hicken, B. L., Luptak, M., Rupper, R., Dailey, N. K., Bair, B. D. (2010). The role of grief in dementia caregiving. American Journal of Alzheimer's Disease & Other Dementias, 25 (1), 9–17.

Orth, G., Fritz, H. (2013). Gewaltfreie Kommunikation in der Schule. Wie Wertschätzung gelingen kann. Ein Lern- und Übungsbuch für alle, die in Schulen leben und arbeiten. Paderborn: Junfermann.

Otten, D. (2009). Die 50+-Studie. Wie die jungen Alten die Gesellschaft revolutionieren. Reinbek: Rowohlt.

Pschyrembel, W. (2014). Klinisches Wörterbuch (265. Aufl.). Berlin, New York: de Gruyter.
Purkis, M. E., Ceci, C. (2015). Problematising Care Burden Research. Ageing & Society, 35 (7), 1410–1428.
Rabold, S., Görgen, T. (2007). Misshandlung und Vernachlässigung älterer Menschen durch ambulante Pflegekräfte: Ergebnisse einer Befragung von Mitarbeiterinnen und Mitarbeitern ambulanter Dienste. Zeitschrift für Gerontologie und Geriatrie, 40, 366–374.
Reddemann, L. (2017). Psychodynamisch imaginative Traumatherapie PITT – Das Manual. Ein resilienzorientierter Ansatz in der Psychotraumatologie (9. Aufl.). Stuttgart: Klett-Cotta.
Reddemann, L., Kindermann, S., Leve, V. (2013). Imagination als heilsame Kraft im Alter. Stuttgart: Klett-Cotta.
Richard, N., Richard, M., Gunzelmann, T. (2016). Integrative Validation nach Richard®. Menschen mit Demenz wertschätzend begegnen. Kassel: Eigenverlag Institut für integrative Validation GbR.
Richter, D. (2014). Verbale Aggressionen gegen Mitarbeitende im Gesundheitswesen: Ergebnisse einer qualitativen Studie. Gesundheitswesen, 76 (8–9), 494–499.
Richter, D., Berger, K. (2001a). Gewaltsituationen in der psychiatrischen Pflege – Zusammenfassende Ergebnisse einer Studie über die Häufigkeit, körperliche und psychische Folgen sowie Präventionsmöglichkeiten. Die Zeitschrift für Psychiatrische Pflege heute, 7 (5), 242–247.
Richter, D., Berger, K. (2001b). Patientenübergriffe auf Mitarbeiter. Eine prospektive Untersuchung der Häufigkeit, Situationen und Folgen. Der Nervenarzt, 72 (9), 693–699.
Riedel, A., Lehmeyer, S., Elsbernd, A. (2011). Einführung von ethischen Fallbesprechungen: ein Konzept für die Pflegepraxis. Ethisch begründetes Handeln praktizieren. Lage: Lippe Verlag.
Rieforth, J., Graf, G. (2014). Tiefenpsychologie trifft Systemtherapie: Eine besondere Begegnung. Göttingen: Vandenhoeck & Ruprecht.
Riehl-Emde, A. (2003). Liebe im Fokus der Paartherapie. Stuttgart: Klett-Cotta.
Riehl-Emde, A. (2006). Paartherapie für ältere Paare: State of the Art. Psychotherapie im Alter Nr. 12 Paardynamik und Paartherapie, 9–36.
Ringelnatz, J. (2009). Die Gedichte von Joachim Ringelnatz. Hrsg. von F. u. K. Eycken mit J. Winter. Berlin, Zürich: Haffmans Verlag.
Risto, K. H. (2014). Was sollen wir tun? Ethik in der Altenpflege. Hannover: Vincentz Network.
Ritscher, W. (2002). Systemische Modelle für die Soziale Arbeit. Ein integratives Lehrbuch für Theorie und Praxis. Heidelberg: Carl Auer Systeme.
Rogers, C. R. (1973). Die Entwicklung der Persönlichkeit. Psychotherapie aus der Sicht eines Therapeuten. Stuttgart: Ernst Klett.
Rohra, H. (2012). Aus dem Schatten treten. Warum ich mich für unsere Rechte als Demenzbetroffene einsetze. Frankfurt a. M.: Mabuse Verlag.

Rohra, H. (2017). Helga Rohra über ihr Leben mit Demenz. Zugriff am 25.3.2018 unter https://www.youtube.com/watch?v=G36xc-2AgTE.
Rosenberg, M. B. (2013). Gewaltfreie Kommunikation. Eine Sprache des Lebens (11. Aufl.). Paderborn: Junfermann.
Rüsing, D., Löffler, H. (2017). Kein »Bammel« vor der Zukunft. pflegen: Demenz, 45, 32–33.
Safranski, R. (2009). Ein Meister aus Deutschland. Heidegger und seine Zeit. Frankfurt a. M.: Fischer.
Sakata, N., Okumura, Y. (2017). Job Loss After Diagnosis of Early-Onset Dementia: A Matched Cohort Study. Journal of Alzheimer's Disease, 60, 1231–1235.
Scherf, H. (2006). Grau ist bunt. Was im Alter möglich ist. Freiburg: Herder.
Scherf, H. (2013). Altersreise. Wie wir alt sein wollen. Freiburg: Herder.
Schlippe, A. von (2009). Vorwort. In P. Bünder, A. Sirringhaus-Bünder, A. Helfer (2009), Lehrbuch der Marte-Meo-Methode. Entwicklungsförderung mit Videounterstützung. Göttingen: Vandenhoeck & Ruprecht.
Schlippe, A. von, Schweitzer, J. (2012). Lehrbuch der systemischen Therapie und Beratung 1. Das Grundlagenwissen. Göttingen: Vandenhoeck & Ruprecht.
Schmidt, W., Schopf, C. (2005). Beschwerden in der Altenpflege. Eine Analyse ausgewählter Dokumente. Hrsg. vom Bundesministerium für Familie, Senioren, Frauen und Jugend. Dortmund.
Schneider, J. A., Arvanitakis, Z., Bang, W., Bennett D. A. (2007). Mixed brain pathologies account for most dementia cases in community-dwelling older persons. Neurology, 69, 24, 2197–2204.
Schneider-Schelte, H. (2017a). Demenz und Sexualität. Alzheimer Info 2/17 der Deutschen Alzheimer Gesellschaft.
Schneider-Schelte, H. (2017b). »Wir dürfen diese Familien nicht allein lassen!«. pflegen: Demenz, 45, 8–14.
Schwanitz, D. (1990). Systemtheorie und Literatur. Ein neues Paradigma. Opladen: Westdeutscher Verlag.
Schweitzer, J., Schlippe, A. von (2006). Lehrbuch der systemischen Therapie und Beratung 2. Das störungsspezifische Wissen. Göttingen: Vandenhoeck & Ruprecht.
Schwing, R., Fryszer, A. (2013). Systemisches Handwerk. Werkzeug für die Praxis. Göttingen: Vandenhoeck & Ruprecht.
Sears, M., Weckert, L. (2012). Gewaltfreie Kommunikation im Gesundheitswesen. Paderborn: Junfermann.
Snyder, L. (2011). Wie sich Alzheimer anfühlt. Bern: Huber.
Sperling, R. A., Aisen, P. S., Beckett, L. A., Bennett, D. A., Craft, S., Fagan, A., Iwatsubo, T., Jack, C. R., Kaye, J., Montine, T. J., Park, D. C., Reimann, E. M., Rowe, C. C., Siemers, E., Stern, Y., Yaffe, K., Carrillo, M. C., Thies, B., Morison-Bogorad, M., Wagster, M., Phelps, C. H. (2011). Toward defining the preclinical stages of Alzheimer's disease: Recommendations from the National

Institute on Aging and the Alzheimer's Association workgroup. Alzheimer's & Dementia, 1–13.
Spix, C., Blettner, M. (2012). Screening – Teil 19 der Serie zur Bewertung wissenschaftlicher Publikationen. Deutsches Ärzteblatt International, 109 (21), 385–90.
Stangl, W. (2018). Stichwort »Selbstreflexion«. Online Lexikon für Psychologie und Pädagogik. Zugriff am 11.2.2018 unter http://lexikon.stangl.eu/7084/selbstreflexion/.
Steiner-Hummel, I. (2000). Angehörige beteiligen – der partnerschaftliche Auftrag für die Angehörigenarbeit. In A. Karen, A. Hedtke-Becker (Hrsg.), Angehörige pflegebedürftiger alter Menschen – Experten im System häuslicher Pflege (S. 41–51). Deutscher Verein für öffentliche und private Fürsorge e. V.
Stern, D. N. (1992). Die Lebenserfahrung des Säuglings. Stuttgart. Klett Cotta
Stern, D. N. (1996). Tagebuch eines Babys. Was ein Kind sieht, spürt, fühlt und denkt. München, Zürich: Piper.
Stern, D. N. (2011). Ausdrucksformen der Vitalität. Die Erforschung dynamischen Erlebens in Psychotherapie, Entwicklungspsychologie und den Künsten. Frankfurt a. M.: Brandes und Apsel.
Stevenson, M., Savage, B., Taylor, B. J. (2017). Perception and communication of risk in decision making by persons with dementia. Dementia, 1, 1471–3012.
Stiens, G. (2009). Beratung in der Gedächtnisambulanz. Psychotherapie im Alter, 6 (1), 69–80.
Stiens, G., Maeck, L., Stoppe, G. (2006). Filial maturity as a predictor for the burden of demented parents' caregivers. Zeitschrift für Gerontologie und Geriatrie, 39, 120–125.
Stiens, G., Stoppe, G. (2005). Bindungsforschung in der Gerontopsychiatrie. In: Hartmann, H.-P., Urban, M. (Hrsg.), Bindungstheorie in der Psychiatrie (S. 107–122). Göttingen: Vandenhoeck & Ruprecht.
Stratmeyer, P. (2005). Gegenseitig inspirieren. Systembedingungen pflegerischen Handelns in der ambulanten Pflege. In Nightingale – Beiträge aus Pflegeforschung und Pflegepraxis, 3 (1), 23–32. Hannover: Vincentz.
Stuhlmann, W. (2011). Demenz – wie man Bindung und Biographie einsetzt. München: Reinhardt.
Suter, M. (1999). Small World. Zürich: Diogenes.
Swaab, D. F. (1991). Brain Aging and Alzheimer's disease. »Wear and tear« versus »use it or lose it«. Neurobiology of Aging, 12, 317–324.
Taylor, R. (2008). Alzheimer und ich. Leben mit Dr. Alzheimer im Kopf. Bern: Hans Huber.
Techniker-Krankenkasse (o. J.). Was ist Morbus Parkinson? Zugriff am 20.3.2018 unter https://www.tk.de/techniker/service/gesundheit-und-medizin/behandlungen-und-medizin/neurologische-einschraenkungen/was-ist-morbus-parkinson-2016436.

Thimm, K. (2008). Rolf, ich und Alzheimer. Spiegel, 23, Wissenschaft und Technik.
Thoma, J., Schacke, C., Zank, S. (2004). Gewalt gegen demenziell Erkrankte in der Familie: Datenerhebung in einem schwer zugänglichen Forschungsgebiet. Zeitschrift für Gerontologie und Geriatrie, 37, 349–350.
Trobisch-Lütge, S. (2004). Traumatisierende Folgen von DDR-Unrecht bei heute über 60-Jährigen. Erfahrungen in der beratenden und psychotherapeutischen Arbeit der Beratungsstelle »Gegenwind«. Psychotherapie im Alter, 3(1), 89–99.
Ugolini, B. (2006). Angehörige als zentrale Partner in der institutionellen Altenarbeit. Doktorarbeit Universität Zürich.
Unadkat, S., Camic, P. M., Vella-Burrows, T. (2017). Understanding the experience of group singing for couples where one partner has a diagnosis of dementia. The Gerontologist, 57 (3), 469–478.
Venedey, C. (o. J.). Die Marte Meo Methode für Haaren. Zugriff am 4.7.2018 unter https://www.amhaarbach.de/marte-meo/
Vliet, D. van, de Vugt, M. E., Bakker, C. Koopmans, R. T. C. M., Pijnenburg, Y. A. L., Vernooij-Dassen, M. J. F. J., Verhey, F. R. J. (2011). Caregivers' perspectives on the pre-diagnostic period in early onset dementia: a long and winding road. International Psychogeriatrics, 23(9), 1393–1404.
Wacker, M. (2011). Demenz in der Partnerschaft als Herausforderung für die Ehe-, Familien- und Lebensberatung. Masterarbeit im Studiengang Ehe-, Familien- und Lebensberatung (Master auf Counseling). Katholische Hochschule Nordrhein-Westfalen KatHo NRW. Köln.
Wehling, E. (2016). Politisches Framing. Wie eine Nation sich ihr Denken einredet und daraus Politik macht. Köln: Halem.
Weidner, F., Emme von der Ahe, H., Lesner, A., Baer, U. (Hrsg.) (2016). Alter und Trauma – Unerhörtem Raum geben. Frankfurt a. M.: Mabuse Verlag.
Weissenberger-Leduc, M. (2009). Palliativpflege bei Demenz. Ein Handbuch für die Praxis. Wien, New York: Springer.
WHO (2002). WHO-Definition of Palliative Care. Zugriff am 05.03.2018 unter https://www.dgpalliativmedizin.de/images/stories/WHO_Definition_2002_Palliative_Care_englisch-deutsch.pdf.
WHO (2008). WHO-Definition of elder abuse. Zugriff am 20.3.2018 unter http://www.who.int/ageing/projects/elder_abuse/en/.
WHO (2018). International Classification of Diseases. In Deutsches Institut für medizinische Dokumentation und Information (Hrsg.), ICD-10-GM. Köln: Deutscher Ärzte Verlag.
Wißmann, P. (2017a). Aktiv in der Gesellschaft – so lange wie möglich. pflegen: Demenz, 45, 16–20.
Wißmann, P. (2017b). KuKuK-TV. pflegen: Demenz, 45, 40–45.
Wittneben, K. (1998). Pflegekonzepte in der Weiterbildung zur Pflegelehrkraft. Über Voraussetzungen und Perspektiven einer kritisch-konstruktiven Didaktik der Krankenpflege (4. Aufl.). Frankfurt a. M.: Peter Lang.

Wright, L. K. (1993). Alzheimer's disease and marriage. An intimate account. Newbury Park, London, New Delhi: Sage Publications.

Zentner, M. (1993). Passung: eine neue Sichtweise psychischer Entwicklung. In H. G. Petzold (Hrsg.), Frühe Schädigungen – späte Folgen? Psychotherapie und Babyforschung. Paderborn: Junfermann.

Zwicker-Pelzer, R. (2010). Beratung in der sozialen Arbeit. Bad Heilbrunn: UTB und Klinkhardt Verlag.

Zwicker-Pelzer, R. (Hrsg.) (2013). Alter und Älterwerden – eine Herausforderung für Systemikerinnen und Systemiker. Kontext, 44, 259–261.

Zwicker-Pelzer, R., Freise, J., Kaminski, B. (2008). MarteMeo in Betreuung und Pflege. Subjektstellung und Autonomieförderung in der Arbeit mit alten Menschen. Oldenburg: Paulo-Freire-Verlag.

Zwicker-Pelzer, R., Rose, A., Geyer, E. (2011). Systemische Beratung in Pflege und Pflegebildung. Anregungen zur Weiterentwicklung neuer beruflicher Kompetenzen. Opladen: Budrich.